CHARLES JALABERT

L'HOMME, L'ARTISTE

D'APRÈS SA CORRESPONDANCE

PAR

ÉMILE REINAUD

—∗—

Préface de J.-L. Gérome, de l'Institut

Ouvrage illustré de 20 planches hors texte

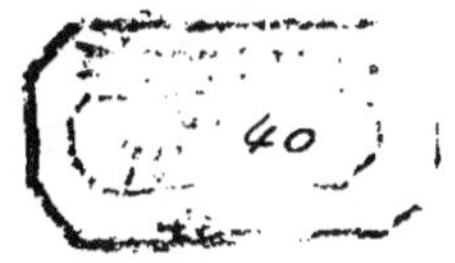

PARIS

LIBRAIRIE HACHETTE ET Cⁱᵉ

79, BOULEVARD SAINT-GERMAIN, 79

—

1903

Charles JALABERT

CHARLES JALABERT

CHARLES JALABERT

L'HOMME, L'ARTISTE

D'APRÈS SA CORRESPONDANCE

PAR

ÉMILE REINAUD

PRÉFACE DE J.-L. GÉROME, DE L'INSTITUT

Ouvrage illustré de 20 planches hors texte

PARIS

LIBRAIRIE HACHETTE ET Cⁱᵉ

79, BOULEVARD SAINT-GERMAIN, 79

—

1903

PRÉFACE

En prenant la plume pour rendre hommage à l'un de mes plus vieux camarades et amis, ma pensée se reporte à des époques bien lointaines déjà, puisque c'est en 1840 que j'ai rencontré Jalabert à l'atelier de Paul Delaroche.

En ce temps-là, Paris n'avait aucun rapport avec le Paris d'aujourd'hui : pas de chemins de fer, pas de bicyclettes, pas d'automobiles : on était moins agité et certains quartiers, entr'autres celui que nous habitions et qu'on appelait le quartier latin, avaient un aspect provincial par leur calme et leur tranquillité. Maintenant tout est changé : on ne marche plus, on court comme des fous : si on n'est pas écrasé le jour, on a bien des chances d'être assassiné la nuit. — C'est charmant. — Nous avons assisté à la fin d'un monde, nous assistons à l'aurore d'un nouveau, qui manque de pittoresque et surtout de sérénité. Le jour n'est pas éloigné où, par nos mœurs, nos manières d'être, notre amour du dollar (auri sacra fames) nous ne serons plus Français ni par l'esprit ni par le cœur. Horrible à penser ! nous serons Américains !

Mais assez de cette digression et rentrons dans notre sujet.

A la suite d'incidents regrettables, M. Delaroche ferma son atelier d'élèves et partit pour l'Italie — c'était

en 1843. — Jalabert le suivit, et j'étais moi aussi du petit
nombre des élèves qui avaient pu prendre part à cet
exode. Une année passée dans cet admirable pays fut pour
nous tous une bonne fortune et pour Jalabert surtout, qui
devint un ami du patron, guide sûr et dévoué, dont les
conseils ont pesé sur toute une génération d'artistes.
C'est à ce moment que Jalabert a commencé à produire
des ouvrages sérieux : jusqu'alors, il n'avait fait que des
études, c'est-à-dire qu'il s'était préparé pour l'avenir et
armé pour le combat. C'est à Rome qu'il fit son tableau
de *Virgile*, début excellent qui laissait pressentir ce qu'il
deviendrait par la suite : belle ordonnance, bonne exécution, style sévère et souple, telles sont les qualités de cet
ouvrage. De retour à Paris, il travailla chez M. Delaroche,
dans son atelier : c'est assez dire que leurs relations étaient
des plus étroites, il faisait partie de la famille : aussi la
mort de Mme Delaroche (la fille de M. Horace Vernet) avait-
elle eu un cruel retentissement dans son cœur.

Vers cette époque, il mit en œuvre plusieurs tableaux,
dont les principaux sont : *La Villanella, Roméo et Juliette,
l'Atelier de Raphaël, Le Christ sur les Eaux, La Veuve*.
Tous ces ouvrages obtinrent un succès légitime et Jalabert
prit place parmi les artistes éminents de ce temps-là. Mais
ce qui mit le sceau à sa réputation, c'est la série de portraits qu'il fit passer sous les yeux du public : celui de
Mme Rattier (Musée du Luxembourg), M. de Belleyme,
Mme de Pourtalès, etc., surtout la reine Marie Amélie,
ouvrage de premier ordre, qui fait partie de la Galerie de
Chantilly. Il exécuta aussi deux portraits pleins d'intérêt,
autant à cause de la grande notoriété des modèles que par

l'excellence de la peinture, je veux dire Edmond Rousse et Emile Augier.

M'est-il permis de raconter une petite anecdote pour ajouter une note gaie à ces quelques lignes ? C'était à Bougival, où nous demeurions tous trois, que Jalabert fit ce dernier portrait et j'allais causer avec eux quelquefois. En entrant, je fus frappé de la ressemblance du nez d'Augier avec celui de Henri IV et j'en fis tout haut la remarque : C'est vrai, dit-il, et ce qu'il y a de singulier, c'est que l'autre profil de mon nez ressemble à celui de François Ier ; aussi quand je passe dans la rue de la Ferronnerie, je présente toujours le côté François Ier.

Jalabert avait un caractère tranquille et doux : on ne pouvait l'approcher sans ressentir pour lui de la sympathie, le fréquenter et le connaître sans l'aimer. Il a été un de mes plus anciens et de mes plus fidèles camarades, et jamais le moindre nuage n'obscurcit le ciel de notre amitié ; aussi ai-je saisi avec empressement l'occasion de lui rendre un dernier hommage en inscrivant mon nom au commencement de ce livre.

J.-L. GÉROME.

Paris, 10 mars 1903.

INTRODUCTION

Dès les premières années de sa carrière, en 1850, Jalabert écrivait :

Je ne connais qu'un seul plaisir véritablement réel, c'est le travail ; je n'ai plus qu'une ambition, c'est de faire passablement quelque peinture et de laisser quelque trace de ce que j'aurai pensé pendant la vie.

Un demi-siècle plus tard, il pouvait mesurer l'étendue de son labeur artistique et se rendre le témoignage que les années n'avaient nullement diminué ou altéré les jouissances qui lui venaient du travail. Il pouvait se rappeler de grands et légitimes succès, justifiant bien la timide ambition de sa jeunesse et se dire que, longtemps après lui, à travers les variations fatales et d'ailleurs momentanées du goût public, ses œuvres seraient appréciées pour la pureté de leur dessin, leur distinction, leur probité.

Quant à nous, qui n'avons eu qu'à mettre en ordre les souvenirs de nos conversations, qu'à faire un choix dans une correspondance dont toutes les phrases nous intéressaient, la tache a été douce et facile. C'est Jalabert qui a fourni à peu près tous les matériaux mis en œuvre dans ce livre ; c'est son âme qui s'est en quelque sorte photographiée aux divers moments d'une longue carrière et peut-être n'était-il pas inutile de soulever le voile de la vie intérieure de cet ouvrier probe et consciencieux, ne serait-ce que pour montrer combien elle fut en harmonie avec la nature de ses œuvres ; peut-être aussi les lettres de Jalabert, d'une spontanéité, d'une sincérité absolue, avec leurs espoirs et parfois leurs déceptions, avec ce qu'elles nous révèlent de ses procédés de travail et de son idéal, avec leurs appréciations des hommes et des choses de la peinture, ne contribueront-elles pas seulement à fixer la figure d'un artiste dont l'existence fut d'une si remarquable unité, elles prêteront quelques documents vécus à l'histoire de l'art pendant la seconde moitié du XIXᵉ siècle.

Quoi qu'il en soit de la portée générale de notre travail, les nombreuses lettres que nous avons reçues suffiraient à justifier cette publication. Il en est une, signée par Edmond Rousse, de l'Académie Française, dont nous retenons le passage suivant :

Votre lettre nous a vivement émus, mon frère et moi, en nous rappelant de plus près le souvenir *d'un des hommes que nous avons le plus aimés dans ce monde :* je vous remercie, pour ma part, de la bonne pensée que vous avez eue de faire connaître aux hommes d'aujourd'hui et aux peintres de notre jeune école la vie si simple, si pure, si honnête de Jalabert, ses œuvres si belles où il mettait, avec son grand talent, toute sa conscience d'artiste et tout son cœur. Il vous appartenait plus qu'à personne d'élever ce monument à sa mémoire; bien souvent il nous parlait de Nîmes, de la vieille maison de famille et du jardin, où seuls les moustiques venus de la Camargue troublaient son bonheur et sa tranquillité.

A tous ceux dont l'ardente sympathie nous a grandement encouragés, nous adressons l'hommage de notre profonde reconnaissance.

E. R.

CHAPITRE PREMIER

PREMIÈRES ÉTUDES

(NIMES-PARIS)

L'Académie du Gard était autrefois chargée de présider à la distribution des prix décernés chaque année aux élèves de l'Ecole de dessin : c'est à ce titre qu'elle couronna un dessin du jeune Jalabert. (1).

Telle est la note qui se trouve au bas du procès-verbal de la séance du 7 décembre 1861. Ce jour-là, le Président Jules Salles (2) avait mis sous les yeux de ses confrères une collection de gravures et lithographies d'après les œuvres de Jalabert, membre correspondant de la Compagnie, et avait remercié (ce sont ses propres paroles) « l'éminent artiste dont la première, autrefois, l'Académie encouragea les efforts et dont elle est heureuse actuellement de recevoir les œuvres et de louer les brillants succès. »

C'est à Nimes, en effet, sur les bancs de l'école de sa ville natale, que Jalabert apprit la grammaire des arts du dessin, les éléments de la peinture.

Son premier maître fut Alexandre Colin (1798-1875).

---

(1) Jalabert Charles-François est né à Nimes le 25 décembre 1818, quoique l'acte de l'état civil porte la date du 1ᵉʳ janvier 1819.

(2) Jules Salles, peintre distingué (1814 à 1901), a donné à la ville de Nimes une collection de tableaux de sa femme, Mᵐᵉ Salles-Wagner, et plus tard, la Galerie des Arts qui porte son nom.

Peintre abondant et distingué, Colin avait déjà exposé de nombreuses toiles aux Salons de Paris, lorsqu'il accepta, en 1834, de diriger l'école de dessin d'une ville où l'industrie florissante de la soie et des tapis avait largement contribué à mettre en honneur les arts industriels. Aussi n'est-il pas étonnant qu'un pareil maître ait su éveiller un certain nombre de vocations purement artistiques dans la masse des élèves dont la plupart ne devaient retenir de ses leçons qu'un goût plus sûr, une habileté plus appréciée dans les travaux de leur profession.

Le maître lui-même ne négligea jamais le grand art ; les deux grands tableaux tout imprégnés de couleur méridionale qui décorent actuellement la salle des mariages de la mairie de Nîmes ont été peints à cette époque : le premier représente *Une halte de bohémiens au Pont-du-Gard*, et, quoique le vénérable édifice qui ferme l'horizon ne soit que l'accessoire, il domine la scène de sa majesté vingt fois séculaire et l'illumine de ses teintes dorées ; le second nous montre *François Ier*, lors de sa visite à Nîmes en 1533, un genou en terre et un mouchoir à la main, sous le péristyle de la Maison-Carrée, rendant lisibles les inscriptions romaines des pierres antiques. Jalabert figure dans ce dernier tableau : c'est d'ailleurs à peu près le seul modèle qui ait posé. Colin, doué d'une admirable facilité, travaillait le plus souvent *de chic*; pour les costumes, il s'est contenté de quelques vieilles défroques empruntées au théâtre.

Son séjour à Nîmes ne fut pas de longue durée. En 1838, à la suite d'un conflit insignifiant avec la Commission chargée de juger le concours, Colin, qui, d'ailleurs, ne se sentait pas soutenu par les autorités, donna sa démission. Il fut nommé bientôt après professeur à l'Ecole polytechnique, mais ne retrouva pas à Paris l'agréable situation qu'il avait à Nîmes.

C'est donc sous la seule direction d'Alexandre Colin que Jalabert suivit pendant plusieurs années avec assiduité et succès les cours de l'Ecole.

Une lettre, du 10 septembre 1835, du jeune élève fait l'éloge du discours prononcé lors de la distribution des prix par le directeur qui, ne sachant lequel des deux mettre en première ligne, a partagé les récompenses entre Bert et Jalabert. Voici en quoi elles consistaient :

On a donné à Bert : *Raphael et la Fornarina* de Ingres, quatre études de chevaux de Géricault, quatre fresques par Raphaël, l'*Enfer de Dante*, et un livre d'anatomie : et à moi : le *Cromwell* de Paul Delaroche, les mêmes quatre études de chevaux, les mêmes fresques, le *Purgatoire de Dante*, un livre d'anatomie. Je ne fais pas grand chose ici. Je travaille le matin pour M. Fournier et le soir nous peignons avec Horace. Je copie à présent un tableau de M. Colin qui est bien joli; il représente le roi d'Angleterre, provoqué en duel par un gentilhomme; Charles II, au moment de tirer l'épée, dit qui il est et l'autre recule en reconnaissant son roi.

Jalabert avait seize ans.

L'année suivante, le rapport, fait à la distribution des prix du 8 septembre 1836, contient les lignes suivantes :

Les deux figures qui ont obtenu le premier prix dans la classe de modèle vivant sont deux ouvrages remarquables et qui ne seraient déplacés nulle part : ils présentent une entente de couleurs et une liberté d'exécution qui prouvent que leurs auteurs sont appelés à briller dans cet art s'ils veulent persévérer dans la carrière; le premier essai de peinture d'après nature qui vient d'être fait mérite aussi une mention spéciale.

Et le palmarès porte : Peinture, tête d'expression d'après nature, Prix unique : Charles Jalabert. Modèle vivant, 1ᵉʳ prix : Charles Jalabert et Adolphe Perrot. (1)

Un mois plus tard, Jalabert accompagne pour quelques jours son père à Paris. Sa première lettre est consacrée à une longue description de la capitale telle que pouvait

______

(1) Adolphe Perrot, né à Nimes en 1815, fut, en 1880, directeur de l'Ecole de dessin.

la voir, de ses yeux enthousiastes, un provincial nouvellement débarqué, lettre banale, en définitive, si elle ne contenait ces trois lignes révélatrices du fond de la pensée du jeune homme :

Mais ce qui m'a fait le plus d'impression, c'est le Musée; pour quelqu'un qui aime la peinture, et qui n'en a pas encore vu, il y a de quoi pleurer de plaisir.

Ce voyage à Paris a fortifié sa vocation, et, quoiqu'il n'ait pas toute liberté d'afficher ses aspirations et ses goûts, ses amis savent bien pénétrer sa pensée intime.

Finis-tu tes études cette année, lui écrit de Genève, en 1837, son cousin Émile Blanc, ou comptes-tu attendre à l'année prochaine? Il doit te tarder d'en être débarrassé pour donner à la peinture plus de temps. Tu ne me parles pas de tes tableaux? En as-tu exposé cette année au Musée? (1)

Le goût des arts s'est vite développé chez Jalabert. Même avant l'École de dessin, nous trouvons, avec des souvenirs de Sigalon, la trace de cette prédisposition. Sigalon, découragé de ses grandes entreprises artistiques qui ne suffisaient pas à assurer son existence, s'était retiré à Nîmes, en 1833, avec l'intention de s'y fixer définitivement et d'y vivre du produit de ses portraits. Jalabert se souvenait des longues heures passées auprès de lui dans une muette admiration, alors que le grand peintre travaillait au portrait de sa cousine, Mme Picard, et à celui de M. Im.-Thurn, qui depuis a été donné au Musée de Nîmes. Mais ce n'est pas dans cette ville que Sigalon devait finir sa destinée: au bout de quelques mois de résidence, Thiers, qui était resté son admirateur, l'envoya à Rome copier, pour le compte de l'État, le *Jugement dernier* de Michel Ange.

(1) A défaut de tableau, Jalabert avait peint le portrait de **son grand oncle, Jean-Louis Jalabert**, un volontaire de 1790, soldat de Valmy, Jemmapes, Fleurus, prisonnier de guerre à Landrecies. Les mains sont loin d'être parfaites, mais la figure du vieillard se détache du fond avec un rare bonheur.

Le palmarès de fin d'année (17 août 1837) mentionne les nominations suivantes : Classe de peinture, 1er prix, Charles Jalabert ; 2me prix, Adolphe Perrot ; 1er accessit, Jean Bert. Les mêmes noms ont figuré deux ans de suite : voici comment s'explique le rapporteur :

La Commission a trouvé cette année une classe de peinture dont les ouvrages méritent plus qu'une simple mention ; elle s'empresse de proclamer hautement que jamais l'Ecole n'avait rien produit de semblable : correction dans le dessin, richesse de ton, fermeté d'exécution, ces ouvrages indiquent le maître qui les a inspirés ; l'on retrouve en eux ces bonnes traditions des anciens que le professeur a si consciencieusement étudiées et que l'on revoit dans ses ouvrages. Cette classe est un véritable résultat, et si les élèves qui la composent veulent continuer à suivre les savantes inspirations de leur professeur, nul doute qu'ils ne deviennent par la suite des hommes de talent. Aussi la Commission, dérogeant à l'usage, n'a pas hésité à proclamer à nouveau cette année des noms qui furent appelés les premiers à la précédente distribution.

Jalabert suit encore les cours de l'Ecole jusqu'au mois d'août 1838 ; mais cette année-là il ne veut pas concourir : c'est Perrot qui obtient le premier prix.

A cette époque se place un petit évènement qui fit sensation à l'Ecole de dessin et plus encore dans le hameau de Caissargues, voisin de Nimes.

L'Eglise de ce hameau avait reçu d'un fidèle la somme de 300 francs pour une copie du chef-d'œuvre de Raphaël : *La Transfiguration ;* la somme fut offerte à Colin, qui, comme bien on pense, s'empressa de décliner la proposition : puis, revenant sur sa première impression, il s'engagea à faire la copie demandée ou plutôt à la faire exécuter par ses élèves sous sa direction. Jalabert, Perrot et Bert se mirent aussitôt à l'œuvre, et, lorsqu'ils eurent fait la part des frais, le tableau exécuté, il leur resta à chacun 60 francs.

Il ne faut pas croire cependant que nos jeunes peintres

aient eu la pensée de reproduire intégralement le grand tableau de Raphaël, qui comprend vingt-six ou vingt-sept personnages ; non, ils ont supprimé la partie inférieure où se voient les disciples voulant guérir l'enfant possédé ; ils ont aussi négligé les deux saints en adoration sur le côté gauche, pour se contenter de peindre Jésus-Christ dans les nuages entre Moïse et Elie (Jésus est l'œuvre de Jalabert) et au-dessous, Pierre, Jacques et Jean étendus à terre, éblouis de l'éclat de leur maître.

La tâche ainsi limitée, il fallait encore tout l'enthousiasme de jeunes gens à la foi robuste, pour l'entreprendre et la mener à bonne fin. Transportée, il y a quelques années, derrière l'autel de l'Eglise agrandie, la toile de *La Transfiguration* a dû se plier aux exigences de l'architecture et s'est trouvée ainsi quelque peu réduite sur les côtés, sans que pourtant rien d'essentiel ait été atteint.

Les souvenirs de cette nature et de cet âge ne s'effacent guère de la mémoire. Jalabert aimait à rappeler que, dès 1838, un tableau peint par lui couvrait les murs d'une modeste église de hameau : c'était le premier pas dans la gloire ; c'était, en tous cas, le premier argent gagné !

Quelles sont donc, peut-on se demander, les fées bienfaisantes qui ont déterminé une vocation aussi irrésistible que celle de Jalabert ? Où trouver, dans l'air ambiant, les circonstances particulièrement favorables à l'éclosion du tempérament artistique ? Ce n'est pas l'intérieur de petite bourgeoisie dans lequel il fut élevé, ce n'est pas le milieu protestant quelque peu austère dans lequel s'écoula sa jeunesse, ce n'est pas la profession commerciale de son père, avec tout ce qu'elle exigeait d'assujetissement au travail, d'ordre, de ponctualité. Et pourtant ! Le commerce de Jalabert-Portefais avait pour objet principal la bijouterie : à la bijouterie proprement dite s'ajoutait la vente d'objets d'arts, pendules, lampes, broderies, fourrures et autres nombreux articles de choix et de prix qui n'avaient nullement besoin d'un étalage luxueux pour solliciter la clientèle : c'était la véritable maison de confiance, s'il est permis de se servir d'une expression dont les enseignes et les journaux ont tant abusé ; c'était le magasin où l'on achetait la bague des fiançailles et les cadeaux de noces, où toute la société nimoise se rendait habituellement pour les emplettes de quelque importance. D'une probité professionnelle reconnue de tous, d'une exactitude à toute épreuve, il fallait encore que le négociant en bijoux, en bibelots, fût doué d'un sens artistique exercé pour faire lui-même chaque année ses achats à Paris, pour distinguer à travers les caprices de la mode ce qui doit durer d'avec ce qui aura cessé de plaire quelques mois plus tard : d'où l'on peut hardiment conclure à une première éducation par les yeux, à une véritable leçon de choses qui eurent leur influence sur le développement du jeune homme.

Et puis, à côté du chef de maison sérieux, quelque peu sévère, il y avait la mère. On a souvent prétendu que les hommes de talent doivent beaucoup à leur mère : l'exemple de Jalabert n'est pas pour contrarier cette règle, si règle il y a.

Un portrait, assez largement peint sur une toile aujourd'hui craquelée, la représente dans tout l'éclat de sa jeunesse, dans tout l'épanouissement de sa grâce et de sa beauté. Sa tête, vue de face, encadrée de longues boucles descendant jusqu'aux épaules, donne l'impression d'un modèle bien supérieur à la peinture : d'autre part, un dessin très étudié, très fini, très ressemblant, que fit Jalabert lui-même quelques années avant la mort de sa mère, ajoute à cette impression quelque chose de plus délicat et de plus imposant encore. Tous ceux qui ont connu Mme Jalabert s'accordent à reconnaître le charme et la distinction de ses manières, l'aménité de son accueil, son exceptionnelle sensibilité : quant à ses enfants et à ses petits-enfants, ils ont toujours professé pour elle une véritable adoration. Enlevée de bonne heure à l'affection des siens, elle laissa à Jalabert deux sœurs, dont l'aînée, quoique de cinq ans plus jeune que lui, exerça sur le peintre une influence de tous les jours : c'est sa sœur Claire que, pendant plus de soixante ans, il fit la confidente de ses pensées, de ses travaux, c'est à elle qu'il disait tous les évènements de sa vie, plusieurs fois par mois (1), allant presque tous les ans passer quelques semaines au milieu de sa famille ; c'est en s'adressant à elle qu'il proclamait l'heureuse certitude que le nombre grossissant des années ne diminuerait en rien la fraternelle affection qui les unissait :

Je me souviens encore comme d'hier de la tendresse tout enfantine avec laquelle je te regardais quand je te vis pour la première fois : tu venais de naître, et avec toi cette douce amitié qui est le paisible bonheur de ma vie et qui restera toujours entre nous ce qu'elle est et ce qu'elle a toujours été. Oui, ma chère Claire, il ne faut pas que notre amitié s'amoindrisse jamais, car puisque l'âme ne peut pas plus oublier qu'elle ne peut mourir, il ne faut pas qu'elle ait à regretter d'avoir perdu quelques miettes de ce vrai bonheur.

Voilà dans quel milieu grandit Jalabert, milieu bourgeois sans doute, milieu commercial, mais d'où n'était pas exclu le goût des arts et de la littérature, où l'on aimait la musique, où les manières distinguées s'alliaient toujours à une réelle élévation de sentiments, où la femme partout avait mis son empreinte.

C'est de sa mère que Jalabert a hérité certaines des qualités caractéristiques de son talent, celles qui ont fait son succès dans nombre de ses tableaux et la plupart de ses portraits, qualités que bien justement on a qualifiées de féminines.

Comme toutes celles qu'il a écrites à sa famille, les lettres de Jalabert à son père débordent de tendresse, mais plus encore elles témoignent d'un grand respect, respect

(1) Ce sont les lettres à sa sœur qui nous ont servi à peu près exclusivement à fixer la vie artistique de Jalabert ; dans la plupart des cas, nous en avons simplement transcrit le texte.

qui va jusqu'à l'obéissance absolue, alors même que les instructions paternelles heurtent le plus les penchants et les goûts du jeune homme. Esprit pratique et positif, Jalabert-Portefais fut longtemps à s'habituer à l'idée que son fils embrasserait la carrière artistique. Il n'avait pas comprimé dès la première heure ses tendances naturelles puisqu'il l'avait laissé étudier le dessin ; mais plus que le dessin, il prisait les autres études et se lamentait du peu de progrès de son fils au lycée. Trente ans plus tard, Jalabert écrivait de Paris à sa sœur :

Je serais heureux de savoir où mes neveux se promènent, cela me rappellerait ma jeunesse pendant laquelle je faisais l'école buissonnière pour aller chercher la poésie des champs que je préférais à celle de Virgile et d'Homère... et je n'ai pas encore aujourd'hui changé d'opinion.

Son père, lui, professait que ni la poésie de Virgile ni celle des champs ne nourrissent habituellement leurs favoris ; soucieux de l'avenir, il voyait avec terreur son fils se détourner du commerce : n'était-il pas possible d'unir à une profession lucrative le goût des lettres et des arts, à condition que ce fût avec mesure ? Pourquoi se lancer tête baissée dans une carrière inconnue, incertaine ? Aussi va-t-il tenir bon, aussi longtemps que possible, contre toute nouvelle orientation.

C'est dans cet esprit que Jalabert-Portefais avait autorisé son fils à décorer son magasin de guirlandes de fleurs d'un effet très réussi, mais d'un caractère plutôt utilitaire.

Le 13 juillet 1838, il écrivait à sa fille :

Nous faisons en ce moment l'inventaire ; ce n'est pas, comme tu penses, un petit travail. Ton frère nous aide, le voilà entièrement dans le commerce, je suis très content de lui.

Mais, pour le maintenir dans le commerce, il aurait fallu avant toutes choses que Jalabert-Portefais ne commît pas l'imprudence de conduire une seconde fois son fils à Paris et surtout celle de l'y laisser, car vraiment la ten-

tation était trop grande pour le jeune homme de fausser
compagnie aux questions d'importation ou d'exportation
qui ne disaient rien à son imagination.

Le voilà donc à Paris en octobre 1838 ; il entre dans
les bureaux de M. Prosper Orbelin, l'ami et le correspondant de son père, rue de l'Echiquier.

M. Orbelin, écrit Jalabert à la fin de sa lettre du 6 octobre
1838, qui veut paraître résignée et satisfaite. M. Orbelin a dit à
papa que depuis longtemps il cherchait un jeune homme pour
lui aider ; aussi ne me laisse-t-il pas les bras croisés ; ce genre
de travail me plaît assez et je le ferai avec plaisir.

Mais le restant de sa lettre accuse une disposition d'esprit bien différente : c'est la même note délirante que lors
de son premier voyage. Il a vu, dans la même journée de
dimanche, le musée espagnol, celui de Versailles ; le soir,
il a entendu les *Huguenots*, ce qui n'est pas mal employer
son temps ; il affirme que Versailles a beaucoup gagné
depuis deux ans et ne trouve d'intérêt qu'à parler de ses
promenades artistiques.

En même temps qu'il conduisait son fils à Paris, Jalabert-Portefais avait mis sa fille en pension à Lyon.

Double sacrifice, sacrifice énorme, s'écrie-t-il, être séparé de
ses enfants, mais il est des maux nécessaires, et Charles ne peut
prendre goût et intérêt au commerce que dans l'atmosphère
plus agitée de la capitale.

Un mois après, le 11 novembre 1838, Jalabert écrit à sa
sœur :

Voilà deux ou trois jours que nous sommes assez tranquilles.
Le départ du *Malabar*, navire en charge pour Saint-Thomas,
emporte avec lui cinquante colis expédiés par P. Orbelin et
pendant trois semaines nous avons eu à travailler depuis neuf
heures du matin jusqu'à dix heures du soir. Quand je pense à
toi et à cette nouvelle séparation, j'ai peine à retenir mes larmes ; toi si douce, si sensible, comment donc as-tu eu assez de
courage pour y résister, puisque moi, qui aurai bientôt vingt

ans, je peux à peine m'y habituer; certainement si je n'avais pas
eu tant à travailler, je serais, je crois, retourné à Nimes. Je
m'amuse peu depuis le départ de papa; les théâtres ont fini par
m'ennuyer, je n'y éprouve presque plus de plaisir; si à l'avenir
j'ai quelques moments de loisir, je les emploierai à la lecture ou
au dessin : cela vaudra, je pense, beaucoup mieux. J'ai reçu
hier une caisse de Nimes contenant quelques comestibles du
pays et mes outils de dessin avec quelques tableaux. M. Orbelin
aime assez la peinture et paraît content de ce que je lui ai
montré; il s'attendait à beaucoup moins et, d'après ce qu'il a
vu, il veut absolument que je continue et me donnera le temps
nécessaire; j'en suis très satisfait.

Les encouragements de M. Orbelin étaient inutiles : ils
devaient seulement précipiter la solution. Dès les premiers mois de 1839 le choix était fait, définitif.

Quoi qu'en dise la lettre suivante, la chose n'alla pas
sans peine, et bien que Jalabert-Portefais fût depuis longtemps pénétré des aptitudes réelles de son fils, il ne fallut
rien moins que l'intervention pressante et réitérée de
Delaroche lui-même pour avoir raison de sa résistance et
le rassurer sur l'avenir.

Le 14 mars 1839, la mère de Jalabert explique les raisons
de ce changement de carrière :

Tu connaissais (elle écrit à sa fille) son penchant pour les
arts, tu savais combien la peinture avait pour lui d'attraits. Il a
cherché bravement à l'oublier en s'occupant d'affaires d'une
autre nature, mais cela lui a été impossible; son goût pour cet
art, en habitant Paris, s'est accru plus que jamais; il a pensé
avoir assez de talent pour s'y remettre et le voilà plus que
jamais heureux depuis qu'il a repris ses pinceaux et bien déterminé à suivre cette carrière, qui semble être la seule chose qui
lui plaise et qu'il fasse avec un vrai plaisir. Le voilà depuis
deux mois à peu près chez M. Delaroche, peintre de grande
réputation, où il y a 85 élèves; au bout de huit jours, il eut la
43me place. Tu vois qu'il peut aller, quoique depuis près d'un
an il n'ait pas travaillé. M. Delaroche lui porte déjà de l'inté-

rêt, l'affectionne beaucoup; lui s'y trouve bien, il veut concourir à Paris pour le prix de Rome et, quoiqu'il n'ait aucun espoir, vu le peu de temps qu'il a pour cela, il veut aller à Rome pour profiter de la dernière année que M. Ingres, professeur à l'École, a à y rester.

D'autre part, à la date du 23 avril 1839, son cousin Émile Blanc lui écrivait de Genève :

La carrière que tu as embrassée, il y a longtemps que je l'avais prévue : lorsqu'on a un goût si prononcé pour le dessin, il est bien difficile de s'en détourner ; c'est une carrière dans laquelle il faut faire des prodiges pour se distinguer et pour réussir, et je suis sûr que tu en feras.

Mais voici, sur le choix d'une carrière, le sentiment de Jalabert lui-même en 1871, alors que sa sœur lui demandait un avis au sujet de ses enfants :

.....Je ne sais si un père doit prendre la responsabilité d'une pareille décision ; je suis même sûr que non, puisque le nôtre à mon égard n'a voulu que me laisser libre. Il est vrai que, ayant essayé du commerce et des arts avant de prendre une décision, on pouvait croire que j'étais bon juge en la matière. J'avais assumé sur moi toute la responsabilité de la chose et j'ai travaillé plus qu'on ne croit et encore pour ne pas arriver au tout premier rang. Cette somme de travail, d'intelligence, qui constitue l'éducation d'un artiste, m'effraie pour un autre. Il faut s'y lancer de soi-même, en se sentant au cœur toute l'énergie et tous les goûts poétiques nécessaires pour surpasser la foule des talents plus ou moins complets qui grouillent dans le monde et s'efforcent à qui mieux mieux d'atteindre au plus haut. Je savais tout cela avant de me lancer, je savais aussi bien mon ineptie pour les affaires que le point où j'arriverais dans les arts. Je me souviens même avoir dit, dans ma terrible lettre, à ce sujet : « Je ne serai point un grand peintre, mais j'atteindrai à un talent qui, quoique de second ordre, sera apprécié, par sa distinction. » J'ai dit cela, il y a trente-deux ans, et me suis-je beaucoup trompé ? En somme, je crois que lorsqu'on a en soi un germe artistique, c'est lui qui vous mène et vous donne la force de le développer ; il s'agit seulement de ne pas se tromper sur la qualité de ce germe et de n'en entreprendre la culture que s'il en vaut la peine. Il y a des Meissonnier, des Cabanel, des Fromentin, des Hébert, etc., mais il y a aussi des S. et des B. et vingt mille autres de ce dernier genre qui sont créatures inutiles et malheureuses. (1)

Le sort en est jeté : Jalabert est voué à la peinture ; il est entré à la fois à l'École des Beaux-Arts et à l'atelier Delaroche.

Le voilà lancé, écrit sa mère, dans une carrière difficile, chanceuse, qui exige beaucoup de travail, beaucoup d'imagination et une conduite sévère. Réussira-t-il ? C'est bien incertain, il a tant à faire encore pour cela, ce qu'il sait est si peu de chose ! mais il a de l'ambition et le dessein de nous rendre heureux.

Cependant, le père Jalabert, de son côté, se préoccupe, dans chacune de ses lettres, des amis de son fils, de ses relations mondaines, de son atelier, de sa chambre, de sa nourriture.

Une des maisons qui s'ouvrirent le plus vite au jeune peintre et où il fréquenta volontiers fut celle d'Adolphe Crémieux (2), originaire de Nimes, et ami de Jalabert-Portefais ; plus souvent encore le trouvait-on chez M. et Mme Orbelin, chez M. et Mme Griolet (3), chez M. et Mme Barbier-Walbonne (4). Enfin, des parents très rapprochés, son oncle, sa tante, veillèrent sur sa santé, qui ne fut

---

(1) Il n'a pas été possible de retrouver la lettre de 1839 à laquelle il vient d'être fait allusion ; celle de 1871 en dit assez d'ailleurs.

(2) Ministre de la Justice en 1848 et 1870.

(3) Griolet, originaire du Gard, Maire du ve arrondissement de Paris.

(4) Barbier Jacques-Luc (1769-1860), né à Nimes, condisciple et collaborateur de Gérard, obtint, en 1797, le grand prix national de peinture de 3,000 francs. On lui doit les portraits des maréchaux Moncey, Raguse, Moreau. — Il ajouta à son nom celui de sa première femme et s'appela par la suite Barbier-Walbonne.

jamais bien brillante. Vers le milieu de l'année 1839, il tomba sérieusement malade d'une fièvre typhoïde, au point de donner de grandes inquiétudes à sa famille : pendant cette longue maladie, il fut soigné avec la plus grande sollicitude par tous ceux que nous venons de citer, et, quand la convalescence commença, ce furent des visites ininterrompues de ses amis, de ses camarades, de Jules Bonnet (1), de son ancien professeur Alexandre Colin, de Boucoiran (2), le nouveau directeur de l'École de Nimes.

Pour achever de se rétablir, Jalabert doit aller respirer plusieurs semaines l'air natal. Or que faire à Nimes, convalescent, si l'on ne va pas au mazet ?

Hier (c'était le 29 juillet), nous sommes allés à notre mazet voir si les raisins étaient mûrs. Nous avons fait en plein midi cette longue course à pied, mon père, ma mère, ma sœur et moi. Mon père a taillé les arbres, balayé sa terrasse, arrosé un jasmin et enfin s'est pâmé d'admiration devant une grenade et une pomme, seule et modeste récolte des arbres à fruits plantés par lui. Tu ne peux te figurer notre bonheur à tous de revoir ce petit endroit, qui rappelle même des souvenirs d'enfance à mon père. Pour moi, j'en aime chaque pierre, chacun des roseaux qui entourent la terrasse et chaque feuille de lierre qui tapisse sans peine les quatre murs. Juge un peu pour mon père ce que ce doit être ! Aussi il faut voir comme c'est soigné, comme toutes les mauvaises herbes sont arrachées et comme enfin ces beaux et bons raisins s'épanouissent bien et paraissent heureux de croître sur une terre aimée ! Voilà, nous avons goûté, nous avons mangé les premiers raisins mûrs de cette année, nous avons cueilli vingt-neuf noisettes et cinq noix et nous nous sommes bien promis d'y retourner dimanche pour y manger un poulet, cinq autres noix réservées sur l'arbre et

(1) Jules Bonnet, né à Nimes (1820-1892), auteur de plusieurs ouvrages sur l'*Histoire du protestantisme*.

(2) Boucoiran Numa, peintre d'histoire (1805-1875), avait collaboré à la copie du *Jugement dernier* faite par Sigalon pour l'École des Beaux-Arts de Paris.

MADAME JALABERT PORTEFAIS

enfin d'autres grappes de raisins qui nous ont promis de se mûrir tout à fait en huit jours.

Entre temps, Jalabert fait le portrait de sa grand'mère, que son pinceau a conservée bien vivante sous un bonnet de mousseline tuyautée.

Rentré à Paris, il se met au travail avec une nouvelle ardeur, déménage bientôt après dans un atelier et un logement plus confortables; mais, ce qu'il apprécie avant toutes choses, c'est le voisinage de M. et Mme Barbier-Walbonne, qu'il aime beaucoup, heureux enfin de s'éloigner des négociants et de leur quartier.

Rappelé à Nimes par le Conseil de révision et réformé, il reste à peine quelques jours dans sa famille et se hâte de retourner auprès de Delaroche. Voici comment il parle de son maître (la lettre ne porte pas de date) :

M. Delaroche a montré aujourd'hui son beau chef-d'œuvre (1) à tous ses élèves; le tableau a 75 pieds. Il est arrivé une demi-heure après nous. La grande admiration que nous avons pour l'homme et pour son œuvre nous a tenus tous muets au point que pas un mouvement, pas un souffle n'interrompait ce silence solennel qui a duré près de cinq minutes; l'émotion de M. Delaroche, plus grande que la nôtre sans doute, l'empêchait de dire une seule parole; les applaudissements les plus acharnés, les bravos, les vivats, un mélange de ce qu'il y a de plus bruyant dans de pareils élans d'admiration ! Enfin il a pu placer quelques phrases du bonheur qu'il ressentait. Après lesquelles paroles, d'autres tonnerres d'applaudissements et ensuite, pour terminer, un discours d'encouragement autant pour lui que pour nous tous, car il a parlé à chaque élève en particulier, sans oublier les poignées de main. En définitive, il a été très heureux et avoué que c'était un des plus beaux jours de sa vie. Mais nous ne nous en tenons pas là. Les élèves réunis ont l'intention de faire frapper une médaille en signe d'admiration et de lui offrir un banquet. Faisant partie de la Commission qui

(1) Probablement *Les Vainqueurs de la Bastille.*

a été nommée. je tâcherai d'honorer mon cher maître le plus qu'il me sera possible.

Voici une autre lettre de la même époque, qui est bien caractéristique de son état d'âme et de ses préférences naturelles :

Aujourd'hui a été jugé le concours d'esquisses. Je n'ai pas été aussi heureux que la dernière fois (j'avais été premier). Cette fois. au contraire. j'ai fait horriblement mauvais. Aussi ai-je reçu de M. Delaroche un galop comme j'en ai rarement entendu. J'irai le voir demain pour tâcher de me réconcilier avec lui. Du reste, le sujet ne me convenait nullement : c'était Brunehaut attachée à la queue d'un cheval sauvage. Pour moi. qui ne comprends que le gracieux. c'était bien difficile.

Mais aussi comme il est sensible aux éloges de son maître ! Voici deux lignes datées de 1840 :

M. Delaroche m'a fait des compliments ce matin. ce qui ne lui arrive pas toujours. et alors je suis heureux.

Au surplus. ces années de jeunesse et de travail ne présentent rien de bien particulier : par exemple. ce qui ne s'est pas modifié. ce qui n'a pas diminué. c'est son horreur des choses du commerce.

Il écrit à sa sœur. le 2 janvier 1840 :

Permets que je te dise quelques mots de cet insipide jour de l'an ; Paris regorgeait d'*individus* et de *marchandises*, toutes choses qui me déplaisent en général : aussi me suis-je cloîtré dans ma chambre après que j'ai eu fait trois visites seulement (1). celles que j'avais du plaisir à faire. M. Lebat. M. Barbier et ma cousine Picard. Je suis allé chez cette dernière avec Jules Bonnet. heureux mortel qui avait reçu du prince d'Aumale.

---

(1) Jalabert écrira plus tard : « Il y a dans la vie trois périodes bien déterminées : pendant la première on fait des visites, pendant la seconde on n'en fait plus, et pendant la troisième on en reçoit. Je suis donc parfaitement en droit de rester dans ma cabane et de penser paisiblement à ce qui me plaît.

son condisciple, un cadeau magnifique, un ouvrage admirable, qui a coûté au moins une centaine de francs. A propos d'étrennes, je te prie de me pardonner si je suis si inexact et si peu aimable à ton égard ; si j'avais été dans le commerce, si j'avais pu m'occuper un peu de toi, je t'assure que tu aurais été satisfaite ; mais mon art, la peinture, ne permet pas qu'on l'oublie une minute, elle est si exigeante, elle l'est beaucoup plus que toi, alors je t'ai sacrifiée.

Dans une autre lettre du 2 mars 1841, Jalabert s'excuse d'être allé, chaque semaine de l'hiver qui finit, danser chez M. Griolet :

C'est la première année, dit-il, que je vais au bal et les premières folies sont toujours les plus folles ; mais les jeunes parisiennes, avec leur coquetterie et leur fierté pour une parure de diamants, ne me font pas oublier la robe blanche de ma sœur, son joli visage n'ayant pour ornement que ses blonds cheveux.

Puis, toujours dans la même lettre, après avoir donné des conseils de frère aîné, après avoir recommandé le travail, le savoir, sans lequel on n'est bien reçu nulle part, il ajoute :

A l'atelier, nous sommes cent élèves, tous connus les uns des autres selon notre travail, notre capacité : à l'atelier, on est libre en tout et pour tout, il n'existe ni rang, ni fortune, ni rien. Eh ! bien, là, il n'y a que ceux qui savent quelque chose qui soient respectés et aimés, les autres sont bafoués de tout le monde, insultés et toujours en butte aux charges des plus forts ; celui qui sait méprise l'ignorant, et l'ignorant respecte et honore son supérieur en science. Il en est tout à fait ainsi de la société, à une différence près : à l'atelier, il importe peu que l'individu de qui l'on se moque soit présent ou non, tandis que, dans la société, on attend toujours que vous ayez le dos tourné pour exprimer sa pensée à votre égard.

Veut-on savoir quelles étaient ses lectures habituelles ?

Les derniers livres que je viens de lire sont la *Guerre du Péloponèse* de Thucydide (en partie), l'*Enéide* de Virgile,

Homère et la *Divine Comédie* de Dante. Je t'assure que cela m'a
plus appris que cent romans de l'époque.

Veut-on connaître telle de ses appréciations artistiques ?

Tu sais, écrit Jalabert à propos du salon de 1840, que je suis
grand admirateur du talent des frères Flandrin (1). Le plus
fort a exposé deux portraits, je n'en ai vu qu'un, c'est un portrait de femme ; un seul mot suffira : c'est un chef-d'œuvre.
J'ai admiré aussi avec beaucoup de plaisir un tableau qui est
sans doute de l'aîné : les petites femmes qui écoutent sont charmantes de naïveté et de noblesse. Il y a aussi des femmes au
sortir du bain d'une bonne composition. Les paysages du troisième Flandrin sont encore très bien, je leur reproche seulement un peu de mollesse.

Parmi les maîtres de l'art moderne, l'un des protecteurs
les plus influents de Jalabert fut Pradier. Comment le
grand sculpteur en était-il venu à se lier avec Jalabert-
Portefais ? Nous l'ignorons. Peut-être se souvenait-il
simplement, lui né à Genève d'une famille d'origine française, que son grand'père avait vu le jour dans le Gard.
Ces rapports étaient même assez intimes, témoin cette
lettre adressée le 13 mars 1844 par Jalabert père à son
fils :

J'ai reçu la procuration de M. Pradier pour toucher à la
caisse de la ville une somme de 4.600 francs, montant du buste
de M. le Général de Feuchères ; quand il sera arrivé, je te
dirai ce que nos amis des arts en pensent.

Il est permis d'affirmer que ces relations de Pradier avec
des familles nîmoises ne furent pas sans influence
le jour où le maire Girard eut à choisir le sculpteur
chargé de l'exécution des statues qui avaient été prévues

---

(1) Flandrin Auguste (1804-1842), a laissé des tableaux d'histoire et des
portraits.

Flandrin Hippolyte (1809-1864), le plus célèbre des trois frères, a été membre de l'Institut et a décoré nombre d'Eglises.

Flandrin Paul (1811-1902), s'est surtout fait remarquer dans le paysage.

par l'architecte Questel pour sa magnifique Fontaine de l'Esplanade. Rappelons que les concurrents de Pradier étaient des artistes du plus grand mérite : Etex et Klagmann.

On pense bien, d'autre part, que Jalabert, en dehors de ses travaux de l'École, s'essayait à ces petits riens qui lui procuraient quelque argent de poche ou lui permettaient de distribuer quelques cadeaux : le portrait lui-même ne l'arrêtait pas. Ainsi, dès le mois d'août 1839, il apportait un petit tableau à M. Beaucourt, de Lyon, et il annonçait qu'il allait passer quelques jours à la campagne pour y peindre le portrait de Mme Orbelin : promesse faite depuis longtemps à son ancien patron et dont il lui tardait de s'acquitter.

En février 1840, c'est son cousin Paul Picard qui pose devant lui et, à la même époque, Mme Griolet lui demande de faire le portrait de sa fille, ce qui le flatte beaucoup.

Mais s'il se lance volontiers dans la carrière, ce n'est pas à la légère et sans conscience des difficultés.

Plus j'avance (la lettre est de 1840), plus j'avance dans les arts, plus je trouve des difficultés énormes. Ce n'est rien que de savoir peindre un morceau, de connaître l'histoire des costumes et des coutumes de tous les temps, de posséder les caractères d'élite grecs, romains ou juifs, de savoir, au milieu d'un millier de plis, en découvrir un qui soit beau, noble et de bon goût : tout cela peut s'apprendre par le travail. Mais la poésie, l'idéal de l'art, où l'apprendre ? Dans le ciel, répondit un jour André del Sarto au divin Raphaël ; dans le ciel, oui, mais comment y aller ? Voilà où tout le monde échoue et voilà ce qu'on ne peut atteindre par le travail.

La même idée revient encore dans une lettre de la même période, celle de l'École des Beaux-Arts.

Il est bien peu difficile de faire des tableaux comme on en fait à présent, des petits paysans avec une petite chèvre, dans un paysage frais, des jeunes filles enluminées de brillantes couleurs, paraissant jolies à cause de cela. Mais qui est-ce qui me dira combien devait être belle la tête de la Vierge ? Qui est-ce qui me dira combien devait être rayonnante la tête du Christ le jour de la résurrection? Bien moins que cela : qui est-ce qui m'apprendra comment s'évanouit une reine, comment meurt un grand guerrier? Voilà ce que bien peu d'artistes peuvent traduire avec vérité et voilà cependant ce qu'il faut que je sache un jour. Mais il faut terriblement travailler: ô ma chère sœur, écris-moi, toi aussi, et donne-moi du courage, car il m'en faut beaucoup.

J'ai apporté chez M. Orbelin *la Courtisane* de Sigalon, qui partira demain. J'ai mis autant de diligence que possible dans cette copie, et cependant, c'est terriblement long. On trouvera peut-être la *courtisane* un peu noire: j'ai été trompé par le jour et par de la mauvaise couleur qui a beaucoup noirci.

Jalabert prit part aux trois concours de 1841, 1842 et 1843 pour le prix de Rome.

Admis en loge à chacun d'eux, il eut à traiter la première fois le sujet : *Les linges ensanglantés de Joseph présentés à son père Jacob*. Le tableau qu'il composa à cette occasion est toujours resté à Nîmes dans sa maison de campagne.

Disons tout de suite que les trois Prix de Rome de cette période, les concurrents heureux de Jalabert, n'ont pas fourni une longue et brillante carrière: deux d'entre eux sont morts très jeunes: le troisième s'est vite confiné dans la peinture décorative.

Il est vrai d'ajouter qu'au troisième concours, celui de 1843, Jalabert fut arrêté par la maladie et mis dans l'impossibilité de terminer son tableau: tout fait présumer que, sans cette circonstance, il aurait été classé premier, comme le pensaient ses professeurs et ses camarades.

En 1842, le 24 mai, il écrit à sa sœur :

J'ai terminé le deuxième concours (celui de la figure peinte) et j'attends le jugement qui sera rendu samedi prochain: après quoi, comme probablement je serai reçu en loge, il faudra attendre le 1ᵉʳ juin, le jour le plus important et le plus difficile de tous. J'ai déjà dit à mon père que j'étais plein d'ardeur.

de courage et d'espérance : malheureusement de ces trois
choses, la dernière s'évanouira peut-être dès le premier jour,
mais l'obstination et la persévérance resteront, et, si mon
tableau est mauvais, c'est que j'aurai été incapable de le faire
meilleur. Ah! si je pouvais rendre ce que je sens, ce que je
comprends, certainement je ferais des tableaux magnifiques,
mais l'impuissance, la cruelle impuissance est là qui vous
arrête. Cette année, précisément, j'ai beaucoup lu, j'ai beaucoup
pensé, j'ai fait des progrès spirituels, j'en suis sûr; mais j'ai
peu travaillé, ma main se refuse à rendre mon idée et je suis
toujours à la veille de me décourager. Heureusement je
regarde autour de moi; je ne vois que des gens qui font de
mauvaises peintures et je ne suis plus aussi honteux de continuer la mienne. N'importe, je sens que j'ai quelque petite
chose dans la cervelle et cette petite chose en sortira, quoi
qu'elle soit. Que mon père m'écrive de temps en temps de ces
bonnes petites lettres un peu dures, s'il le faut; elles me sont
très salutaires; je sais le bien que m'a fait celle que l'année
dernière je reçus quelques jours après le premier concours; et
toi ne m'oublie pas non plus; tes lettres sont pour moi ce
qu'était pour nos pères la parole des anges.

Le sujet du Concours fut : *Samuel sacrant David ;* le
tableau de Jalabert décora de longues années l'un des
salons de M. Orbelin.

« La défaite du concours, écrivait Jalabert, n'est pas un
malheur à se désespérer ni une chose irréparable : c'est une
chance que l'on court et, quand on ne réussit pas, est-ce une
raison de se plaindre, de gémir, d'agir comme mon ami Bonnet
enfin? Une chose pareille me paraît devoir être un stimulant
et non un découragement. En définitive, de tous, c'est moi
qui ai le moins de chagrin et je ne crois pas avoir tort d'agir
ainsi.

Depuis une vingtaine de jours, je me suis remis au travail,
mais j'ai été encore obligé de consacrer une partie de mon
temps à mon père; et puis tous les dîners en ville, les spec-
tacles, etc., tout cela me fatiguait un peu. J'en ai même

éprouvé un certain malaise, qui me passera certainement lorsque ma vie sera réglée par un travail assidu. Je vais du reste me soigner autant qu'il me sera possible afin de n'être plus dérangé par rien. J'ai tellement de choses à apprendre cet hiver que j'ai vraiment besoin que le sort me seconde un peu : aussi, d'avance, je fais mon deuil des plaisirs de la saison, je veux être un véritable ours, un véritable Henri de D.

Le degré de talent que la nature nous a donné ne peut arriver à son plus beau brillant qu'après une énorme quantité d'études sérieuses et voilà pourquoi j'étudie avec plaisir et je suis heureux d'une vie que d'autres dédaignent.

Ces belles résolutions faillirent rester sur le papier, pour faire place à de nouvelles : il s'agissait d'accompagner Delaroche en Italie. Mais bientôt le mirage disparaît.

Mes projets pour Rome, écrit-il à sa sœur, se sont évanouis, M. Delaroche ne part pas et par contre-coup je reste. Ainsi soit-il, c'est-à-dire qu'il faut accepter les choses comme elles se présentent : il n'y a plus qu'à se préparer sérieusement pour le concours prochain. Il faut absolument que mon nom soit inscrit sur le journal au mois de mars et, rappelle-toi ce que je te dis, il y sera.

Il n'y fut pas.

En attendant la nouvelle épreuve, Jalabert fit un portrait, celui de Mme Borely, dont Delaroche se déclara satisfait.

Toute la famille est dans le ravissement : la preuve est qu'ils ont fait faire un cadre de 140 francs : ils sont tous contents, excepté moi.

Le concours de figures peintes, continue la lettre de mai 1843, n'a pas été aussi heureux pour moi que celui d'esquisses. Mes amis et mes camarades de concours me donnaient la première place, mais ces messieurs de l'Institut ne l'ont pas jugé ainsi. La tête d'expression n'est pas encore jugée. J'ai été tellement pressé à la fin que je n'ai pas eu le temps de voir s'il y en avait beaucoup de meilleures que la mienne. Encore deux semaines pour le concours de la demi-figure peinte grande comme nature et un autre, après quoi arrivera le concours du prix de Rome.

Le sujet du concours de 1843 fut : *la Peste de Thèbes, Œdipe fuyant la malédiction des habitants.*

Pendant les épreuves, un peu découragé et déjà malade, Jalabert écrivait à son père :

Mon tableau, que t'en dirai-je ? Si je t'avoue que je ne suis pas content, tu en auras de la peine et tu me reprocheras de perdre courage. Si je te dis qu'il en est toujours ainsi quand on fait un tableau, j'aurai l'air de te dire que je ne suis pas content seulement par habitude ou par modestie. Le fait est que je me désole au moins une fois par jour ; tantôt du désespoir, tantôt de l'abattement. Je ne sais ce que sera mon tableau, s'il sera médiocre ou passable ; il est à peine ébauché et il ne nous reste que vingt-huit jours de travail. En définitive, mon cher père, je prends beaucoup de peine et j'ai beaucoup de soucis. Tous mes camarades ont l'air enchanté de leur ouvrage, moi, je n'ai aucun motif de l'être. M. Delaroche est parti pour les bains de mer, il m'a à peine donné quelques conseils ; d'ailleurs il n'a jamais fait du grec, du moins ce qu'il a fait est mauvais. J'ai été assez heureux de trouver en M. Duret (1) ce qui me manquait chez M. Delaroche. Je n'ai pas autant de chance pour l'architecture, je ne trouve pas un seul architecte qui puisse comprendre ce que je veux.

Retenu loin de l'École par la maladie pendant que s'achevait le concours, Jalabert écrivait :

Oh ! certes oui, tu n'es point dans l'erreur, en prévoyant pour mon avenir inquiétude et désolation : ce sont les deux inséparables amies de la vie d'un artiste de cœur, de cette vie qui paraît si belle, si pleine de bonheur aux yeux de ceux qui ne la comprennent pas. Il faut l'avouer cependant, les joies en sont bien grandes aussi. En effet, le poète est poète parce qu'il

(1) Duret Francisque (1804-1865), membre de l'Académie des Beaux-Arts, auteur de la Fontaine Saint-Michel.

a un cœur plus sensible à toutes les impressions, il est évident
que les joies et les peines sont pour lui plus grandes que pour
tout autre.

Jalabert emporta son tableau inachevé à Nîmes : c'est
là qu'il le termina.

Le 1ᵉʳ décembre s'ouvrait dans cette ville la première
Exposition des Amis des Arts : elle eut assez de succès
pour engager les organisateurs à rouvrir le Salon nimois
tous les deux ans pendant une assez longue période : la
tradition existe encore ou plutôt elle a été reprise il y a
une vingtaine d'années. *La Peste de Thèbes* figura à
l'Exposition de 1843-1844, et la Commission des Beaux-
Arts, réunie le 27 décembre sous la présidence du Maire,
après avoir entendu le rapport de M. Canonge, décerna
deux hautes récompenses : Une médaille d'or pour le
tableau d'histoire à M. Ch. Jalabert, de Nîmes, et une
médaille d'argent pour le tableau de genre à M. Lamy, de
Marseille.

Jalabert était à ce moment-là à Rome : ce fut son père
qui lui annonça le succès de son *Œdipe*, qui lui envoya
les feuilletons des journaux locaux le célébrant en prose
et en vers.

Quant à la médaille, ajoute Jalabert-Portefais, elle n'est pas
bien grande. Canonge l'a vue ; mais c'est une chose insignifiante, l'honneur seul en fait le mérite. La ville s'était chargée
de la dépense : lorsque les deux médailles (or et argent) arrivèrent par la diligence, le fabricant avait fait suivre le rembour-
sement, et la Commune, n'ayant pas d'argent comptant, refusa
cette boîte qui est restée assez longtemps dans les bureaux de
la diligence : enfin elles ont été retirées depuis quelques jours et
sont en ce moment à la gravure.

Le tableau fut acquis avant la clôture du salon par un
amateur qui le donna au Musée de Marseille où il est
encore.

Voici l'appréciation du Rapporteur de la Commission des Beaux-Arts :

L'artiste nous transporte à cette grande époque des temps antiques, si formidable pour le génie moderne à cause des monuments inimitables de l'art grec. Thèbes s'ouvre devant nous. Thèbes ravagée par la peste. Au fond d'une place publique entourée d'une noble architecture, la foule se presse sous les portiques, les autels fument devant les temples et les femmes, pressant leurs enfants contre leur sein, errent désolées, portant le rameau des suppliants. A gauche, un groupe s'écarte avec horreur : un jeune homme soulève son manteau devant son visage, comme si la peste elle-même passait devant lui. C'est en effet la personnification du fléau, puisque c'en est la seule cause : c'est Œdipe le parricide, l'incestueux, la victime souillée, et cependant généreuse et pure, de l'aveugle fatalité des temps antiques ; c'est l'Ahasverus du paganisme qui vient de s'infliger une première expiation en s'arrachant les yeux et s'exile pour écarter de ses sujets la malédiction dont sa tête est chargée. Vain sacrifice qui ne lui épargnera pas une goutte du fiel dont pour lui fut remplie la coupe des destinées ! A son aspect, une jeune femme se réfugie dans le sein de son époux, dont le bras levé avec rage semble prêt à lancer toutes les foudres de la haine ; une autre tombe dans les convulsions de la plus terrible agonie ; une mère dont l'enfant vient d'expirer se soulève, se détache un moment du cadavre qu'elle pressait, et son bras raidi par l'énergie du désespoir désigne le maudit à l'animadversion des dieux et des hommes. Par un contraste habilement ménagé et pris dans les entrailles mêmes du sujet, deux figures reposent l'âme de ces tragiques émotions : c'est d'abord celle d'un vieux soldat, cœur loyal, à qui rien au monde ne peut faire oublier le respect et le dévouement qu'il doit à son roi, il courbe la tête et pleure en voyant passer tant de grandeur humiliée ; c'est ensuite, c'est surtout Antigone, la vierge dans son acception la plus élevée, providence humaine, presque divine, type d'abnégation et de pureté, pressentiment de cette beauté morale que le christianisme devait seul révéler avec sa perfection

complète ; l'effroi de la jeune fille jetée, tout à coup au milieu
des vociférations de la haine, cet effroi dominé par le dévouement dû à une grande infortune, d'autant plus sainte pour elle
qu'elle est plus exécrable aux yeux du vulgaire, ne pouvait être
saisi et rendu dans ses nuances si compliquées que par une
sagacité, une habileté rares. Quant à Œdipe, il est encore noble
et beau dans son humiliation, comme doit l'être celui dont la
conscience n'a pas été complice de la destinée : malgré la résignation dont il s'est armé, son âme se révolte contre l'injuste
rigueur du sort et des hommes ; involontairement, sa taille va
se redresser et le sang du roi s'indigne dans ses veines.

Voilà une composition bien comprise, bien sentie, simplement,
grandement ordonnée, vraie de caractère, vraie de dessin, de
couleur et de lumière et recommandable par la justesse et la vie
des expressions. Comme spécimen de ce que M. Jalabert sait
déjà faire, nous indiquerions la draperie du personnage de
gauche, la tête, la poitrine d'Œdipe, les plis nobles de son vêtement, l'homme dans le sein de qui se réfugie la jeune femme, la
beauté vraiment grecque de toute cette figure, l'effrayante agonie
de la pestiférée et la mère qui maudit. Le tout est ferme, tout
fait espérer un Maître.

CHAPITRE II

JALABERT A ROME

Les souvenirs écrits sur le tard de la vie, quelque sincères qu'ils veuillent être, subissent toujours une transformation profonde : le point de vue lointain estompe toutes choses et la succession des évènements établit une moyenne qui, vraie dans l'ensemble, est souvent inexacte dans le particulier; les récits des amis ou des contemporains sont presque toujours empreints de partialité et sujets à des causes multiples d'erreur: rien, mieux que la correspondance intime, ne peut nous permettre de voir clair à travers l'âme humaine, surtout à l'aurore de la vie.

Nous avons jusqu'ici fait de nombreux emprunts aux lettres de Jalabert. En dehors de quelques fragments de journal qu'il a écrits à Rome au jour le jour, nous n'aurons guère à notre disposition, pendant cette résidence de 3 ans dans la ville éternelle, que les lettres du jeune artiste et celles de ses correspondants.

Nous assisterons ainsi à toutes les vicissitudes de son existence, à ses angoisses, à ses tourments de peintre, à tout ce qui l'a soutenu et souvent arrêté dans sa poursuite de l'idéal; nous ferons avec lui quelques promenades pittoresques. Dans ces pages, que tout commentaire ne ferait qu'affaiblir, Jalabert soulève tous les replis de son être, il nous révèle toutes les faces encore indécises de son talent, il est bien déjà ce qu'il sera jusqu'à sa dernière heure.

Nous venons de faire allusion au journal de Jalabert :

C'est en 1843, au mois d'août, qu'il commence à confier au papier quelques notes assez incohérentes. Le préambule est un peu solennel :

J'ai eu souvent, depuis deux ans, l'idée d'écrire un journal ; mais il en a été pour ceci comme de tous mes projets, c'est à dire que l'intention n'a été suivie d'aucune exécution. Je crois que les meilleures leçons que l'on reçoive en ce monde sont celles que l'on se donne soi-même : si donc je pouvais, en écrivant mes faits et mes réflexions de chaque jour, me rappeler mes idées et mes projets de la veille, me montrer et me dire mes défauts et mes faiblesses, il me semble que je pourrais tirer meilleur parti de moi-même. Je suis bien fâché de n'avoir pas commencé dès mon départ de France, car, depuis ce moment, ma vie n'a été qu'une suite de chagrins, et comme il est bien vrai que l'on est la première cause des peines ou des joies qui remplissent la vie, je tâcherai de me rappeler les motifs qui m'ont fait perdre beaucoup de temps et qui m'ont rendu si malheureux dans ce pays.

Rome ! Il y avait longtemps que ce mot résonnait à l'oreille de Jalabert, longtemps que ses rêves le transportaient en Italie ! N'ayant pu s'y rendre (nous savons pour quelle raison) par la grande porte, celle qui s'ouvre annuellement sur la Villa Médicis par le concours de l'École des Beaux-Arts, il n'était pas homme à renoncer pour cela à ses idées. Attendre une année encore pour être pensionné par l'État, personne ne le lui conseilla, ni sa famille, ni ses amis, ni ses professeurs ; lui-même d'ailleurs se rendait trop bien compte de ce qu'un séjour en Italie ajouterait à son éducation artistique : il se sentait désormais assez maître de son pinceau pour aller, en dehors de toute tutelle, à la recherche de l'inspiration directe, celle qui s'échappe des chefs-d'œuvres de l'art ou des chefs-d'œuvre de la nature.

Mais en même temps, il était tout heureux à la pensée de retrouver Delaroche, qui venait de s'établir à Rome, à la fin de 1843. C'est même cette circonstance qui eut le plus de prise sur la famille de Jalabert et la décida à ce nouveau sacrifice.

Parti de Nimes le 17 novembre 1843, il fait une magnifique traversée de Marseille à Livourne et trouve à Florence un certain nombre de camarades : Hébert, Lenepveu (1), Arago (2). Il pourrait prendre quelques croquis, il n'emploie son temps qu'à voir et à admirer; les mots manquent à son enthousiasme pour décrire ces Palais où les chefs-d'œuvres sont entassés ; mais Florence n'est pas le but de son voyage et, au bout d'une quinzaine, il s'engage sur la route de Sienne.

Après trois jours de diligence, alors que je commençais à revenir de la mauvaise opinion que je m'étais formée sur les voituriers pendant la route de Livourne à Florence, alors que j'étais à la frontière des Etats Romains et que la pensée de voir Rome le surlendemain me faisait venir chair de poule, il m'est arrivé un de ces accidents si fréquents en Italie : j'ai été retenu pendant neuf jours dans un petit mauvais village, à Acquapendente, 9 grands jours ! Et pourquoi ? Parce que j'avais un visa de trop sur mon passeport. Ceci parait extraordinaire, c'est cependant la vérité. Je pouvais me dispenser du visa du Consul Pontifical à Paris ; mais, avec ce dernier, il fallait celui de Marseille, précaution que le capitaine du bateau n'avait pas prise et, par la faute de ce Monsieur, je me suis trouvé victime innocente de l'inexorable justice du Gouvernement Pontifical. Pour me consoler, j'ai beaucoup ri de la mésaventure de quelques voyageurs qui se trouvaient dans le même cas que moi.

Il arrive enfin à Rome l'avant veille de Noël.

Les première lettres débordent d'admiration, elles dénotent aussi quelque confusion :

J'ai déjà vu tant de belles choses, j'en ai encore tant à voir.

---

(1) Lenepveu Jules-Eugène (1819-1898), peintre d'histoire, entrera à l'Institut en 1869 et dirigera l'Ecole de Rome en 1873.

(2) Arago Alfred, second fils de François Arago, d'abord peintre d'histoire, puis inspecteur général des Beaux-Arts.

que toutes les idées qui ont pu se former dans mon esprit ressemblent encore à un peloton de fil avec lequel un chat se serait diverti pendant les folles journées de son jeune âge.

La première visite est pour son maître Delaroche. Il lui soumet ses doutes et le conseil qu'il en reçoit est en contradiction formelle avec les idées de son père, avec celles de Barbier-Walbonne, avec les siennes propres. Delaroche, en effet, l'engage, puisqu'il doit rester à Rome quelque temps, à entreprendre un grand tableau.

Barbier lui avait écrit :

Étant à Rome, il faut d'abord bien observer, faire des recherches, fureter partout dans les églises, meubler sa tête comme son portefeuille des chefs-d'œuvres des grands maîtres, faire beaucoup de croquis des choses qui auront attiré ton attention ; ce sont des matériaux indispensables pour l'avenir ; sinon, tu auras bientôt oublié ou perdu, parmi d'autres idées, tous les profits de tes recherches et il ne te restera que des souvenirs vagues et confus. Si Raphaël fut resté toujours auprès de son maître, il ne serait que le digne élève du Pérugin ; il fut à Florence, connut les maîtres de cette école, puis à Rome, son talent grandit jusqu'au sublime après avoir vu la Chapelle Sixtine. Après s'être bien pénétré de Rome, pour se reposer, faire une étude ou un tableau de moyenne dimension, mais alors ne pas se rebuter, ne pas craindre la peine et faire voir enfin qu'on est homme. Je t'engage aussi à ne pas te lier avec des familles italiennes, cela pourrait te conduire loin. De la gaieté, pense que tu as le bonheur d'être sous un beau ciel et sur une terre pleine de grands souvenirs. Point de découragement, laisse cela pour des êtres vulgaires ; du courage ; reviens dans ta patrie homme avec un talent fait, tu as tout ce qu'il faut pour cela. Sur ce, je t'embrasse de cœur ; je te prie de faire mes compliments à M. Delaroche.

Jalabert-Portefais écrivait à son tour à son fils :

N'ayant aucune notion en peinture, je ne me permettrai pas de te donner des conseils ou avis. Mais ce que je puis te dire,

CLICHÉ COULAROU

TYPOGRAVURE BRAUN, CLÉMENT ET C

VIRGILE LISANT LES GÉORGIQUES

c'est que je n'aime pas les indécisions ; l'indécision est le comble de l'incapacité ou de l'incurie. Jusqu'à présent tu as été sous l'empire de cette fatalité, il est temps que tu ouvres les yeux et que tu travailles plus péniblement que tu n'as fait jusqu'à ce jour. Tu es dans un pays de sève ; l'artiste qui s'y trouve ne doit penser qu'à en recueillir pour produire plus tard. Je voudrais que ta première année en Italie fut employée à voir les meilleurs tableaux, les réunions religieuses, les fêtes, les salons et les tavernes, à saisir la nature sur le vif pour, rentré chez toi, la reproduire. Je fais beaucoup de cas de l'art monumental de M. Delaroche, je t'estimerais très heureux si tu pouvais l'imiter; mais ce n'est pas en copiant dans son atelier un modèle qui, sous le manteau de Virgile, subira l'influence de l'ennui ou racontera des histoires salées, que l'on peut rendre la physionomie d'un homme au moment où il composait ou récitait des poèmes sublimes. M. Delaroche te conseille de faire le tableau dont tu parles ; il a raison, il vaut mieux faire cela que ne rien faire. Mais ce n'est pas là, à ta place, que j'emploierais mon temps et mes méditations. Si j'avais eu le génie des arts, j'aurais été plus ambitieux, car, en définitive, lorsque tu auras terminé ce tableau, en admettant qu'il soit digne du Salon, digne d'éloges, que prouvera-t-il? Que tu as un peu de science, que tu as su comprendre la manière d'employer la couleur, en prenant pour modèle les tableaux des maîtres; mais il ne prouvera pas que tu aies cette étincelle qui fait le grand peintre. Le peintre de nos jours qui pourrait devenir un très grand génie, s'il se donnait le temps de travailler, c'est Horace Vernet ; celui-là ne s'enferme pas dans un atelier, avec des mannequins plus ou moins animés ; son atelier est sur la surface du globe ; son esprit saisit la nature humaine dans sa plus grande pureté, dans ses types les plus parfaits, il les retient et les reproduit.

On conçoit que Jalabert ait été bien embarrassé.

Entre ces diverses opinions, il suit celle de Delaroche, non sans se dire « tout désolé de passer sa journée dans un atelier alors que de si belles choses sont dehors. »

Le premier sujet auquel il songe, après de longues

lectures, est une *Réunion des poètes romains du temps d'Auguste;* c'est à lui que fait allusion la lettre de son père. Delaroche l'approuve pleinement et l'engage à faire un carton de grandeur naturelle sur le mur de son atelier, ce qu'il entreprend à l'instant. Quelques élèves de l'Académie étant venus le voir trouvent que la composition ne mérite pas une aussi grande dimension. Il n'en faut pas davantage pour arrêter un élan impétueux qui, on doit bien le reconnaître, n'était guère dans la nature de Jalabert. L'indécision le reprend et il commence à penser que, pour l'exécution d'un tableau aussi important et difficile, les 150 francs par mois que son père lui envoie ne peuvent pas lui suffire. Il n'en persiste pas moins à croire que son maître a eu raison, (c'est une note de son journal qui le dit), car les croquis et les dessins faits sans intention ne servent jamais à rien. Mais, avant cette note, qui semble correspondre aux derniers temps de son séjour à Rome, il est d'autres passages où il accuse Delaroche de l'avoir mis dans l'ornière où il se débat, de lui avoir fait entreprendre, à travers mille difficultés, une œuvre au dessus de ses forces et de ses ressources.

Une période pleine d'amertume s'ouvre pour Jalabert; depuis le jour où il s'est mis au travail jusqu'à son départ de Rome, les tourments ne doivent plus le quitter. Cent fois il abandonne son tableau, cent fois il y revient; à chaque reprise, ce sont des modifications nouvelles, quand ce ne sont pas des transformations radicales. Puis, il prend peur, il craint que l'intérêt de la simple vérité et de la nature ne paraisse pas suffisant au public et voilà qu'il renonce, jusqu'à nouvel ordre, à sa première idée, pour se mettre à en poursuivre une autre qui, autant par les personnages représentés que par le pathétique du moment, lui semble devoir fournir matière à un tableau intéressant : *Hiphygénie implorant sa grâce aux pieds d'Agamemnon.* Ce n'est pas qu'il n'entrevoie déjà des difficultés énormes, mais il se figure qu'il aura le courage de les surmonter toutes et qu'il réussira ainsi à forcer l'attention du public.

Cependant, pour changer de sujet de tableau, il n'amé-
liorait pas l'état de sa caisse, dont il voyait surtout le fond.

Il est curieux de connaître le budget d'un jeune peintre
non subventionné par l'Etat, en 1844, à Rome.

Le voici tel qu'il est établi par Jalabert :

Il faut savoir que l'écu romain se divise en 10 pauls ou
100 baiocs ; la pièce de 5 francs ne vaut que 92 baiocs.

Chambre, ménage, blanchissage, huile : 6 écus romains ;
nourriture et menus frais (50 baiocs par jour), 15 écus romains ;
reste donc, pour atteindre 27 écus romains, 6 pauls, le montant
de 6 écus, 6 pauls, soit 35 fr. 65 (par mois); c'est avec cette
somme qu'il faut acheter les couleurs, louer un atelier, payer
ses modèles et se vêtir.

La demande de 50 francs à titre de supplément mensuel
ne semble pas excessive. Il est facile dès lors de comprendre pourquoi si souvent le découragement perce à travers
les lettres de Jalabert :

Si tu savais, écrit-il à son père, le 16 juin 1844, tous les
ennuis que j'ai éprouvés pendant mon voyage, si tu savais tout
ce que j'ai souffert depuis mon arrivée, passant tout d'un
coup du bonheur complet à l'isolement le plus grand, gardant
pour moi seul des chagrins que je ne pouvais confier et n'ayant
pas même quelquefois le travail pour me consoler. alors que
les musées étaient fermés, que le mauvais temps ne permettait
pas de travailler dehors et que le froid me chassait de ma
chambre ! Pourquoi ne veux-tu donc pas que j'aie pu être
malheureux et découragé? Je te laisse, mon cher père, comptant
que cette lettre, quoique bien triste encore, ranimera l'espoir
que tu paraissais avoir presque perdu et te donnera sans
doute une meilleure opinion de moi-même.

P. S. — M. Delaroche m'avait proposé de t'écrire ; j'ai pensé
que tu aurais assez de confiance en moi pour rendre sa lettre
inutile.

En même temps, il a écrit à L. B., le plus dévoué de ses
amis, ses chagrins et sa position : la réponse de L. B.

contenait un billet de 5oo francs et l'offre d'ouvrir encore
sa bourse, si cela était nécessaire.

Jalabert-Portefais, de son côté, avait donné ordre à
M. Orbelin d'envoyer à Rome 200 francs par mois à
l'avenir; mais sa lettre, dure et sévère, produisit une
impression telle sur son fils que, malgré ses 25 ans, il
pleura à chaudes larmes.

Il faut, pour faire un homme complet, lui disait son père,
que la nature ne lui ait rien refusé ou bien qu'il ait eu assez de
sagacité pour connaître son imperfection et la combattre. Ce
que j'ai reconnu de facheux en toi, c'est que tu as toujours
employé trop de temps à préparer l'ouvrage que tu as à faire,
par exemple, lorsque tu étais au collège, tu mettais plus de
temps à arranger ton papier, ton encre, ta plume, qu'à faire ta
composition ou ton thème; tes divers tableaux de concours ont
été faits dans les mêmes conditions : préparation exagérée, d'où
exécution insuffisante et hâtée. J'ai vu avec peine que tu te
sois cru malheureux lors de ton voyage de Nimes à Rome;
l'amour de l'art doit remplir tous les vides d'affection de
famille, et à ton âge on ne doit pas considérer comme contrariétés de petites niaiseries ; tu dois voir dans la vie de beaucoup
d'artistes des tribulations bien plus sérieuses ; ce dont tu as eu
à te plaindre est une conséquence de la vocation que tu as
voulu embrasser et il faut en subir les conséquences avec
résignation.

A l'indécision de son caractère, à l'impossibilité de se
satisfaire lui-même, à ce qu'il appelle son impuissance, à
la difficulté de la vie matérielle, viennent s'ajouter
bientôt des soucis d'une autre nature, une maladie d'estomac ; et cette nouvelle complication se produit le lendemain du jour où, cédant à l'influence de son ami Louis
Roux, (1) Jalabert est retourné à l'atelier de Delaroche, a
revu son carton, ne l'a pas trouvé mal et s'est remis à

(1) Roux Louis-Prosper (1817-1903), a peint de nombreux tableaux
d'histoire et de genre.

l'œuvre avec la ferme intention de ne plus l'abandonner, quoi qu'il puisse arriver.

Journées tristes et d'une désespérante longueur ! Seules les fêtes, qui d'ailleurs ne sont pas rares à Rome, se chargent de rompre cette affreuse monotonie. Autant que faire se peut, il dissimule à ses parents son état maladif, et le programme qu'il trace de sa vie journalière dans la lettre suivante dit plutôt ce qu'il a fait les mois précédents que ce qu'il fait pendant le mois de juillet où il l'écrit :

Je ne me lève pas très matin, attendu que c'est le moment le plus chaud de la journée. A huit heures j'ai déjeuné légèrement, je remonte travailler jusqu'à midi. Je prends mon repas dans un petit jardin, avec un ou deux camarades au plus ; à une heure le vent de la mer se lève régulièrement et la chaleur devient très supportable. Je me remets à travailler jusqu'à sept heures. Quelquefois, vers les quatre heures, je vais faire une promenade avec M. et Mme Delaroche. Le soir, à l'Ave Maria, je soupe ; après souper je vais faire un tour sur le cours. C'est le moment où les belles romaines vont à pied, par petits groupes jusqu'à dix heures, et c'est une chose bien bizarre que de voir ces quantités de femmes presque en costume de bal, la tête nue et les épaules découvertes, se promener le plus sérieusement du monde dans une rue. Vers les neuf heures je rentre chez moi ou chez un camarade et là je lis ou je dessine. Le soir, à minuit, il n'y a plus dans les rues que d'innombrables chiens et par ci par là quelques chanteurs, quelques joueurs de mandoline qui donnent la sérénade à n'importe qui. Les voleurs et les patrouilles font aussi partie de cette maigre société de chiens et de musiciens. Dans la journée, après dîner, le soleil darde en plein dans les rues de Rome ; aussi la ville est parfaitement déserte, on dirait une décoration de théâtre. Nous avons eu dernièrement les fêtes de la Saint-Pierre : grande illumination, grand feu d'artifice, processions tous les soirs pendant quinze jours. Il y a eu de grandes messes dites par le Pape, tout l'intérieur de la Basilique a été tendu de damas rouge, la statue de Saint-Pierre a été recouverte de ses plus beaux habits, une tiare d'un prix énorme était sur sa tête ; plus que jamais les fidèles bai-

saient ses pieds de bronze. En définitive. beaucoup de belles
choses montrées au public, beaucoup de richesses. de somp-
tueux habits, mais tout cela sentait de si loin le spectacle, la
décoration, que pas une fois je ne me suis senti un mouvement
religieux dans l'âme. J'ai vu passer devant moi le Pape et la
grande procession de Saint-Pierre ; il était porté sur une table.
agenouillé devant l'hostie. Je n'ai pas même baissé les yeux
devant lui. je savais que réellement il était assis dans un bon
fauteuil. quoique les draperies qui l'entouraient fussent arran-
gées de manière à ce qu'il parut agenouillé. Il faut, dans la reli-
gion comme dans toutes choses. du bon goût.

Les souffrances de plus en plus aigues devenant intolé-
rables, les médecins et surtout Delaroche engagent Jalabert
à changer d'air. Pourquoi n'irait-il pas à Naples, où le
maître lui-même va se rendre ? Le voilà, partant le 4 août
1844 de Civita Vecchia, couchant sur le pont au milieu
des passagers de 1e classe, véritable partie de plaisir,
avoue Jalabert, car la mer était calme comme une rivière.
A Naples. il est tout heureux de trouver Gourlier (1),
Barre (2), Ballu (3), Arago et Roger (4) ; trois semaines
entières sont consacrées au Musée, où il travaille sans
relâche ; pendant la dernière semaine. en compagnie de
Delaroche, de Barre et de quelques amis, il fait la tournée
du cap Misène et l'ascension du Vésuve, une promenade à
Herculanum et à Ischia ; avec d'autres, il parcourt Pompéi,
Salerne. Pœstum, Amalfi, Capri. Sorrente et Castel-
lamare. Une longue lettre de Jalabert, avec 7 dessins à
l'appui, intercalés dans le texte, raconte à un ami de Paris,
sous une forme un peu précieuse. l'expédition du Vésuve :

(1) Gourlier Louis-Charles-Adolphe, peintre d'histoire et de portraits,
frère de Gourlier Paul-Dominique, peintre paysagiste.
(2) Barre : voir page 38.
(3) Ballu Théodore (1817-1885), architecte à qui l'on devra la restauration de la Tour Saint-Jacques, la Tour Saint-Germain l'Auxerrois. l'Eglise
de la Trinité, etc., etc.
(4) Probablement Roger Adolphe, peintre d'histoire.

Un certain dimanche du mois dernier, j'ai eu l'honneur d'aller faire au Vésuve, avec lequel j'ai été intimement lié pendant un mois, une visite d'amitié. Il était une heure de l'après-midi, et nous nous dirigions vers Portici, où le vent nous transportait le plus agréablement possible. Des chevaux nous y attendaient ; les guides, les porteurs, tout était prêt, car nous avions une femme avec nous.

Peu de temps après la sortie de Résina, petit village au pied du Vésuve, la route commence à monter et à devenir un tantinet raboteuse. La caravane se composait comme suit : les lazzaroni, porteurs de tout ce qui était nécessaire à l'ascension, les guides, les voyageurs et deux charmants gendarmes équipés sur des ânes. La mauvaise tournure de la société qui nous entourait indiquait seule l'utile de notre arrière-garde. Nous caminâmes ainsi pendant deux heures jusqu'au couvent des capucins, qui nous attendaient pour nous offrir du vin, du lacrimacristi, lequel fut accepté avec effusion de reconnaissance et de pièces de dix sous qui, dans le pays, se nomment carlins. Nous avions encore une heure de route pour arriver au bas du cône qu'il faut gravir à pied. Il n'est pas besoin de dire que j'étais ici le premier de la caravane; mes jambes, bien plus dociles que mon cheval, suivant leur habitude naturelle, me transportaient avant les autres sur le sommet de la montagne.

J'arrivai suant et parfaitement éreinté, j'étais sur un immense plateau qui ne me permettait pas de voir encore le grand cratère. J'entendais un bruit pareil à celui de la mer, il était occasionné par de grandes couronnes de fumée qui s'élevaient droit dans les airs, à chaque secousse du volcan qui lançait d'énormes pierres rouges comme du fer fondu. Quelques minutes après, je pus apercevoir le cratère. Vous représentez-vous un immense entonnoir au fond duquel gît un lac de lave grise ou plutôt noire ; au milieu de cela, un petit cône de 100 pieds de hauteur, sur le sommet duquel sont deux ou trois embouchures par lesquelles sortent par secousses des grêles de pierres ardentes. Le bruit que l'on entend est pareil à celui du tonnerre qui gronderait bien au fond de la terre, et parfois à celui d'un coup de canon que l'on tirerait dans une salle tellement grande que la personne placée à l'autre bout de la salle l'entendrait à peine. Pouvez-vous vous figurer toute cette cuisine ? Nous avions vu, du sommet de la montagne, le soleil se coucher sur le golfe ; ce spectacle admirable avait pu à peine attirer nos regards, tellement nous avions hâte d'apercevoir les causes des bruits que nous entendions. Nous descendîmes enfin sur le lac de lave au pied du cône. Nous étions sur une croûte très peu épaisse au dessous de laquelle brûlait une immense fournaise dont nous apercevions les rouges lueurs par chaque crevasse et fente que nous étions obligés de franchir. Enfin, nous étions tous dansant sur un pied comme des dindons sur une plaque chaude. La lave se levait, la fumée du Vésuve était plus rouge que jamais et la collation nous attendait. J'allumai ma cigarette à un morceau de lave qui venait de tomber à mes pieds, j'y brûlai mes moustaches. De cet immense belvédère, nous admirâmes jusqu'à minuit ce feu d'artifice de chaque minute qui vaut bien, à mon avis, la grande girandole du fort Saint-Ange, à Rome. La descente s'effectua au clair de la lune et des torches, plus rapidement que la montée ; en effet, cinq minutes me suffirent pour enjamber ce que j'avais mis une heure à gravir. Du haut de la montagne, je m'élançai de toutes mes forces sur un penchant couvert par les cendres du Vésuve ; après avoir fait maintes culbutes, j'arrivai au bas, mes poches pleines de cendres et mes souliers sans semelles. Nous reprîmes nos chevaux et trois heures après nous étions à Naples.

Il repart de Naples par la route de Moladi Goëta avec Barre (1), sa femme, son frère Albert (2) et un camarade d'atelier.

Tout ce voyage aurait été charmant, si je n'avais été toujours tourmenté par mon maudit estomac.

De retour à Rome, il se met à faire les ensembles de son tableau et, de changements en changements, le moment

(1) Barre Jean-Auguste, sculpteur (1811-1896).
(2) Barre Albert (1818-1878) peintre et graveur de médailles, succèdera à son père J.-J. Barre, comme graveur général des monnaies.

du départ de Delaroche arrive avant qu'il ait commencé à ébaucher : ce départ n'est pas de nature à relever son moral.

La lettre suivante, adressée à sa sœur, à la fin de 1844, dit bien cette sensibilité un peu maladive, ce besoin d'affection, cette légère mélancolie qui, en dépit de quelques exubérances de jeunesse, constituent le fond du caractère de Jalabert :

C'est pour moi un supplice d'aller en soirée, je m'y ennuie à mourir. Cela tient peut-être à ce que, n'y trouvant pas d'amis, je suis naturellement porté à remarquer les gens que je rencontre et généralement ces remarques ne sont pas en faveur de ce qu'on appelle le monde. Toutes les réflexions que j'y fais m'en dégoûtent cordialement et j'ai bien du mal à m'arracher de ma solitude quand j'ai une visite à faire. Je me trouve bien d'aller admirer avec un camarade la belle nature de Rome ou les chefs-d'œuvre de Raphaël, ou même de passer une soirée à causer paisiblement poésie ou peinture. Je suis peut-être plus heureux encore lorsque seul je me lance dans la campagne, où je ne trouve pour société que des renards ou des lézards. Il est vrai de dire que je serais aux anges si, au lieu de cette société de solitaires, j'avais auprès de moi ma sœur et ma famille ou même des amis comme Emile ou Borély. Tu m'accuses de tristesse, ma chère amie; n'est-ce pas déjà un grand motif d'être éloigné de tous ceux que j'aime? et aussi de songer à ce que je suis et à ce que je voudrais être? Devant cette si admirable nature, devant même les idées qui effleurent quelquefois mon cerveau, je me sens si petit, si petit, que je tombe souvent dans un profond abattement. La vie et la jeunesse relèvent mon courage, mais je ne laisse pas que d'être parfois mélancolique en pensant à l'avenir. Que ceci d'ailleurs ne te tourmente pas, mes chagrins sont la conséquence de ma position et doivent être, je pense, ceux de tout homme qui a un peu de cœur et d'ambition. Je te fais, ma chère amie, mes intimes confidences; mon père pourrait m'accuser de faiblesse s'il ne savait pas que la vie d'un artiste est une vie de découragement. Je préfère que tu gardes mes idées pour toi seule.

Cependant on ne l'oublie pas à Nîmes et rien n'est négligé pour rappeler le jeune peintre au sentiment de la dure réalité.

C'est maintenant la mère qui se charge des remontrances.

Où en es-tu ? écrit-elle à Jalabert le 12 janvier 1845, que fais-tu ? et qu'espères-tu faire ? Le temps s'écoule et tu ne produis pas. Voilà les réflexions de ton père, ce qui le tourmente, ce qu'il ne te dit et ne te dira peut-être pas, parce qu'il a décidé de ne t'écrire que quand il verra quelque chose de toi.

C'est ensuite le tour de Barbier-Walbonne.

Barbier et sa seconde femme sont en effet constamment chez Jalabert-Portefais, ils y sont tout à fait à leur aise ; ils se disent de la famille, ce qui les dispense de toute étiquette. Les lettres de Mlle Jalabert donnent, à ce sujet, sur le vénérable peintre, d'amusants détails :

Figure-toi que le dimanche, quand il sent mettre le rôti à cuire, M. Barbier ne peut rester au salon : c'est plus fort que lui, il va voir la broche tourner et l'arrête quand il juge la cuisson suffisante. Tu ne peux te figurer la belle physionomie de M. Barbier lorsque papa, l'autre jour, découpait un magnifique lièvre, il suivait des yeux tous les mouvements du couteau et paraissait jouir je ne sais de quoi, mais il était tellement absorbé qu'il ne s'apercevait pas qu'il nous causait un peu trop de gaieté à sa femme et à moi.

Il n'est donc pas étonnant que, dans sa lettre du 16 janvier 1845, Barbier-Walbonne s'arroge « le droit de parler à Jalabert, non seulement en ami, mais aussi en père jaloux de voir arriver son enfant ».

Était-il né moraliste ? Peut-être. Le grand prix national de 3.000 francs qu'il avait obtenu en 1797, il le devait à un tableau intitulé : *Une scène morale d'un père à son fils.*

Voici la suite de la lettre :

Tu dois bien penser que tu es le point de mire de toutes nos conversations avec tes chers parents. Santé et talent, voilà nos

vœux pour toi. Oui, mon cher Charles, il faut viser à arriver ;
c'est là ton but, je n'en doute pas, mais tu t'abuses, si tu crois
pouvoir le faire en grand seigneur ; il faut au contraire chercher
le moyen le plus court. Je suis autorisé à te parler ainsi parce que
j'acquiers chaque année la certitude et cette fois-ci ma conviction
est plus grande que jamais, que tes bons parents ne pourront
continuer longtemps un travail qui les use et auquel ils se livrent
surtout à cause de leurs charges. Ce que je te dis là n'est point
pour t'effrayer, mais bien pour t'avertir qu'il faut faire en sorte
de chercher à les alléger le plus tôt possible ; ils sont en droit de
compter sur toi, tu es l'aîné de la famille, ils n'ont reculé devant
aucun sacrifice pour te laisser suivre une carrière à ton goût et
ils ont la bonté de t'y soutenir même jusqu'à un âge où beaucoup
d'autres déjà ne coûtent plus rien à leur famille. Dis-moi où tu
en es de ton tableau. Je ne comprends pas que tu t'étendes assez
longuement sur ceux de M. Schnetz (1) qui me sont indifférents
et que tu ne me dises pas un mot du tien. Réponds-moi à ce
sujet, mon cher ami, car tout ce qui t'intéresse et peut contri-
buer à ton heureux avenir m'intéresse aussi : c'est pourquoi je
suis sorti de mon caractère ordinaire en faisant la perruque.
Produis et n'attends pas pour cela qu'il n'y ait plus d'huile dans
la lampe. Adieu, mon cher enfant, crois-moi pour toujours ton
second père

Barbier-Walbonne.

Cette lettre arrive en pleine débâcle.

Jalabert a commencé de couvrir sa toile dans l'atelier de
Roux ; l'ébauche est même très avancée, quand, par l'entre-
mise de M. Cottier, M. Fabre, de Marseille, lui commande
une copie de la *Sibylle Borghese*. La copie terminée, il
retourne à son tableau, mais il doit bientôt céder la place
à Biennoury (2). Le voilà donc sans atelier : la pénurie est

(1) **Schnetz Jean-Victor** (1787-1870), peintre d'histoire, était directeur de
l'Ecole de Rome depuis 1840.

(2) **Biennoury**, grand prix de Rome au concours de 1841, exécutera, en
dehors de ses tableaux religieux, un très grand nombre de compositions
décoratives dans les salons des Tuileries et dans les galeries du Louvre.

telle que deux amis de Jalabert doivent retourner à Florence, devant l'impossibilité d'en louer un à Rome.

Jalabert se trouve, suivant son expression, sur le pavé. Il roule philosophiquement sa toile, qu'il laisse chez Hébert jusqu'au jour où Lanoue met à sa disposition son atelier pour tout le temps que durera son absence.

C'est au milieu de ces tribulations qu'il répond à Barbier :

Je ne m'abuse sur rien. le temps des illusions est passé pour moi ; je sais à quoi m'en tenir sur mon compte. sur la position de mes parents ; je sais tous les chagrins que je leur ai causés par mon éloignement et le pénible travail auquel je les oblige par mes dépenses. Croyez-moi, cette idée est toujours présente à mon esprit ; peut-être même l'est-elle trop, car souvent, au lieu de me donner du courage, elle m'accable tellement que j'ai des moments de tristesse qui deviennent chez moi presque une maladie physique. Je n'ai pas mis les pieds sur le Cours et je n'ai sorti mon habit du tiroir, où il était enfermé depuis un mois, que pour aller à Saint-Pierre le jour de la chandeleur, et mardi dernier pour aller à la soirée de M. Schnetz. Ne croyez pas cependant que je m'applique à me priver totalement de plaisirs, je les recherche au contraire. car j'ai besoin de distraction pour ne pas me laisser aller à cette mélancolie qui est nuisible autant à ma santé qu'à mon travail ; seulement, les distractions qui me plaisent sont celles qui, tout en me coûtant peu, peuvent m'être de quelque utilité.

Mon tableau se repose depuis une dizaine de jours, pendant lesquels je fais de la *Galerie Borghèse* une esquisse qui m'a été demandée. Il est ébauché, et quatre mois me suffiront, je pense, pour le terminer. si je ne suis pas dérangé : je vous en envoie un petit calque.

Jalabert-Portefais s'empresse de reprendre la plume pour dire sa satisfaction et celle de Barbier; à première vue, ils approuvent la composition ; mais ce que le père Jalabert ne peut ni ne veut admettre, c'est la tendance à la tristesse.

Tu n'as aucune raison pour en avoir; fais tous tes efforts
pour te secouer; un homme doit avoir la force de sa puissance
et la raison pour lui faire comprendre qu'il est ici bas pour de
grandes choses et non pour pâlir sous l'influence de causes
indéfinissables, qui énervent le moral et paralysent les idées.

Et plus loin :

Du projet au dessin en noir, tu as mis quatre ou cinq mois,
c'est trop, il est des hommes de talent qui conçoivent très bien
et même trop bien, puisqu'ils épuisent là tous leurs moyens et
il ne leur reste plus rien pour l'exécution; tu as besoin plus
que tout autre d'être en garde contre ce penchant; un artiste.
ne doit pas chercher à se corriger sur le tableau qu'il trouve
imparfait, mais sur celui qu'il fait après; et, pour cela, il faut
qu'il produise beaucoup.

Barbier-Walbonne écrit de son côté, le 27 Mars 1845 :

J'étais bien sûr, mon cher ami, que tu avais le cœur trop bien
placé et l'âme trop élevée pour prendre en mauvaise part les
conseils d'un ami qui te sera toujours dévoué. Du courage donc !
il ne faut pas se laisser affaisser par la tristesse, cela ne remédie
à rien... La peinture est une maîtresse exigeante; lorsqu'on
s'en occupe et qu'on veut la bien servir, deux existences
d'homme ne seraient pas de trop.

D'après le calque que tu m'as envoyé, je trouve la disposition
de tes figures bonne, je désirerais seulement que ton Virgile
ne fut pas coupé autant par le siège que tu as mis devant lui :
il me semble qu'en le faisant mordre un peu sur la jambe, cela
suffirait; je voudrais aussi que tu prennes garde à la hanche
droite du poète qui n'est pas assez soutenu. Varius est parfaitement bien pour la composition de ton tableau, mais il n'a pas
l'attitude d'un homme qu'on reçoit. Quant à ton fond, je pense
qu'il serait mieux sans cette branche que tu prolonges derrière
la tête de Virgile; j'aurais mis de préférence du ciel de ce
côté-là. Enfin ne prends de ce que je te dis que ce que tu croiras
convenable; quant au siège, j'en suis sûr, si ton calque est
exact; une figure principale ne doit jamais être coupée.

Le siège ne tarda pas à être déplacé.

La lettre ci-dessus était renfermée dans une autre de Jalabert-Portefais qui disait à son fils avec sa rondeur habituelle :

Avant de partir, M. Barbier m'a remis ces quelques lignes; c'est bien peu; vu le retard qu'il avait mis à les écrire, j'aurais cru qu'il serait entré dans plus de détails; je sais que cela ne t'aurait pas servi à grand chose, mais enfin, lorsqu'on se fait envoyer une esquisse pour donner des conseils, on doit les donner.

Jalabert se sentit soulagé: son père lui écrivait de longues pages sur l'Exposition Nîmoise, à laquelle il manquait bien quelque envoi de Rome: mais enfin le silence était rompu.

Il eut été si pénible au jeune peintre de ne pas trouver sous la même enveloppe les trois lettres attendues, celle de son père, celle de sa mère et celle de sa sœur! C'est à cette dernière qu'il faisait part de ses excursions, de ses impressions de voyages : il se donnait avec elle toute liberté de ne pas parler du sujet délicat, de son tableau; elle, de son côté, ne se considérant pas comme obligée de faire la morale à un frère plus âgé, s'abandonnait à sa tendresse.

Telle de ses lettres est encombrée de nouvelles locales, elle commence ainsi :

Me voici seule dans ma petite pièce, près de mon feu qui me trouve peut-être trop heureuse et qui se venge en me refusant de brûler; mais, pour me dédommager, ma vieille amie de lampe me donne ce soir une clarté superbe; il ne me manque que mes pantoufles de velours (jadis ponceau) et ma robe de chambre : installée de cette manière, l'on pourrait composer les plus belles histoires du monde avec le moindre petit esprit inventeur: mais loin de jouir de ce privilège, je n'ai pas seulement celui de savoir tirer parti des choses arrivées; heureusement que j'ai à faire à un frère bon et indulgent, qui se contente de mon pauvre savoir et qui me remercie encore. Mais après tout, qu'est-il besoin de si belles et longues phrases pour se dire qu'on s'aime ?

Le frère bon et indulgent répond sur le même ton :

Rome, 2 Avril 1845.

SORELLA CARINA,

Comme toi, je me trouve en face d'une feuille de papier blanc à cette heure de la journée où l'on pourrait composer de si jolies histoires si on avait tant soit peu d'esprit. Cependant je ne suis point aussi ambitieux que toi. J'invoquerais seulement la muse épistolaire, si je ne la savais pas déjà sourde à mes prières. Comme toi, je suis en face d'un feu, c'est-à-dire d'un poële qui ne brûle pas, mais par d'excellentes raisons, attendu que le combustible manque complètement. J'ai aussi des pantoufles aux pieds, des pantoufles de coutil que tu connais très bien et une blouse bleue sur le dos que tu connais aussi. Ma jeune amie de lampe, que tu ne connais pas, mais que j'espère te faire connaître, ne donne point, pour me consoler de l'obscurité de mon poële, une clarté aussi brillante que celle de la tienne, attendu encore que celle-ci date de bien loin, la forme en est toute républicaine : je me figure la nourrice de Lucrèce filant le soir à la clarté d'une pareille lampe. *Che che ne sia*, je me suis étroitement attaché à l'antique flambeau qui m'éclaire aujourd'hui pour t'écrire et j'espère bien l'emporter à Nîmes pour le faire figurer sur la table de la cuisine.

Après une seconde page, il dit adieu à sa sœur pour reprendre le lendemain :

J'ai les yeux à moitié ouverts et l'esprit tout à fait fermé. Il est six heures et plusieurs de mes facultés dorment encore. Cependant, il m'est venu à l'idée un sujet propre à remplir mon but et mes deux pages vides.

Le lendemain de Pâques, je suis parti avec Roux pour Frascati. Il y avait quatre lieues à faire et nous les fîmes à travers champs, visitant tous les rochers et toutes les ruines qui se présentaient sur notre passage ; nous eûmes de l'ouvrage, tu peux

t'en douter ; aussi arrivâmes-nous à Frascati un peu éreintés.
et cependant, nous n'avions fait que la moitié de notre journée.
As-tu vu quelquefois en rêve des Palais enchantés, avec des
arbres toujours verts, des fleurs toujours fraîches et écloses,
des statues à travers les chênes vermoulus, des courants d'eau
la plus limpide, des cascades, des jets d'eau, etc, etc, le tout
entouré d'une plaine immense bornée à gauche par la mer, en
face par les clochetons et les dômes innombrables d'une ville
non moins féerique, à droite, enfin, par une longue chaîne de
montagnes sur lesquelles s'étendent toutes les couleurs de
l'opale. Telles sont, à Frascati, les villas Conti, Aldobrandini et
Ruffinella, construites toutes trois sur le penchant du Monte-
Cavo et accidentées par toutes les sinuosités du terrain. Le
soir, nous avons vu de notre fenêtre, les éclairs du canon et les
fusées de la girandole qui terminaient les fêtes de Pâques. Le
vrai but de notre promenade, c'était Grotta Ferrata, à une demi
lieue de Frascati, où devait se tenir une grande réunion de
paysans de tous les environs, se rendant à la foire aux bœufs et
aux jambons. Le lendemain à six heures, nous arrivions à cette
petite ville crénelée, qui domine une grande prairie sur laquelle
étaient répandus pêle-mêle des bœufs, des ânes, des cochons,
des jambons, des hommes, des femmes, des enfants, etc, et
tout ce qui constitue une foire. C'était un tintamarre effrayant.
Bêtes et hommes, tout criait, chacun à l'envi cherchait à l'emporter sur la voix de son voisin ; je n'ai pas besoin de te dire
que, dans ce concert, les ânes obtinrent le prix. Quant à moi, je
me promenais au milieu de ce grouillis, mon livre de croquis à
la main et tout prêt à saisir au vol ces groupes affairés. Après
trois heures de travail, je m'aperçus que je n'étais pas le seul
qui pensais à déjeuner ; les groupes se rassemblaient, les feux
s'allumaient et des odeurs de jambon rôti se répandaient dans
l'air. Je vis se débaler de tous côtés des espèces de momies
énormes ayant tout à fait la forme d'un cochon ; c'était quelque
chose de hideux à voir, car c'étaient en effet des cochons tout
entiers, fumés et rembourrés de férigoule. Ils se vendaient à la
tranche et on taillait dedans, juste comme dans un saucisson.
Vainement nous cherchâmes un restaurant, il n'y avait que ceux

LA VILLANELLA

que nous avions vus sur l'herbe. Force nous fut bien de déjeuner à la manière de ces Messieurs des environs de Rome. Pendant que mon ami Roux cherchait une place commode pour
mettre la table, je me mis en campagne pour acheter le déjeuner. Pour entremets, je trouvai des poissons frits ; pour rôti,
j'avais cru apercevoir au milieu d'une fumée épaisse un mouton
étendu sur de la braise qui, sous prétexte de cuire, subissait le
supplice des sorciers. N'importe, j'en demandai un morceau, mais
il était tout retenu, c'est-à-dire qu'il ne restait que la tête et le
cou. Il fallut bien se décider, il n'y avait plus à choisir ; j'empor-
tai donc au bout de mon bâton ferré ma tête de mouton qui
m'avait coûté douze sous et demi. Le dessert fut facile à trouver. Nous avions en notre possession un déjeuner des plus com-
modes, sauf la table, la nappe, les assiettes et les fourchettes.
Du papier et un canif remplacèrent à peu près tout ce qui nous
manquait. Le soir à six heures nous étions à Rome, ne nous
souvenant pas trop que nous avions fait près de 40 milles en
deux jours (14 lieues).

Un autre jour, on va jusqu'à Genzano.
La lettre est du 27 juin 1845 :

Je suis presque seul à Rome depuis plus d'un mois, c'est-à-
dire que j'y mène la vie la plus régulière que possible. Je travaille même sans modèle, car je suis paysagiste pour le moment ;
de sorte que, comme le langage ou le murmure des feuilles n'est
bon qu'à écouter, je crains, s'il ne m'arrive pas quelque nouveau camarade, de perdre d'ici peu l'usage de la conversation.
Les chaleurs sont très fortes depuis un mois, j'ai lutté contre le
siroco et j'avoue que j'ai été vaincu. C'est avec la plus
vive peine que je me vois forcé de laisser passer de belles heures de la journée sans rien faire ; au moindre effort, le sang me
monte à la tête et m'occasionne certaines migraines qui m'inter-
disent tout travail ou du moins m'empêchent de savoir ce que
je fais.

Rome est dans ce moment une espèce d'île déserte peuplée
seulement par quelques insulaires de l'autre côté de la Manche
qui par habitude sont venus, non pour voir Rome et ses merveil-

les si peu connues, mais bien le feu d'artifice et l'illumination pour la fête de Saint-Pierre qui a lieu demain dimanche. Puisque j'en suis sur les fêtes, je dois te dire deux mots de celle qui a été célébrée, il y a une dizaine de jours, à quelques lieues de Rome. Elle porte nom : l'*Infiorata*, à Genzano, petit village situé au-dessus du lac de Nemi.

L'*Infiorata*, le nom te l'indique assez, est une fête de fleurs, et en ce genre, on ne peut rien imaginer de plus étonnant.

Genzano possède une grande et belle rue droite comme un I ; cette rue, depuis le commencement jusqu'à la fin, était couverte d'un tapis de fleurs que les Gobelins et mêmes les frères Flaissier (1) n'imiteront jamais. Toutes les fleurs du pays étaient répandues sur cette rue en ornements magnifiques, les coquelicots, les roses, les dahlias, les bleuets, les camélias même à quarante sous la pièce couvraient ce pavé avec un ordre exquis. Il n'est pas nécessaire de dire que les maisons aussi avaient leur part des parfums et des plus beaux ornements de la nature. Ceci n'était que le prélude de la fête, car sur les quatre heures, une procession s'avança lentement vers l'embouchure de cette route sur laquelle seuls les anges ou des papillons auraient dû avoir droit de passage. Croirais-tu cette indignité ! Cette vilaine procession eut le cœur de passer sans remords sur ces belles fleurs et de détruire en une heure le travail de tout un printemps. Pour ma part, j'étais furieux et j'aurais voulu faire une émeute : j'aurais trouvé, bien sûr, un grand nombre de partisans.

Dans l'intervalle de ses excursions, Jalabert fait une tête d'après nature, des dessins, des croquis qu'il donne à Lefuel (2), à Emile Lecomte (3), à Mame (4), à Petitot (5),

---

(1) Importante maison de tapis de Nimes aujourd'hui disparue.

(2) Lefuel Hector (1810-1880), architecte, prix de Rome en 1839, deviendra architecte en chef du Louvre et des Musées Nationaux, membre de l'Institut en 1855.

(3) Lecomte (1821-1874), peintre de portraits, fils d'Hippolyte Lecomte et petit-fils de Carle Vernet.

(4) Mame Edmond, peintre paysagiste.

(5) Petitot Louis, sculpteur, (1794-1862), prix de Rome en 1814.

à d'autres encore ; il en envoie un à Mme Delaroche ; il fait le portrait de Paolo Guerra et la copie de celui de Lefuel, par Hébert ; cette copie, suprême ironie, lui est payée par un bijou ! Une autre fois, prononce Jalabert. j'établirai mes conventions d'avance. Puis il entreprend une nouvelle tournée dans les environs :

J'avais besoin de me sauver de Rome, j'avais besoin de chasser de mon esprit des idées un peu trop tristes et je dois avouer que le remède a produit son effet ; l'originalité du pays que j'ai parcouru ne m'a pas permis de penser à autre chose. J'ai vu Tivoli que je connaissais déjà par tous les dessins et les tableaux qui avaient passé sous mes yeux ; ce pays ravissant était bien digne d'être chanté par les plus aimables poètes latins ; ils y ont laissé leur souvenir et leur inspiration ; rien ne reste de leurs charmantes villas qu'ils aimaient tant. mais la montagne qui leur appartenait porte encore leur nom. Je me suis promené dans les bois d'oliviers, admirables par leur grandeur et leur antiquité, mais plus admirables encore par les ravissantes choses que l'on découvre à travers leurs branches ; cette ville coquettement perchée sur son rocher, les jolies cascades et la magnifique villa d'Este sont autant de pittoresques tableaux renfermés dans des cadres plus pittoresques encore. Cependant Tivoli manquait de charme pour moi ; je n'y étais pas seul, partout je retrouvais des noms de voyageurs : les Anglais, par leur présence, ont détruit toute la poésie que ce pays pourrait inspirer avec la solitude. Une chose que tout le monde a vue n'a plus de caractère. Je suis resté deux jours à Tivoli ; j'y avais rencontré deux camarades et le troisième jour, de grand matin, nous sommes partis à cheval pour Subiaco.

Nous avons indiqué que Jalabert n'avait commencé à rédiger son journal qu'au mois d'août 1845.

La période antérieure a donc été écrite de mémoire et non au jour le jour. Aussi, quand il arrive aux six premiers mois de cette année 1845, a-t-il quelque difficulté à se rappeler l'emploi de ses journées.

Il sait seulement qu'il a perdu beaucoup de temps faute d'atelier, qu'il a fait un temps affreux, que la pluie n'a cessé de tomber pendant près de trois mois, que les Françaises sont extrêmement rares à Rome.

Elles sont encore plus rares que les beaux jours; aussi le salon de l'Académie est-il d'un maussade désolant; il n'y a eu ni danses ni bal costumé; il n'y en aura que si certains d'entre nous veulent se charger de prendre des costumes féminins.

Il a occupé la plupart de ses soirées à étudier l'italien; il s'est enfin décidé à prendre un professeur, car il s'est aperçu que, ne parlant presque jamais qu'avec des personnes d'une instruction médiocre, le peu de mots qu'il avait appris lui-même ou avec elles, ressemblait d'assez loin à la langue de Dante.

En dehors de cette étude, il a consacré de longues heures à la lecture. Nous avons l'énumération des livres qu'il a lus pendant les premiers mois de 1845. Ce sont : *Rome au siècle d'Auguste*, *Virgile*, *Tite-Live*, *Juvénal*, *Perse*, *Tibulle*, les *Comédies* d'Aristophane, le *Purgatoire* et le *Paradis* de Dante, *Byron*, la *Vie de Rienzi*, etc.

Des évènements, des chagrins, écrit-il un jour, sont parfois la cause de certaines améliorations en nous; quelquefois de simples réflexions, la lecture d'un poème même produisent les mêmes effets. Un peu de tout ceci m'est arrivé depuis deux ans et aujourd'hui encore la méditation d'un livre que je poursuis depuis six mois semble opérer sur moi les changements dont je parle. Ce livre, c'est la *Divine Comédie* de Dante. J'y ai cru comprendre l'histoire de l'âme, ses vices et ses vertus, les uns si cruellement punis, les autres si grandement récompensées. Ensuite, par ses œuvres, j'ai connu l'histoire de l'homme et je m'en suis fait un modèle à suivre. Studieux dans son enfance, noblement amoureux dans sa jeunesse, simple de manières dans la vie, mais ambitieux par l'intelligence, tenace dans ses projets et les poursuivant malgré les plus cruelles infortunes : n'est-ce pas un bel exemple à imiter ? Mais comme je m'y reconnais peu !

Il a fait, depuis qu'il est à Rome de nombreuses connaissances ; les relations n'en ont pas moins continué avec ses camarades Ballu, Cavelier, (1) Brisset, (2) Bienoury, Lebouys, (3) Lanoue, (4) Arago, Buttura, (5), etc. Mais ceux qu'il préfère à tous sont Hébert, Damery, (6) Barre et Gourlier ; il s'est tout de suite lié avec Émile Lecomte, qui n'est resté qu'un mois à Rome, à raison de leur admiration commune pour Dante. Enfin il en est un qu'il faut mettre hors de pair :

Il y a si loin, écrit Jalabert, d'un camarade à un ami, que l'on ne doit pas les mettre ensemble ; ce seul ami est mon excellent et dévoué Roux ; jusqu'à son départ, nous ne nous sommes pour ainsi dire jamais quittés et cependant Roux est un garçon quelque peu fantasque, que beaucoup de gens méprisent et que personne ne comprend ; c'est une chose curieuse que les deux seuls amis que je considère aujourd'hui comme tels soient des être bizarres qui non seulement à première vue n'ont rien d'attrayant, mais encore paraissent recouvrir leurs qualités d'un masque difforme qu'ils se plaisent à conserver : tels sont Louis Roux et L. B.

Louis Roux partit au mois de mai après avoir terminé son tableau de la *Peste de Rome* ; (7) il laissait Jalabert tout désemparé. Au même moment ce dernier tombait gravement malade et se trouvait durant trois mois dans l'impossibilité de travailler d'une façon suivie. Dans l'intervalle, il dut reconnaître que décidément il ne finirait

---

(1) Cavelier Jules (1814-1894), prix de Rome en 1842 pour la sculpture, sera professeur à l'Ecole des Beaux-Arts, membre de l'Institut, fera un joli médaillon de Jalabert.

(2) Brisset, prix de Rome en 1840.

(3) Lebouys Auguste (1812-1854), peintre d'histoire, prix de Rome en 1841.

(4) Lanoue (1812-1872), grand prix de paysage historique en 1841.

(5) Buttura (1812-1852), grand prix de paysage historique en 1837.

(6) Damery (1823-1853), peintre d'histoire, prix de Rome en 1843.

(7) Le titre exact est : *Saint-Roch priant pour les pestiférés à Rome.*

pas son tableau à Rome, ce qui ne fut pas précisément du goût de son père :

Reste à Rome tant que tu voudras, mais une fois de retour, il faut que ton travail puisse te produire quelque chose.

Quelques jours plus tard, une autre lettre de Nimes plus précise encore ajoutait :

Si le courage te manque déjà, comment plus tard supporteras-tu les déceptions et les injustices qui probablement ne t'épargneront pas plus qu'un autre ?

Ce qui manquait à Jalabert, c'était la santé plutôt que le courage, mais à cette époque il ne s'en était pas expliqué assez nettement avec ses parents.

Le 23 juillet, M. de La Rosière, secrétaire de l'ambassade, écrivait au jeune peintre :

CHER MONSIEUR,

M. le Prince de Broglie me charge de lui trouver, pour sa jeune femme arrivée avant hier avec lui de France, un maître de dessin de la bonne école, du vrai bon goût, qui aime et sente les choses à votre manière : vous devez connaître quelqu'un dans ces conditions et qui joigne à tout cela des habitudes du monde dignes et réservées. Je vous serais extrêmement reconnaissant, après y avoir pensé une heure ou deux, de vouloir bien m'envoyer un nom et une adresse.

Pour qui connaît la situation de Jalabert à Rome à ce moment-là, le doute n'est pas possible, il va accepter avec empressement. Eh ! bien, non : voici le passage correspondant de son journal à la date du 24 août :

La lettre de M. de La Rosière était conçue de manière à me faire comprendre que c'était à moi-même qu'il demandait si je pourrais remplir cet emploi. Je n'eus pas l'air de comprendre. Je craignais que les conditions auxquelles il faudrait se soumettre n'entraînassent une trop grande perte de temps ; j'avais peur qu'il fallut plutôt causer peinture avec cette noble dame, passer des matinées à suivre son bon plaisir, accepter des invitations à dîner et à des soirées alors que ma santé ne me permettait pas ce dérangement et, du reste, il m'aurait fallu des vêtements un peu moins râpés que ne le sont les miens aujourd'hui. Je ne m'offris donc pas et aujourd'hui un sentiment de jalousie, en en voyant un autre à ma place, est venu me faire penser que j'avais eu tort et que la connaissance de cette famille aurait peut-être pu m'être utile par la suite ; les bonnes occasions se présentent souvent quand on est incapable d'en tirer parti.

Ce ne fut qu'au mois d'août, lors du passage à Marseille de M. Gabriac, que la famille de Jalabert connut l'état de santé du jeune homme ; M. Gabriac fut très affirmatif (il l'avait vu et suivi pendant plusieurs mois et croyait à la nécessité de l'éloigner de Rome).

Aussi Jalabert-Portefais prend-il aussitôt la plume :

Si tu n'es pas parfaitement bien (16 août 1845) tous mes raisonnements de mes dernières lettres doivent disparaître et tu dois les considérer comme nuls. Tu as bien fait de refuser les leçons proposées, tu ne dois t'occuper que d'une chose, celle de pouvoir quitter Rome le plus tôt possible, puisque le climat ne t'est pas favorable et que tu as le désir de nous voir et que nous l'avons aussi. Canonge te conseillerait d'aller à Venise avant ton retour ; il doit y avoir environ 60 lieues de Florence à Venise, ce serait un retard de 7 à 8 jours.

Cette idée lui sourit tout d'abord ; la perspective d'aller passer vingt jours à Nîmes ne peut que lui être agréable, à la condition toutefois de savoir qu'il retournera ensuite à Rome, parce que son sujet doit respirer un air romain, parce qu'il serait absurde d'aller se tremper dans une autre atmosphère au moment où il est le plus nécessaire d'avoir sous les yeux les objets représentés.

Pour éviter l'insalubrité de Rome, pour lui rendre un peu de cette force et de ce courage qu'ont épuisés les chaleurs de l'été, un médecin a conseillé à Jalabert d'aller s'ennuyer sur la pointe d'un rocher. Mais dès la lettre de

son père reçue, il se sent plus léger, il brave plus facilement
la rigueur du climat. il fait en vingt jours plus d'ouvrage
que pendant tout l'été. Il s'empresse de louer un atelier
pour l'hiver, ayant plusieurs travaux à exécuter qu'il devrait
abandonner en cas de départ définitif. Il se propose donc,
dès qu'il aura terminé son architecture, plus facile à peindre dans les jardins de l'Académie, et pris possession de
son nouvel atelier. de s'embarquer sur un bateau de l'Etat
et d'aller passer trois semaines au milieu des siens pour
s'en retourner. heureux et dispos de corps et d'esprit,
reprendre sa palette. Plus tard, à la fin de l'hiver, après
ses adieux à Rome, il pourra passer par Venise. voir « les
maîtres inspirés qui lui prouveront que le feu et la chaleur
valent bien la froide raison ».

Voilà donc une affaire arrêtée dans ses détails.

Mais, dès le 10 septembre, on dénote quelque hésitation
dans une lettre que Jalabert écrit à Barbier-Walbonne,
quoiqu'il affirme sa ferme volonté de répondre à l'appel de
sa mère, à celui de sa sœur qui gémit sentimentalement sur
son absence prolongée. Quelques jours plus tard, Jalabert
a presque envie de renoncer à son voyage, pour être en
mesure de faire figurer son tableau au prochain Salon, et le
27 septembre. il écrit à sa mère qu'il se trouve comme
d'habitude l'esclave des circonstances, qu'il n'a plus les
mêmes raisons que quelques semaines auparavant, de
recouvrer ses forces, puisque son estomac a pris le dessus et qu'il voit la possibilité d'être prêt pour l'Exposition,
à condition de sacrifier ce voyage dont l'espoir les avait
tous comblés de joie :

Décidément. continue-t-il. la peinture a été inventée pour
contrarier les malheureux qui lui sont soumis. et sa puissance
ne s'arrête pas sur eux seulement. car ceux qui les entourent en
souffrent aussi. J'ai pourtant terminé mon fond de paysage qui
m'a donné une peine à laquelle je ne m'attendais nullement.
J'ai presque été obligé de devenir paysagiste et j'avoue que le
métier a aussi des difficultés. surtout quand il s'agit de copier
cette nature aussi grande qu'elle est.

Mais le père Jalabert n'était pas homme à faire, dans la circonstance, des objections au changement d'attitude de son fils ; il est au contraire enchanté de la résolution prise par ce dernier de ne retourner en France que son tableau fini.

Sauf la semaine où Jalabert a été obligé de déménager de l'atelier de Lanoue dans un autre, le mois de novembre a été un mois d'activité réelle. Mais le résultat ? Voici ce que dit le journal à la date du 9 novembre :

Je me trouve assez empêtré avec mon tableau. Plusieurs choses ne sont point à leur place parce que je n'ai pas pris assez de soin de la perspective des figures en faisant le dessin : par la suite, ces erreurs m'ont fait changer d'autres choses qui étaient là où elles devaient être. Règle générale : ne jamais commencer un tableau sans être le plus possible sûr de l'ensemble général et de la place des figures selon la perspective. Ensuite, avant de faire le moindre changement, se bien assurer de la faute, en se mettant au point de vue du tableau.

En décembre, il baisse son Virgile et le couvre d'une couche épaisse de blanc.

Le 7 décembre 1845 il écrit :

Je suis enchanté des modifications heureuses que j'ai fait subir à mon tableau, il a gagné du double. Je suis sur la voie pour la tête de mon Virgile et je n'ai que celle d'Horace qui m'embarrasse considérablement. Si j'osais, je te dirais tout bas que depuis quelques jours j'ai regardé mon tableau avec une certaine complaisance. J'ai même cru que ce pourrait devenir pas tout à fait mauvais. Zitto, ou plutôt zitta sur ceci, car ce n'est point à moi à me juger.

Cependant, l'entraînement des camarades lui fait perdre en longues soirées un temps qu'il ne retrouve plus le matin. Hillemacher (1), ancien camarade de loge, excellent gar-

---

(1) Hillemacher Eugène-Ernest, peintre d'histoire et de portraits (1818-1887).

çon, spirituel et gai, qui vient d'arriver à Rome, prépare chaque dimanche de longues excursions en compagnie de Chaine (1), Faivre (2), Barrias (3). Jalabert fait des promenades en voiture, chose extraordinaire, avec Ballu, Hébert et Lanoue à Saint-Jean de Latran et au Forum, il en fait d'autres avec M. Hesse. Avec ce dernier, il passe le jour de Noël d'abord à Saint-Pierre, puis à la Villa Pamphile. Entre temps il a fait un dessin pour Ballu.

En définitive, concluent les notes de Jalabert, pendant que mon père travaille douze heures par jour et qu'il est tourmenté par la santé de ma mère, moi, en ce mois de décembre, je me suis amusé autant que j'ai travaillé.

Et par une singulière inconséquence, voilà qu'il brûle d'envie d'imiter Ballu qui arrive d'Athènes enchanté de son voyage : seulement il voudrait aller plus loin !

Si je le puis, certainement je ferai le voyage d'Orient.

Mais le temps passe et le père Jalabert de s'impatienter. Sa lettre du 18 décembre qui se terminait par ces mots :

Si tu veux être artiste, la première condition n'est pas de commencer un tableau, c'est de le finir.

affecta beaucoup le jeune peintre.

J'ai confié la moitié de mes chagrins à M. Hesse et c'est auprès de lui que j'ai pleuré.

lisons-nous dans son journal.

C'est qu'en effet les reproches de son père n'étaient que conditionnels ; mais que sera-ce, pensait-il, quand il connaîtra l'inexorable réalité ? Il faudra bien avouer que le tableau ne sera pas prêt pour le Salon de 1846 : c'est

---

(1) Chaine Achille, peintre, professeur à l'Ecole des Beaux-Arts de Lyon.
(2) Faivre-Dufer, peintre d'histoire et de portraits (1818-1878).
(3) Barrias Félix-Joseph, peintre d'histoire, né en 1822, prix de Rome en 1844.

ce qu'il va faire, en invoquant les circonstances atténuantes dans la lettre du 28 décembre 1845 :

MON CHER PÈRE,

J'ai reçu ta dernière jeudi soir, et d'après le contenu, j'ai pu juger que la pauvre petite lettre que vous recevrez probablement le jour de l'an, déjà bien nulle par elle-même, vous contentera d'autant moins qu'elle ne parle pas de ce qui vous intéresse tant. Celle-ci sera plus triste encore puisqu'elle est une certitude fâcheuse : mon tableau ne sera pas fini pour l'Exposition de cette année. Il faudrait pour cela qu'il le fût à présent et il me reste encore beaucoup à faire. Je suis fort peiné d'une chose qui vous afflige autant, mais franchement si cela ne tenait qu'à moi, je m'en soucierais fort peu. Ce dont je me soucie vraiment, c'est qu'il soit le moins mauvais possible et quant au moyen de le placer, je n'aurai pas besoin de l'Exposition, puisque j'en attends la commande d'un jour à l'autre. Je te prie, d'abord, mon cher père, de ne pas croire que dans ce qui suit ou ce qui précède il y ait eu un seul mot écrit avec dépit. Je réponds à ta lettre le plus sagement possible ; tu m'as appris à connaître le vrai but de ta sévérité et malgré toute la peine qu'elle a pu me faire, je t'en suis reconnaissant autant que de tes phrases les plus tendres. Cependant comme je pense qu'il est aussi pénible pour toi de m'écrire des reproches qu'à moi de les recevoir, je suis sûr que tu seras heureux d'apprendre par la suite de ma lettre que ma culpabilité n'est pas aussi grande que tu as pu le penser. Écoute-moi.

Depuis quatre mois je m'occupe sans relâche, depuis quatre mois seulement je serais heureux à Rome si vous l'étiez à Nimes. Cela tient seulement à une chose, c'est que j'ai la *possibilité* de travailler. Ma dépense fixe par mois (je te dispense des détails) s'élève avec les séances de modèles à 250 francs, non compris les frais inattendus. Il me fallait absolument cette somme pour un travail utile. L'an passé, dès que je me suis aperçu que ma dépense allait s'élever au double de ce que je possédais, j'aurais dû, sans hésiter, ne pas suivre les conseils de M. Delaroche et revenir tout de suite à Paris où je pouvais trouver à grossir la petite somme qui me suffisait pour vivre, mais non pour travailler. J'ai eu tort d'entreprendre un ouvrage au-dessus de tous mes moyens. Durant toute l'année dernière (1844) j'avoue que j'ai perdu beaucoup de temps, mais que pouvais-je faire? étant privé de tout ce qui m'était indispensable pour une besogne sérieuse.

Pendant les premiers mois de cette année, l'arrivée des nouveaux pensionnaires m'a chassé de la chambre que M. Delaroche m'avait fait prêter à l'Académie, je me suis trouvé sans atelier, j'ai dû accepter certains travaux qui m'ont rapporté 900 francs environ, mais qui m'ont pris trois mois de travail.

Enfin au commencement de juillet j'ai pu me mettre en train, mais bientôt j'ai été arrêté à cause de ma santé: pendant tout l'été j'ai eu l'estomac malade, au point de ne pouvoir manger sans indigestion: outre cela j'avais une ophthalmie aux paupières, mal sans conséquence mais qui me gênait pour dessiner. Les mois de juillet et d'août ont été complètement nuls pour moi, je n'ai fait autre chose que dépenser mon argent en médecines. Quand j'ai pu me remettre à l'ouvrage, dans mon atelier trop petit, je me suis complètement fourvoyé quant à ma perspective, au point d'être obligé de changer presque tout ce que j'avais fait. Enfin, enfin, depuis deux mois seulement, je travaille à coup sûr et je puis t'assurer que je n'ai pas perdu un seul instant, non pour arriver à temps au Salon, car je n'en avais plus l'espoir, mais pour revenir le plus tôt possible auprès de vous. Voilà comment deux ans se sont passés à Rome sans paraître remplis par plus de dix mois d'ouvrage. Et puis je me fatigue vite au travail, et j'ai besoin de repos et de réflexion avant de recommencer: je suis lent pour inventer et j'ai toujours peur d'exécuter un morceau avant d'être bien sûr qu'il sera bien, une fois fait. Cela passera, je l'espère, dès que j'aurai un peu plus de confiance en moi et que je me trouverai à Paris au milieu d'une foule active et ambitieuse.

Cette lettre pourra-t-elle changer un peu ton opinion sur moi? Je n'en sais rien. Je t'ai dit franchement ce qui s'était passé depuis mon départ de Nîmes, et si, parmi toutes ces circonstances, tu peux trouver quelque excuse aux défauts dont tu parles dans ta lettre, veuille ne pas l'oublier, et m'en faire part, car vraiment ton mécontentement me fait plus de mal que tu ne peux le penser. Deux fois dans tes lettres j'ai lu que tu ne devais plus m'écrire. Je t'avoue que je serais bien malheureux si je croyais mériter un tel acte de sévérité. Du reste je ne serais pas resté une heure de plus loin de toi si j'avais cru à une telle décision à mon égard. Crois à ma nonchalance et à mon peu d'activité, car les apparences peuvent y faire croire, mais ne suppose pas que je puisse vivre sans un rapport continuel avec toi. Comprends mon désir : après avoir lu cette lettre, quoi qu'elle te paraisse, ne retiens que ceci : « *réponds-moi le plus tôt possible et dis-moi que ta dernière lettre n'était pas réellement ce que tu pensais au fond de ton cœur.* »

Pendant le mois de janvier 1846, William Haussoullier (1) vient le voir tous les jours à son atelier. Les nouveaux pensionnaires Benouville Léon (2), Benouville Achille (3), Guillaume (4), Thomas (5) arrivent à Rome et ne tardent pas à se lier avec Jalabert.

Quelques jours auparavant, il avait été reçu au Vatican.

Le Pape nous a gardés plus d'un quart d'heure ; Grégoire XVI a 81 ans, il est grand, solide et droit, sa voix très forte, son nez assez vilain ; il aime beaucoup à rire et à plaisanter ; on a parlé peinture, de M. Delaroche et des portraits du Saint-Père.

A la même date, se fondait un Cercle de Français, *Via del Léone 19* :

Tout le monde, dit Jalabert, est enchanté de cette réunion qui était bien nécessaire pour mes compatriotes quelque peu désunis à Rome.

(1) Haussoullier William, peintre et graveur, élève de Delaroche, mort en 1892.

(2) Benouville Léon (1821-1859), peintre d'histoire, prix de Rome en 1845.

(3) Benouville Achille (1815-1891), grand prix de paysage historique en 1845.

(4) Guillaume Eugène, sculpteur, né en 1822, grand prix en 1845, deviendra membre de l'Institut, directeur de l'Ecole des Beaux-Arts, membre de l'Académie Française, directeur de l'Ecole de Rome.

(5) Thomas Félix (1818-1875), prix de Rome pour l'architecture en 1845.

Enfin le courrier du 26 janvier 1846 apporte des nouvelles de Jalabert-Portefais, désespéré que sa lettre ait pu faire autant de peine à son fils et acceptant ses explications :

Ton tableau se terminera dans le courant de l'année. Peut-être en auras-tu la commande, me dis-tu, et alors tu ne l'exposerais pas. Je ne partage pas ta manière de voir. La peinture a un énorme avantage sur le livre, sur l'art dramatique, sur la musique, c'est celui du mur. Pour faire lire son œuvre, pour faire entendre sa musique, il faut au poëte, au compositeur beaucoup de temps, tandis que le peintre, sur le mur, n'a besoin que de cinq minutes pour attirer les regards et les fixer, si son tableau a du mérite. Tu répondras qu'on est en butte à la critique des journalistes qui distribuent le blâme parfois sans avoir été au Salon. Que Horace Vernet, Paul Delaroche, Ingres ou autres tiennent ce raisonnement et n'exposent pas, c'est leur affaire et ils n'ont peut-être pas tort : mais tous ces artistes ont exposé leurs premiers tableaux : critique que critique, si le tableau est bon, il fait la réputation de l'artiste et sauve son nom de l'oubli. En général, les tableaux composés à Rome ont toujours posé leurs auteurs : observe qu'ils sont faits dans les meilleures conditions possibles, l'âge de vingt-cinq à trente ans, point d'embarras de ménage ou de famille, l'impression des premières sensations qu'inspire la vue des grands Maîtres et bien d'autres considérations qu'il est inutile de te détailler. Donc, si tu veux vendre ton tableau, réserve-toi le droit de l'exposer ; devrais-tu le vendre un peu moins cher, ne le cède pas à d'autres conditions.

Autre affaire : M. Numa Boucoiran a fait deux tableaux pour le Palais de justice, mais on ne pense pas à lui pour peindre l'intérieur de l'Eglise Saint-Paul ; ses deux projets successifs n'ont pas été acceptés, et enfin le Conseil Municipal a décidé que M. Questel (1) et M. Pradier seraient priés de faire choix

(1) Questel Charles-Auguste (1808-1888), était l'architecte de l'Eglise Saint-Paul, dont les travaux touchaient à leur fin ; il allait faire prévaloir au concours de 1846 ses dessins de la Fontaine monumentale élevée à Nimes sur la Place de l'Esplanade et décorée de cinq statues de Pradier ; il dirigera par la suite les restaurations des Amphithéâtres d'Arles et de Nimes, du Pont-du-Gard, de la Tourmagne, de l'Eglise de Saint-Gilles, etc.

d'un peintre ; il a voté 50.000 francs pour la peinture. L'objet
principal sera le chœur, mais je crois qu'il te serait facile d'avoir
les chapelles ; pour cela il faudrait être un peu connu, avoir
fait quelque chose, enfin avoir exposé. Tous nos amis tiendraient
à ce qu'il y eut à Nimes quelque chose de toi, il ne tient qu'à toi
de seconder leur désir.

Il n'en fallut pas davantage pour décider Jalabert à aller
voir par lui-même de plus près ce qu'il en était ; ayant
déposé son tableau chez Lebouys, il partit vivement touché des regrets qu'il laissait chez ses amis et camarades,
quoique son absence ne dut être que de courte durée ;
j'aimerais mieux, murmura l'un d'eux, que ce soit un autre
qui parte.

Il obtint d'un bateau génois un rabais de 50 %, mais
il était dit que les combinaisons financières n'étaient pas
favorables à Jalabert, car les retards qu'il éprouva en
route, à raison des fêtes de Gênes, firent monter sa
dépense plus haut que n'aurait été celle du transport par
bâteau français.

Ayant débarqué le 5 février à Marseille, où il fut fort
amicalement reçu par Louis Bosonnier, à qui il laissa un
dessin, il arriva le lendemain à Nimes, après plus de vingt-
six mois d'absence.

Quant à la décoration de l'Eglise Saint-Paul, qui avait
été la cause occasionnelle du voyage de Jalabert, la commande en fut faite à Hippolyte et Paul Flandrin, qui
exécutèrent de belles fresques dans le chœur et dans les
chapelles. Le Conseil Municipal de Nimes avait vite
approuvé le traité passé avec Hippolyte Flandrin, s'élevant
à la somme de 35.000 francs pour les seules peintures
murales. Les pourparlers étaient assez avancés au moment
où Jalabert arrivait à Nimes pour qu'il n'ait pas songé à
poser sa candidature.

Après s'être retrempé délicieusement pendant un mois
dans la vie de famille, Jalabert reprend le chemin de Rome.
Il a une bien mauvaise traversée sur le *Rhamsès*, en com-

pagnie d'un évêque romain, d'une cantatrice parisienne, Mme la baronne Stolz et de son camarade Jules Salles qu'il a entraîné et qui est assez heureux pour louer une chambre voisine de la sienne. Il trouve le beau temps à Rome et la plus amicale réception de la part de ceux qu'il y avait laissés quelques semaines auparavant et en particulier de M. Schnetz.

C'est à l'auteur de l'*Enéide* qu'il s'attaque d'abord, et, au bout d'un mois, il l'a refait des pieds à la tête ; il lui semble qu'il a beaucoup gagné, quoique ce doive être peut-être la partie faible du tableau. Il a laissé entrer dans son atelier deux ou trois de ses amis qui lui ont paru assez satisfaits. Cela devrait lui suffire ! Eh bien, non, il se demande si leurs appréciations sont justes, s'ils lui ont dit la vérité. Il va plus loin :

Ce qu'il y a de terrible, c'est que, même quand ce tableau sera fait, il y en aura un autre à faire, et celui qui est fait ne cessera pas de me tourmenter encore un peu, car le public est bien difficile et l'exposition est quelquefois une cruelle chose.

Certes, on n'accusera pas Jalabert de voir tout en rose. Aussi change-t-il brusquement de sujet pour parler des petites misères de son ami Salles :

Il n'est décidément pas heureux dans ses voyages, sa vie n'est que tribulations dans ce pays-ci. D'abord mes camarades s'amusent un peu de lui, un peu trop même : heureusement il a le caractère bien fait, et plus la méchanceté est forte, plus il en rit. Il était venu ici pour entendre la musique et on ne joue que la comédie : il était venu ici pour faire de la peinture et ses modèles ont la rougeole : il se décide alors à aller aux environs de Rome, mais le soleil le chasse : il revient pour acheter un parasol, et le voilà bien équipé qui repart avec armes et bagages, mais un noir nuage sort de l'horizon qui l'aperçoit dans la plaine, se lie d'amitié avec lui et ne le quitte pas jusqu'à son retour, après l'avoir baigné continuellement pendant huit jours : le parasol était un parapluie. Le temps se remet, il reprend son sac et son parapluie, aussitôt un siroco épouvantable se lève

MARIA PASQUA

et le poursuit dans les montagnes, arrachant les arbres qu'il dessine et dévastant la plaine qu'il parcourt. Il cherche à se consoler par le jeu, mais les cartes ne lui sont point favorables. Il pense alors à mieux employer son argent, il veut acheter des costumes italiens, s'en va bien loin au quartier des juifs, qui était fermé (c'était samedi). A force de travail, il finit par faire une emplette, mais revenu chez lui son costume était un gilet de flanelle : on lui avait assuré que c'était du plus pur italien.

Il m'est arrivé la semaine dernière une chose assez singulière. Tu sais que le peuple ici a la rage de la loterie et que les numéros rêvés sont généralement les meilleurs, à ce qu'on dit. J'avais donc fait un rêve dans lequel le chiffre 7 se trouvait 3 fois; et le lendemain, en causant avec mes amis, je parlai de la chose et, au moment où j'allais, pour la rareté du fait, risquer 5 sous sur mes deux numéros 3 et 3 fois $7 = 21$, on se moqua tellement de moi que j'abandonnai la partie. Le jour suivant, à midi, on tira la loterie et mes deux numéros 7 et 21 sortirent les premiers.

Les lettres adressées à son père sont plus sérieuses et touchent à des sujets moins plaisants que lorsque Jalabert écrit à sa sœur.

Celle des 16-17 juin 1846 contient six grandes pages. La première seule est relative à son tableau, qui touche à sa fin; il a reçu de nombreuses et réconfortantes approbations.

Seul l'Horace ne plaît pas, à ce que je vois, et c'est à celui-là que je voudrais faire des changements, car il est plus mauvais que le reste; c'est d'ailleurs la seule figure que je n'aie pas refaite entièrement depuis mon retour; elle est donc de date plus ancienne que les autres, ce qui prouverait que j'ai fait quelques progrès dans l'intervalle. La semaine prochaine je laisserai reposer mon tableau pendant quelques jours pour m'occuper de deux esquisses pour lesquelles on me tourmente, ou peut-être irai-je passer trois jours au bel air, car voilà trois mois que je travaille sans relâche au même ouvrage et j'en suis au point de soupirer après un peu de repos ou de changement dans le cours de mes idées...

Ma lettre vient d'être interrompue par un fait important pour la chrétienté. Tu dois savoir que le pape Grégoire XVI est mort, ceci n'est plus une nouvelle. Mais ce qui est neuf, car un quart d'heure n'est pas écoulé depuis, c'est que Pie IX vient d'être élu à l'instant même après deux jours de conclave. Au moment où je terminais la page ci-derrière, le canon annonçait que le fait était accompli ; j'ai couru aussitôt au Quirinal, où je suis arrivé au moment même où le nouveau pape donnait sa bénédiction au peuple, qui la recevait par de puissantes acclamations et une vive agitation de mouchoirs. Pie IX est un assez bel homme, gras et rouge de figure, âgé de 54 ans ; il a encore son père et sa mère, il est de Sinigaglia, dans les Marches d'Ancône. Il pleurait abondamment en bénissant la foule. Le fait le plus extraordinaire en ceci est que le conclave n'a duré que deux jours. Le plus long a duré 33 mois, tel autre 6 mois ; il est probable que la peur d'une révolution dans le nord des Etats pontificaux a été cause de cette surnaturelle promptitude. La France a refusé le droit d'exclusion par un discours de M. Rossi. (1)

Grégoire XVI est mort après une maladie de 4 ou 5 jours ; je l'avais vu, une semaine avant, à Saint-Jean-de-Latran, le jour de la grande bénédiction à cette église. Le surlendemain de sa mort, il fut exposé dans la Chapelle Sixtine ; quelques cierges, 4 gardes nobles, et enfin 4 prêtres disant des prières ; le peuple était introduit à la débandade, et ceci était une chose honteuse à voir, car pas le moindre respect, pas le moindre regret ne se montrait sur un visage italien. Dans cette Chapelle si digne et si respectable, cette foule hideuse se pressait comme si elle eut à voir un spectacle de foire ; ce n'étaient que jurons, cris, hurlements et batailles contre les suisses : c'était repoussant à voir, à entendre et à penser. J'accuse aussi un peu le gouverne-

(1) Rossi, ambassadeur de France, avait commencé par enseigner le droit à Bologne, puis à Genève ; il avait ensuite professé au Collège de France ; il devait enfin être chargé par Pie IX de constituer un cabinet ; bientôt après il fut assassiné.

ment de n'avoir pas mis plus d'ordre dans cette dernière visite.
Mais ce n'est pas tout encore. Le corps a été transporté à Saint-
Pierre, où il a été posé quelques minutes sur un catafalque
construit en planches et recouvert de velours usés et de soieries
déchirées; de sales échelles de bois étaient adossées contre, et
dessus étaient posés quatre croque-morts hideux comme des
bourreaux, recouverts de grosse toile rouge, laissant voir des
têtes ignobles et des pieds fangeux. Ces quatre individus ont reçu
le corps, porté du reste jusque là par des prêtres et l'ont placé
et arrangé aux yeux du public d'une manière rien moins que
respectable. De cette place, enfin, Grégoire XVI a été transporté
dans une chapelle où pendant trois jours chacun allait lui baiser
les pieds (ceci pourrait peut-être me réconcilier, si je n'étais
déjà irrévocablement fixé sur le cœur des Romains). Après cela,
le pape a été mis dans son cercueil et placé dans un tombeau
provisoire, mais comme les affreux hommes rouges étaient
acteurs dans cette cérémonie, ils ont transporté cette bière
respectable comme ils auraient fait d'une poutre. Enfin, pour
le dernier acte des funérailles, on a élevé dans Saint-Pierre un
monument énorme, qui n'était pas très beau par lui-même,
mais qui faisait valoir l'immensité de la basilique. Pendant les
neuf jours qu'ont duré les funérailles, le conclave se préparait,
les rues environnantes étaient barricadées et toutes les fenêtres
du Quirinal étaient murées; l'intérieur, que j'ai visité, était
assez curieux. Dans un immense corridor se trouvaient soixante
portes, dont chacune donnait entrée à l'appartement d'un cardinal et de son serviteur. Toutes les issues, tous les jours étaient
bouchés, la nourriture pénétrait dans ces appartements par des
tours comme ceux des enfants trouvés et enfin toute communi-
cation avec le dehors était parfaitement interceptée. La salle
du conclave était arrangée de cette façon : un autel dans le
fond; sur les trois autres côtés étaient arrangés des sièges
surmontés d'un petit baldaquin retenu légèrement par un
cordon. Les cardinaux votent dans cette salle et, quand l'un
d'eux obtient le nombre de voix voulu (les deux tiers), chacun
tire la ficelle, le baldaquin tombe et le nouveau pape seul
reste couvert d'un dais. Après cela, on l'assoit sur l'autel et on

l'adore. Le peuple reconnaît du dehors que l'élection est faite à
un tuyau de poêle qui ne fume pas, car tant que les votes sont
infructueux, on les brule et leur fumée indique que rien n'est
encore fait. Le canon de son côté appelle la foule sur la place du
Quirinal et le pape doit se montrer. La grande fenêtre par où
il doit sortir est murée comme les autres, on la démolit donc et
par la brèche sort d'abord le cardinal camerlingue, qui crie du
haut du balcon : *Habemus papam vivum* ; après lui, vient le
nouvel élu qui donne sa bénédiction et c'est le spectacle auquel
j'ai assisté.

P.-S. — J'ai encore vu ce soir, à six heures, une cérémonie
dont il faut que je dise deux mots : c'est l'entrée du nouveau
Pontife dans Saint-Pierre et sa prise de possession du Saint-
Siège. Ne sachant trop ce qui allait se passer, je suis allé me
poser sur les marches de l'Eglise et, à peine arrivé, j'ai entendu
le canon qui indiquait que le Pape, sortant du Palais Quirinal,
se rendait à Saint-Pierre ; en effet, une demi heure après, le
cortège est arrivé sur la place. Le Saint-Père était dans sa voiture de grand gala attelée de six chevaux magnifiquement har-
nachés et précédé, ou pour mieux dire, entouré d'un cortège de
cardinaux, de prêtres, de garde-nobles et de généraux. La plus
jolie chose de ce cortège (le plus beau que j'aie vu ici) était la
mule du Pape montée par le porte-croix, charmante petite mule
grise carapaçonnée de drap noir, et montée par un prêtre
revêtu d'un costume des plus distingués. Saint-Pierre était
plein, chose que je n'avais pas encore vue, il y avait foule
compacte à s'étouffer et il faut, pour que cela soit, plus de
100.000 âmes dans l'Eglise. Le Pape est entré par la grande
porte, hissé sur sa chaise et précédé de son cortège habituel.
Les chants religieux et les fanfares d'instruments de cuivre ne
manquaient pas et faisaient le plus bel effet au milieu de cette
immensité. Après plusieurs prières devant les chapelles, on l'a
apporté devant l'autel, près duquel je me trouvais ; on l'a *assis
dessus* et un à un tous les cardinaux sont venus lui baiser la
mule et la main, après quoi il les embrassait lui-même sur les
deux joues. Le groupe qui représentait cette scène était magni-

fique ; Saint-Pierre était sombre, car il était tard ; ses immenses voutes grandissaient derrière une épaisse vapeur ; les feux des cierges et les derniers rayons du jour éclairaient à la fois cet homme assis sur la face de la Croix et du Saint Sacrement et aux pieds duquel se prosternaient cinquante vieillards. Après cela, tout est rentré dans l'ordre, le même cortège qui était venu à Saint-Pierre s'en est retourné au Palais Quirinal, où habite le Pape pendant l'été. M. Rossi a été reçu par lui très cordialement.

Mon ami Salles est parti, malencontreusement comme toujours avant hier, pour recommencer ses périgrinations aux environs de Rome. Je viens de lui écrire afin de le faire revenir vite pour voir les cérémonies qui vont avoir lieu pour l'exaltation du nouveau Pape.

La dernière lettre de Rome porte la date du 28 juillet :

Mon tableau est enfin terminé depuis la semaine dernière ; les quelques personnes qui l'ont vu ne paraissent pas mécontentes. Quant à moi, je l'ai abandonné par fatigue et non parce que je me croyais satisfait. Il me reste heureusement encore l'idée consolante de pouvoir y retoucher à Paris, car, positivement, il est des choses que je ne veux pas laisser telles qu'elles sont. Tu en jugeras du reste toi-même.

Le thermomètre Réaumur ne s'est élevé ici qu'à 28°, mais la chaleur est restée la même depuis le commencement de juin : aussi Rome est-elle un désert. Pendant ces deux mois, j'ai régulièrement travaillé mes douze heures par jour, sans penser un seul instant à la chaleur ou au siroco et je n'ai jamais été plus solide et mieux portant.

Les journaux français doivent donner des nouvelles de la politique romaine, qui est intéressante à suivre dans ce moment-ci. Il y a un revirement complet dans le gouvernement pontifical. Pie IX remet ses Etats dans le courant du progrès, ce qui n'était pas chose facile pour lui, à raison de son entourage. Le nouveau Pape est, à ce qu'il parait, un homme remarquable, jeune et très énergique et, depuis son élévation, il a usé de son énergie dans un sens libéral et progressif : aussi est-il adoré de son peuple. Il y a une dizaine de jours, il sortit de son Palais pour assister à une cérémonie dans une Eglise de la ville. Pendant sa venue on se contenta de crier : *Viva Pio nono*, mais à sa sortie, des arcs de triomphe s'élevaient féériquement sur son passage, le peuple traînait sa voiture et il fut conduit jusqu'à son Palais à travers des nuages de fleurs. J'ai été témoin d'une de ces ovations, car on en fait de pareilles à chaque nouvelle loi qu'il rend. Un soir, nous nous sommes rendus, musique en tête, une torche à la main et notre mouchoir au bout d'un bâton en guise de drapeau, sous les fenêtres du Quirinal, et nous avons crié en chœur avec le peuple, depuis huit jusqu'à onze heures, *Viva Pio nono*, *Viva Pio nono*, jusqu'à ce qu'enfin Pio nono se soit mis à sa fenêtre et nous ai donné à tous sa bénédiction. Les illuminations se succèdent dans Rome ; pendant trois jours, la rue du Cours était un véritable foyer d'incendie.

D'ailleurs, dans dix ou onze jours après que vous aurez reçu cette lettre, il me sera facile de la continuer de vive voix. Je compte être à Marseille le 12 août, c'est-à-dire que je ne passerai pas par Venise, car ce voyage, par sa rapidité, serait devenu un agrément plutôt qu'une utilité.

A la date fixée, Jalabert abandonne Rome, et cette fois, d'une façon définitive.

Il rapportait dans ses cartons de nombreux et intéressants croquis : autant de documents, pris sur le vif et à la bonne source, dont il se servira beaucoup par la suite.

Le séjour du jeune peintre à Rome n'avait pas toujours été heureux, loin de là ; la souffrance, la tristesse, la désolation s'étaient abattues sur lui comme un tourment continuel : mais les petites misères de l'existence ne tardèrent pas à être oubliées le jour où il fut en pleine possession de son talent et de sa santé : il ne resta que le souvenir des belles choses de Rome et de la campagne romaine, et à l'époque de ses succès les plus incontestés, Jalabert murmura plus d'une fois : où est le beau temps de Rome ?

Quant au voyage de Venise, il ne devait s'effectuer que plusieurs années plus tard, en 1857, en compagnie d'Adolphe Jourdan (1) et d'Albert Goupil (2).

Jalabert parcourut avec ses jeunes compagnons les villes principales du nord de l'Italie et consigna dans ses lettres à son père et à sa sœur ses sensations de voyage et d'art.

Quelques extraits suffiront à préciser la pensée du peintre dans cette course à travers les Musées.

Après Livourne et Pise, vues sous des cataractes de pluie; on arrive à Florence à la fin du mois de septembre 1857.

Mes souvenirs, quant à l'aspect général de cette ville, étaient au-dessous de l'impression que j'en ai reçue en y rentrant une seconde fois. Je ne sais trop si j'ai jamais vu quelque chose de plus saisissant et original que la Place du Palais Vieux ; les représentations peintes n'en donnent même pas l'idée, elles indiquent toujours quelque chose de plus petit que le vrai. Toute l'histoire de Florence semble écrite sur ces murs qui ont vu Dante, les Médicis et leur suite de savants et d'artistes.

Puis, après une description très exacte des monuments :

Nous sommes admirablement logés dans un hôtel de ma connaissance, qui était borgne jadis, mais qui depuis s'est fait mettre un œil de verre. J'ai un lit qui a huit pieds carrés, je me crois Louis XIV quand je m'étale dessus. Mes amis, quoique moins bien partagés, n'en dorment pas moins douze heures de suite, pour réparer les nuits blanches passées sur l'onde amère et pour employer les longues soirées dont, en Italie, on ne sait jamais que faire. L'Arno coule du café au lait depuis deux jours et il a presque couvert son lit, plus habituellement brûlé par les rayons de l'ardent soleil de Florence.

(1) Jourdan Adolphe (1825-1889), élève de Jalabert, comme lui originaire de Nîmes, peintre de genre et de portraits.
(2) Goupil Albert, éminent collectionneur, fils du grand éditeur.

De Florence encore, le 5 octobre 1857 :

Nous avons terminé nos devoirs de touristes dans cette ville, où bien volontiers on pourrait flaner une semaine de plus sans être rassasié. Il est bon. je crois. d'oublier une foule de petits détails pour conserver l'impression plus nette de ce qui est réellement remarquable. Bien des choses même ne sont pas bonnes à revoir deux fois. l'habitude efface très vite les impressions et il vaut toujours mieux emporter avec soi le souvenir du premier enthousiasme. Le beau temps est un véritable bonheur et quant à cela on peut ajouter l'humiliante admiration qu'éprouve un artiste à la vue des tombeaux des Médicis. œuvre de ce demi-dieu nommé Michel-Ange, et en présence de la non moins divine Vierge à la Chaise. il ne semble pas possible de pouvoir désirer de plus grandes jouissances. Et cependant, d'autres œuvres non moins remarquables imposent l'attention et le respect : la vision d'Ezéchiel. chef-d'œuvre de l'art, contenu dans un pied carré et le portrait de Léon X. tous deux du même aimable auteur de la Vierge à la Chaise. et. dans un autre sens. deux ou trois ouvrages du Titien sont les vrais rois de ce peuple de tableaux, de statues. de fresques. etc.. qui remplissent les murs de cette ville et débordent même en s'étendant de tout côté dans la campagne.

Il me faudrait un volume au lieu de deux pages. et mieux vaut que je les emploie à te dire que j'ai passé une partie de la matinée à relire ta bonne lettre. assis sur le seuil de la basilique de San Miniato. Si tu connaissais la situation. tu serais persuadée que tout ce qu'il y a de si touchant dans ta lettre a été profondément compris. J'étais là seul. Jourdan et Albert furetaient dans l'église. et en lisant tes premières lignes. du haut de chaque page, j'aurais pu voir, au-dessus, toute la ville de Florence, si mes yeux n'eussent été obscurcis par une trop grande humidité.

Bologne ne suscite pas le même enthousiasme :

On lit dans les guides que le Musée de Bologne est un des plus riches d'Italie ; ceci est une blague à l'adresse des Anglais qui ont fait une grande réputation à une série de peintres d'ordre très inférieur sortis de l'Ecole bolonaise. La Sainte-Cécile. qui

n'est pourtant pas une des plus belles toiles de Raphaël, est là,
au milieu de tous ces messieurs, comme une fleur sur un tas de
légumes.

Mantoue, Vérone, Vicence ne retiennent pas longtemps
nos voyageurs, pressés d'arriver à Venise :

En mettant le pied dans cette gondole qui allait nous montrer
Venise, pour nous conduire à l'hôtel de la Lune, j'ai éprouvé
une émotion sur laquelle je ne comptais guère, un regret
presque douloureux; j'allais anéantir ce souhait que depuis
quinze ans je nourrissais comme l'espérance d'un bonheur à
venir. Et maintenant ce souhait est accompli et ce charmant
désir de voir Venise n'existe plus pour moi. Il fallait pourtant
bien voir cela, car je n'en connaissais rien, malgré tout ce que
j'en avais vu. L'aspect de la place Saint-Marc m'a cependant
moins étonné. Les dessins et la peinture peuvent en donner une
idée à peu près complète, mais on ne soupçonne pas ce que peut
être l'intérieur de l'église. On ne soupçonne pas non plus ce
qu'ajoute d'étrange à cette étrange ville le mouvement de ces
élégants cercueils qui glissent muettement dans ces rues mysté-
rieuses ou qui voguent par groupes bizarres sur cette mer si
complètement tranquille, à l'abri de ces grandes murailles de
marbre et d'or. Et le soleil se couchant tout au fond du grand
canal, derrière les dômes della Salute !

Un autre jour :

Je n'entreprendrai point de faire une description pompeuse
de Venise. Je laisse ce soin à tous ces blagueurs de poètes et de
romanciers qui l'ont défigurée à ceux qui ont été assez naïfs
pour les lire. Je ne veux point dire pour cela que Venise ne me
plaise point, même avec la pluie qui nous quitte peu : je ne puis
m'ennuyer là où il y a Saint-Marc, le Palais Ducal et le Musée, et
je regrette sincèrement de ne pouvoir par des mots donner une
forme à mes pensées, car les impressions poétiques sont rares et
il est fâcheux de ne savoir même pas les noter. Mais il doit être
vrai qu'un esprit peu artiste doit bailler assez vite sur cette
place Saint-Marc, qui est le seul refuge d'un pays où il n'y a

pas de campagne, pas de rue, pas de promenade. Non, certes, je ne m'ennuie pas, puisque je travaille du matin au soir et que je vois avec peine arriver le moment du départ ; je passe régulièrement mes journées dans le Musée où je vais m'installer avant neuf heures jusqu'à quatre heures de l'après-midi, sans autre relâche qu'un petit mauvais déjeuner dans un café borgne. A peine aurai-je le temps d'ébaucher deux ou trois esquisses qui me serviront très peu sans doute ; mais j'aurai vu pendant quinze jours une peinture et des choses qui, je l'espère, doivent donner à mon pauvre talent un peu de ce tant de qualités qui lui manquent. La seule vue de l'intérieur du Palais Ducal doit être un progrès sûr pour un peintre : le souvenir de toute cette grandeur doit avoir de l'influence sur un esprit trop porté vers le détail. Aussi ai-je grande hâte de mettre à l'épreuve mes nouvelles idées ; depuis Florence même, je pâtis de ne pas peindre.

Jalabert va un jour en promenade à Padoue ; mais, malgré son admiration pour Giotto, Padoue ne vaut pas, dit-il, que l'on vole une des précieuses journées qu'il lui reste à passer à Venise.

De Milan :

Nous avons quitté Venise par une nuit faite exprès pour nous faire regretter notre départ. Que c'était beau ! et qu'il était cruel d'abandonner cette belle ville que la lune semble adorer, tant elle s'y prodigue en blanches lueurs sur ses blanches coupoles et en millions d'étincelles sur son sol d'azur... Nous venons de voir *la Cène* de Léonard de Vinci, chef-d'œuvre déjà détruit au moment où Raphaël était encore enfant ; malgré cela, les restes presque informes laissent éprouver de profondes sensations. J'ai regardé et admiré cette ruine plus d'une grande heure. Tout ce que j'en connaissais, (les gravures que l'ont tient pour chefs-d'œuvre) tout cela est d'une inexactitude incroyable. Le célèbre Raphaël Morghen m'a semblé n'être qu'un grand sot.

CHAPITRE III

DELAROCHE & JALABERT

Le souvenir de Charles Jalabert est intimement lié à celui de Paul Delaroche, et l'histoire de leurs rapports mérite, à tous égards, d'être racontée avec quelques détails.

Sans doute ils sont touchants et incontestables les témoignages de reconnaissance et même de vénération qu'ont prodigués à leur maître les Hébert, Gérome, Landelle, Yvon, Louis Roux, Gendron, Hamon, Antigna, Cavelier, Couture, pour ne citer que quelques-uns des plus célèbres parmi les condisciples de Jalabert : simples élèves ou artistes en renom, ils ont toujours fait dans leurs succès la part de celui qui, tout en leur apprenant l'art de la composition, leur avait donné l'exemple du travail opiniâtre et victorieux à la recherche de la beauté morale et du progrès : peut-être l'ont-ils surtout remercié de ce que sa haute et intelligente direction avait laissé le talent de chacun se développer dans des voies différentes, sans imposer sa manière propre, sans établir entre eux, comme on l'a très bien dit, d'autre trait de ressemblance qu'une expression de goût ingénieux et des tendances presque littéraires.

Nul pourtant ne peut se vanter, plus que Jalabert, d'avoir été le *disciple* de Delaroche, l'ami fidèle des vingt dernières années de sa vie, le confident de ses pensées, celui que les lettres appellent : mon cher enfant, le compagnon habituel de ses voyages, qu'il s'agisse de santé ou de travaux artistiques, celui qui eut le triste bonheur de veiller auprès du maître la dernière nuit. la main dans la main, jusqu'à l'instant suprême.

Nous avons déjà dit que Delaroche avait été le premier maître de Jalabert à Paris, qu'il avait même usé de sa haute autorité auprès du père de son jeune élève pour faciliter son évasion du magasin d'exportation de M. Orbelin et lui ouvrir la carrière des arts : c'est l'époque des généreuses illusions. des vastes espoirs, de l'enthousiasme que les difficultés d'une première œuvre originale n'ont pas encore refroidi : c'est aussi l'époque inoubliable des progrès accomplis sous l'œil du maître dont chaque jour on apprécie mieux les conseils, on admire plus profondément les brillantes qualités.

A Rome. Jalabert retrouva Delaroche dans la complète maturité de son talent. dans la pleine indépendance de sa pensée et de son pinceau, ne poursuivant pas, cette fois. comme lors de ses précédents voyages, un but déterminé. En 1834 et 1835. Delaroche recueillait des matériaux en vue de la décoration de la Madeleine et. en 1838, il cherchait. en étudiant les édifices byzantins de Ravenne et de Venise. des documents pour des tableaux qu'il destinait à Versailles : en 1843. au contraire, il voulait simplement profiter de sa liberté et poursuivre une nouvelle orientation. « On dit que mes derniers ouvrages. écrivait-il, sont les meilleurs : je me sens en progrès. l'Italie fera le reste. »

Les mauvaises langues prétendaient bien qu'en se fixant à Rome pour une année entière. le gendre d'Horace Vernet fuyait surtout son beau-père dont l'humeur fut toujours difficile. Méchant bruit. sans doute. quoique Jalabert, qui fut la bonté même. s'en soit fait plusieurs fois l'écho complaisant.

Les premiers conseils de Delaroche lancèrent Jalabert. un peu malgré lui, dans un vaste sujet : nous avons décrit cette période de tâtonnements. d'hésitations. de maladie,

son voyage à Naples, et enfin le départ du maître au moment
où Jalabert allait ébaucher, c'est-à-dire à l'époque où les
conseils et l'assistance personnelle eussent été le plus
utiles au jeune peintre.

Delaroche parti, Jalabert se sentit abandonné au physique comme au moral : plus encore que tels ou tels avan-
tages matériels, il allait regretter l'agrément d'un commerce exquis : il s'était tellement habitué à cette direction
simple et affectueuse ! Vers les quatre heures, il lui était
arrivé si souvent d'aller faire une promenade avec
M. et Mme Delaroche ! Quoique sa timidité fut grande, il
n'avait pas tardé à devenir l'hôte assidu du vieux palais où
ils recevaient toute la société romaine. Mme Delaroche
connaissait bien Rome pour y être restée tout le temps que
son père, Horace Vernet, avait dirigé l'Ecole Française : en
1834, elle y avait retrouvé Delaroche, qui l'avait connue
tout enfant. Tous ceux qui l'ont approchée s'accordent à
vanter la pureté admirable de ses traits, l'expression idéale
de sa figure, imposante et charmante tout à la fois, que
son mari à reproduite dans plusieurs de ses tableaux et
dont il s'est inspiré en maintes circonstances, notamment
dans la *Sainte-Cécile* et dans le Génie de l'art gothique à
l'*Hémicycle* de l'Ecole des Beaux-Arts. Mme Delaroche
était intimement liée avec la femme de l'ambassadeur
Latour-Maubourg, dont la beauté pouvait rivaliser avec la
sienne. Jalabert les rencontra un jour à la villa d'Este,
accompagnées d'une polonaise plus belle encore que ses
deux amies ; elles ramassaient des violettes : l'image de
ce tableau ravissant était resté profondément gravé dans
son esprit.

Quand il n'allait pas à Delaroche, c'est Delaroche qui
allait à lui :

Il fait un temps magnifique, voulez-vous passer une heure à
la villa Pamphile. Je partirai à une heure. De cœur,

PAUL D...

Aussi les lettres de Jalabert suivent-elles son maître à

Paris : mais elles ne font guère que répéter ce qu'il écrivait à son père. En voici une, de 1845, qui résume bien la situation telle que nous la connaissons déjà :

Combien je dois vous paraître impoli ou au moins oublieux, et cependant, pour vous surtout, tous mes désirs étaient de n'être ni l'un ni l'autre. Les seuls motifs par lesquels je puisse expliquer mon silence sont bien tristes à avouer. Je me croyais indigne de vous écrire et honteux d'avoir été aussi inactif et paresseux depuis votre départ, je reculais devant cette confession que je ne pouvais pas vous cacher. La plus grande partie de l'hiver, j'ai perdu mon temps à des niaiseries, j'ai accepté une copie, espérant soulager un peu mes parents du poids de mes dépenses, ne songeant pas qu'une prolongation de temps amènerait le même résultat pour eux.

. . . .

Aujourd'hui, je suis moins mécontent de moi-même. J'abrégerai autant que possible mon voyage à Nimes et je ne reviendrai à Rome que pour terminer mon tableau, après quoi j'userai des moyens les plus rapides pour retourner à Paris, car j'ai aussi grande hâte de vous voir et de recevoir vos conseils sans lesquels je ne puis encore voler bien haut.

Ma lettre est, je crois, finie là et il ne me reste plus qu'à vous prier de présenter mes respects à Mme Delaroche et de me croire un de vos plus dévoués élèves.

Ch. JALABERT.

Horace sera-t-il assez aimable pour recevoir mes amitiés et me rappeler au faible souvenir de son frère?

Quelques mois plus tard, les notes de Jalabert portent :

J'ai appris ce soir par un journal la mort de Mme Delaroche. Cette nouvelle est fausse, à ce qu'il paraît, car elle est démentie par un autre journal.

La nouvelle ne tarda pas à être vraie. Plusieurs amis s'empressèrent de lui donner des détails circonstanciés. Deux de ces lettres nous semblent dignes d'être lues, d'autant qu'elles n'ont pas été faites en vue de la publicité :

elles révèlent des âmes jeunes mais peu vulgaires et nous apporteraient, si c'était nécessaire, un témoignage de plus des sentiments d'affection et de respect que Delaroche avait su faire éclore et entretenir chez ses élèves ; elles sont signées Albert Barre et Louis Roux.

Il me faut beaucoup de courage pour t'écrire ces quelques lignes et surtout l'occasion ; ma dernière lettre a dû t'être remise peu de jours avant que fût connue à Rome la mort de la regrettable créature que nous avons vue tous deux de si près et si belle encore, malgré qu'elle fût déjà bien malade. J'ai souvent pensé à toi et durant cette maladie et depuis cette mort cruelle. Je t'ai écrit bien des lettres dans ma tête, mais le cœur m'a manqué dès qu'il s'est agi de prendre la plume. Je ne sais si tu auras eu quelques détails sur cette fin si terrible et si inattendue. Mme Delaroche fit d'abord une maladie de quinze jours, après un voyage à Versailles où elle avait pris un refroidissement. Au bout de ces quinze jours, elle paraissait remise. Le dimanche elle reçut, je la vis. Elle se regardait souvent dans la glace et, se trouvant bien pâle, elle disait avec sang-froid, quand M. Delaroche n'était pas là : *Comme je ferai une jolie morte ! !* Dès qu'il revenait, elle affectait de se trouver mieux. Le jeudi j'allai encore la voir. Elle était dans son salon ; elle avait eu froid en allant à Versailles voir son père, elle se sentait fatiguée et alla se coucher de bonne heure. Depuis sa dernière maladie, elle s'était toujours plaint de vides dans la tête et d'une incertitude constante dans ses idées. Le dimanche soir, je trouvai Mme Vernet sur le péristyle, elle était tout en larmes et me dit que sa fille était très mal. Depuis, j'allai chaque jour moi-même savoir des nouvelles ; enfin le samedi soir, je rencontrai M. Delaroche dans le vestibule, il me fit entrer dans un salon, où étaient déjà une dizaine d'amis et entr'autres ce bon Roux. Nous passâmes tous la nuit dans ce salon, car on pensait qu'elle allait expirer, les médecins n'ayant plus laissé d'espoir ; enfin, à six heures du matin, après une nuit terrible d'angoisse, M. Delaroche descendit de la chambre de la malade, nous disant qu'elle expirait, que tout était fini. M. Vernet s'était habillé et s'apprêtait à emmener à Versailles sa femme devenue folle de douleur. Sept heures arrivent, huit heures, dix heures, midi, et elle vivait encore. Malgré notre fatigue, nous restions tous là ; c'était un drame d'un intérêt terrible ; à deux heures enfin, quelques amis intimes se concertent et persuadent à **M. Dela-**roche que, puisque les médecins allopathes l'ont condamnée, il ne reste plus que l'espoir de l'homœopathie ; il se laisse convaincre, on va chercher deux de ces médecins. Ils font ouvrir les fenêtres (cela se passait le dimanche). La malade fait un mouvement et dit : *de l'air ! oh ! que c'est bon !* on crie déjà au miracle. Le soir ils annoncent que la malade est plus calme. Le lundi, le bulletin du soir est magnifique. Le délire avait cessé et, par intervalles, la raison qu'elle n'avait plus depuis quatre jours était revenue ; les accès étaient tombés ; enfin ils donnaient de l'espoir. Tu conçois l'effet effrayant de ce léger espoir sur des gens qui l'avaient crue morte. Vernet était comme fou et faisait déjà des plaisanteries. M. Delaroche, quoique plus calme et plus raisonnable, se laissait aller à ce bon espoir et tout le monde venait le complimenter ; les journaux, qui avaient annoncé la mort, la démentirent. Le mardi il n'y eut ni mieux ni pis, au dire de ces charlatans, ce qui signifiait pour quelqu'un de sang-froid qu'il y avait pis. Le mercredi tous les symptômes de fièvre ataxique étaient revenus et cet espoir, qui avait été si bon pour tous, fit place à une crainte qui n'était que trop justifiée. La nuit de mercredi fut terrible. M. Vernet et sa femme étaient abrutis et n'avaient plus de larmes. M. Delaroche était aussi brisé de douleur et de fatigue et s'écriait qu'elle était morte le samedi soir et bien morte pour lui : on lui avait défendu, depuis ce jour, d'entrer dans sa chambre. Enfin, à six heures du matin, le jeudi 18 décembre, un médecin qui veillait dans une chambre voisine dit qu'elle allait expirer ; nous entrâmes dans l'antichambre, un prêtre vint lui donner l'extrême-onction. M. Delaroche lui fit de déchirants adieux, auxquels elle répondit en tournant les yeux à demi-éteints vers lui et en poussant comme un cri de joie. Il semblait que la mort était là, mais toutes ces souffrances se prolongèrent encore jusqu'à six heures moins un quart du soir du même jour jeudi. Maladie

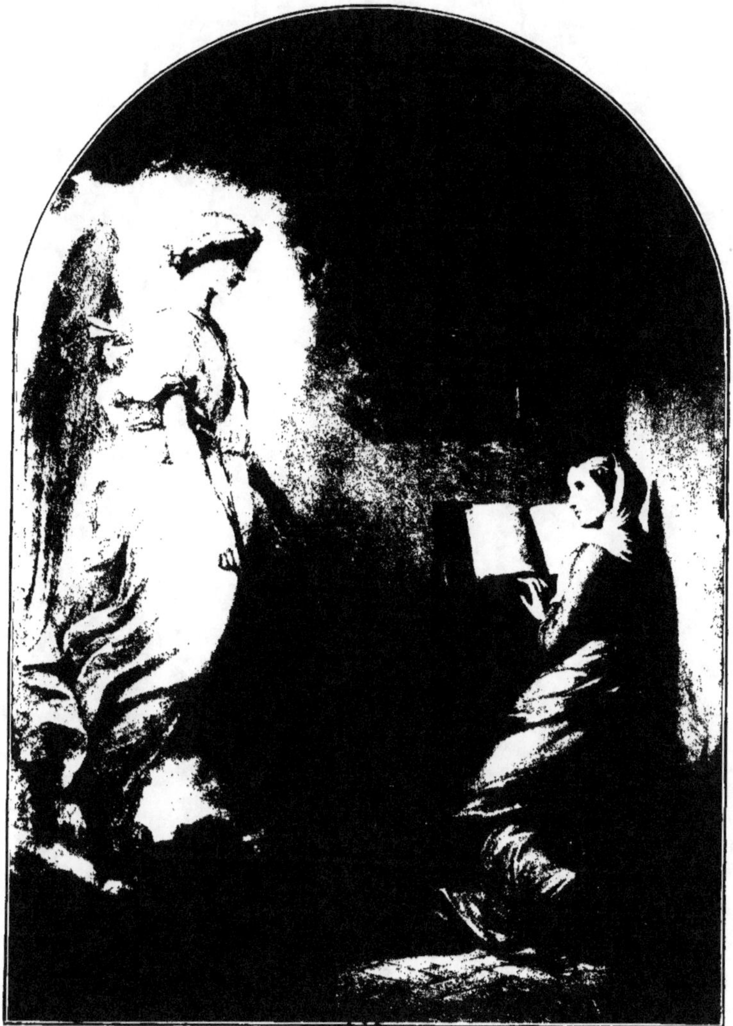

CLICHÉ MANZI JOYANT ET Cie

TYPOGRAVURE BRAUN, CLÉMENT ET Cie

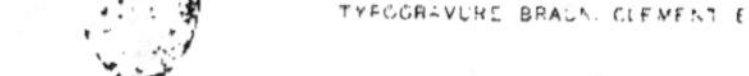

L'ANNONCIATION

horrible, qu'on a appelée fièvre nerveuse, fièvre ataxique ; le délire était presque continuel ; elle parlait cependant, au milieu de ces transports atroces, de tous ses amis, elle leur donnait des conseils, elle avait des visions qu'elle racontait avec un luxe de paroles effrayant, employant tour à tour le français, l'italien, l'anglais. Tous ses membres étaient continuellement agités de mouvements d'une rapidité extraordinaire, pas un muscle ne restait en repos ; ç'a été un terrible martyre, et comme tu l'as vu, pour les siens elle est morte deux fois.

Pardonne-moi d'avoir tant insisté sur ces pénibles détails et de l'avoir fait d'une manière si incohérente ; je n'aurais pu t'écrire cette triste mort autrement, et comme tu n'as peut-être rien de juste ou de vrai là-dessus, je me décide à t'envoyer ce brouillon tel quel. M. Delaroche est fort changé, cela se conçoit ; il a vieilli de dix ans et je crains pour sa santé. Comme si ce n'était pas assez de cet immense malheur, Horace vient d'être pris de la rougeole et le pauvre homme repasse par les mêmes angoisses.

J'arrive à toi, mon cher Charles ; donne-moi de tes nouvelles, car on a plus de temps à Rome qu'à Paris ; ton tableau doit avancer ; l'enverras-tu à l'Exposition ? Moi, je finis ma tartine de l'*Enfant prodigue*, que je regarde comme une erreur de ma jeunesse et qu'il faut pourtant envoyer au Louvre. L'année prochaine sera meilleure, il faut l'espérer et puis je deviens, je crois, d'une philosophie très grande ; je commence à prendre le temps comme il vient, et Dieu sait combien il est triste et laid chez nous. Adieu, mon cher Charles, j'aurais voulu te faire une autre lettre, mais je n'en ai ni le pouvoir ni le temps. Rappelle-moi au souvenir des quelques personnes qui peuvent s'intéresser à moi. Adieu, je t'embrasse de cœur et suis ton tout dévoué

ALBERT BARRE.

16 janvier 1846. — Paris.

MON CHER JALABERT.

J'ai reçu hier soir ta bonne et excellente lettre, je t'en remercie bien. Je ne doutais pas de ta démarche auprès de notre bon

et infortuné maître ; j'espérais cette lettre de toi pour lui. je
l'attendais ; je ne me suis donc pas trompé sur le mouvement de
ton bon cœur qui devait te guider à faire connaître à M. Delaroche les marques de ta sympathie dans cet horrible malheur.
Oui, mon pauvre ami, pouvions-nous nous attendre à une aussi
affreuse catastrophe ! Tu ne peux pas y croire, et je le comprends bien, car moi-même qui ai été témoin de toutes ces tristes scènes, je ne puis ajouter foi à la réalité. J'ai reçu ta lettre
hier au soir en rentrant pour dîner, elle m'a fait bien pleurer.
Je me suis empressé de la remettre à M. Delaroche qui est très
sensible à tes marques d'affection. Tu m'as donné huit jours
pour t'écrire ; moi, je ne me donne pas de délai pour te répondre. Je ne sais si tu pourras me comprendre, car j'écris bien
mal, les idées dans ma tête sont toutes bouleversées ou plutôt,
l'absence en est telle, que je ne sais pas trop ce que je te dis, et
d'ailleurs, les larmes qui roulent dans mes yeux m'empêchent de
lire ce que je mets sur ce papier. Je croyais avoir connu la peine
et la douleur, je m'aperçois que je m'étais bien trompé. Quant à
notre pauvre maître, sa vie est brisée, rien ne pourra le consoler. Une seule pensée peut lui donner du courage et l'aider à
supporter ce terrible coup, c'est la pensée de ses enfants. Selon
les lois de la nature, leur pauvre mère était appelée à suivre
leur éducation, étant plus jeune que son mari, et le ciel l'avait
douée de belles et nobles qualités qui bien certainement auraient
eu une influence puissante sur l'intelligence déjà distinguée de
ses enfants. Cette femme, qui nous semblait, en effet, si belle et
si noble, était encore bien au-dessus de tout ce que nous nous
figurions avoir découvert de grand et de distingué en elle ;
comme la violette dans les bois répand son doux parfum sans
se laisser voir, de même elle répandait sur ce qui l'entourait les
grâces de sa belle âme, sans pour cela se faire connaître entièrement. Ce qu'a perdu M. Delaroche était un monde pour lui.
Il est, je crois, impossible de recevoir plus de marques de sympathie ; c'étaient des centaines de personnes qui venaient plusieurs fois par jour pour avoir des nouvelles ; c'étaient des
amis qui veillaient auprès de lui. Quant à moi, j'ai fait ce que
j'ai pu, restant dans sa maison dix jours et autant de nuits pour

servir au besoin et veiller auprès du corps de Mme Delaroche. Barre et Emile Lecomte ont également passé plusieurs nuits : toutes les œuvres de charité auxquelles elle s'intéressait faisaient des prières à son intention. Lorsque notre pauvre maître, après une cruelle secousse, a cru qu'elle était sauvée, il disait, en parcourant le livre sur lequel s'étaient inscrits tous ceux qui venaient s'informer de son état : *qu'elle sera heureuse, quand elle lira tous ces noms et saura tout ce qu'on a fait pour elle !* Hélas, il en fut autrement...

M. Delaroche m'a chargé hier de te dire qu'il avait de nouveau parlé à M. Vitet, ces jours derniers, pour ton tableau ; c'est lui aussi qui m'a dit de te transmettre l'article ci-inclus du *Constitutionnel* (éloge funèbre de Mme Delaroche, par Charles Rémusat), pensant qu'on ne reçoit pas ce journal à Rome. M. Delaroche essaie de se remettre au travail, mais on voit qu'il a l'esprit occupé à tout autre chose. Adieu, mon cher Jalabert, mes amitiés à tous nos camarades. Je suis, pour la vie, ton tout dévoué ami,

Louis Roux.

L'intimité devait vite grandir entre Delaroche et son élève une fois revenu à Paris. Le désespérant tableau de *Virgile lisant ses Géorgiques* avait eu l'heureuse chance, sinon d'être loué par tous, du moins d'être discuté, c'est-à-dire distingué et remarqué. Mais un tableau de cette importance n'est pas pour rester dans l'atelier d'un débutant. Avant d'aller l'offrir à l'administration (l'offrir contre espèces, bien entendu), Jalabert écrivit à Delaroche pour savoir ce qu'il avait à faire au cas où il verrait le Général de Feuchères. La réponse ne se fit pas attendre :

Il faut tout bonnement que tu demandes au général Feuchères de te faire acheter ton tableau. Si tu le vois, tu peux lui dire que je considère ton tableau comme étant du très petit nombre des ouvrages qui ont de justes droits à la sollicitude du Ministère et que je suis tout prêt à le lui affirmer. Mon avis est qu'avant de penser à d'autres acquisitions, on doit faire celle-là : telle est mon opinion sincère, je ne me trompe pas.

Nous verrons dans le prochain chapitre que ces prédictions se réalisèrent, à la plus grande satisfaction de Jalabert.

Une lettre de ce dernier, de juin 1847, prouve que dès cette époque Delaroche n'hésitait pas à l'associer à ses travaux :

On a proposé à M. Delaroche de se charger de la décoration complète de l'église Saint-Vincent-de-Paul : 160 pieds de mur à couvrir pour les deux côtés et l'hémicycle qui est plus vaste que celui de la Madeleine. Ce travail avait été confié à M. Ingres qui en a eu peur. M. Delaroche me semble aussi un peu effrayé et balance encore. En tout cas, il m'a dit que peut-être il accepterait si je consentais à lui aider. J'ai dit oui, d'abord par reconnaissance. ensuite parce que le travail me plaisait.

On sait que l'*Hémicycle* de l'Ecole des Beaux-Arts une fois terminé (1841), Delaroche s'était renfermé dans un isolement systématique, partageant son temps entre ses tableaux qu'il n'exposa plus de son vivant et les travaux de ses élèves. Il n'est pas une œuvre de Jalabert de 1847 à 1856 qui ne se ressente de l'influence du maître, influence heureuse dans la plupart des cas, exagérée dans quelques autres, mais inévitable aussi, car sa parole fut toujours religieusement écoutée. Les copies mêmes de ses propres œuvres sont l'objet de la sollicitude toujours en éveil de Delaroche et, quand la maladie l'empêche de donner son opinion. il la transmet par la plume joviale de son fils, témoin ce billet d'Horace Delaroche adressé de Nice le 8 Novembre 1850 *au citoyen Grandes Gigues :*

Papa a été très content de ta copie de *Cromwell ;* mais, comme il t'écrira prochainement. je ne me permets pas de m'occuper *aliorum negotia.* comme dit je ne sais quel auteur latin.

Mais voici le maître lui-même exprimant sa satisfaction du succès de son élève et l'accablant de ses conseils si sensés que l'on croit entendre la parole même du père de

famille plutôt que la voix de l'artiste planant dans une
sphère supérieure. La lettre est datée de Nice, 29 Mai
1851 :

Je n'ai pas comme toi de brillants boulevards sous les yeux
ni des camarades entraînants qui m'ôtent le courage de me
mettre devant une feuille de papier ; mais je suis vieux, partant
paresseux et quand Horace et Philippe sont couchés, je rentre
dans ma chambre avec la ferme intention de remercier mes amis
de leurs bons souvenirs, je vois mon lit, une lassitude extrême
me prend subitement et le plus souvent je cours y cacher les
espérances et les découragements de notre métier. Crois bien
cependant que ton vieux professeur a été heureux et fier de ton
succès parmi les artistes, dans la presse et enfin de la juste
récompense dont tu as été l'objet ; bravo, mon enfant, mille fois
bravo. Honneur à notre pavillon ! il m'est bien doux, je te le
jure, quand je me promène devant ma peinture que je n'aime
pas, de penser que les plus dignes sortent de mon école ; mais
ce n'est pas assez d'avoir un succès, il faut te préparer vigou-
reusement à de nouvelles luttes et redoubler d'efforts pour
mériter chaque année une nouvelle récompense et de nouveaux
applaudissements. J'espère bien que tu rêves à l'avenir et que
ton cœur craque d'une bonne, solide et noble ambition. Je te
permets d'aimer les boulevards et tes camarades, mais je ne
veux pas qu'ils te fassent oublier que ce n'est qu'à force de
peine et de méditation et dans le silence que se font les ouvrages
qui nous rivent sur un trône dont les envieux et les médiocres
ne peuvent plus nous renverser.

Hébert m'a promis de venir m'aider à trouver ma solitude
moins sévère ; quoique je travaille beaucoup, il me reste encore
assez de temps pour regretter mon cher troupeau. Quand tu
rencontreras quelques-uns des nôtres, dis-leur que leur vieux
professeur pense souvent à eux et qu'il leur souhaite à tous
talent, bonne conduite et bonheur. Mille choses à ce Roux qui
se permet d'être plus paresseux que moi, la plume à la main.

Ton vieil ami.

PAUL DELAROCHE.

Quelques mois plus tard, le 16 Août 1851, ce sont encore des conseils sur le tableau des *Nymphes écoutant les chants d'Orphée*, sur un projet de peintures murales; ce sera Delaroche qui trois ans plus tard choisira entre quatre compositions, celle du *Christ au jardin des Oliviers*. On se sent transporté, à cette lecture, dans une atmosphère de bien vive et réciproque sympathie :

Aujourd'hui je prends la plume pour te remercier de tes deux bonnes lettres et te dire ce que je pense de ta composition : le principe en est bon. les groupes de femmes sont gracieux, mais les figures sont trop loin de celui qu'elles écoutent. Il faudrait, je crois, des figures intermédiaires entre l'Orphée et les groupes du premier plan. Il y a là une solution de continuité qui choque déjà dans ton petit croquis, défaut qui ne fera que grandir dans l'exécution du tableau. Tu aurais des vides dont tu ne pourrais pas te tirer. Moi. je profiterais des rochers et des broussailles pour y introduire des figures : ce serait original et elles ajouteraient à la grâce de la composition.

Quant aux conditions de prix pour l'exécution de ces peintures dont tu as eu les premières pensées. je ne pourrais te venir en aide. mon cher enfant ; ce qu'il y aurait de mieux à faire, ce serait de les demander au prince de Beauveau et en même temps. de le prier de t'envoyer la dimension et un tracé de ces deux voûtes ; il te serait ainsi plus facile de te faire une juste idée de l'importance de ce travail : je souhaite que vous puissiez vous entendre. La princesse de Beauveau, qui est une charmante et bonne personne, désire vivement que ces deux tours soient peintes par toi et. si tu vas à Craon, tu me remercieras de t'avoir fait faire une si gracieuse connaissance. Bien entendu que tu jetteras mes croquis ou idées par les fenêtres. si tu trouves mieux : je les livre à ta haute justice. Ne perds pas de temps ; écris de suite au prince ; à moins d'un coup de tonnerre. je ne bougerai pas d'ici : tu es sûr de me trouver. comme aussi tu dois être convaincu de tout le plaisir que j'aurai à t'embrasser.

Depuis la fin d'avril. Hébert n'est plus ici ; il est d'abord retourné à Marseille pour y terminer deux portraits : de là il devait aller à Grenoble. Sans toi, je ne saurais ce que devient Roux; depuis son mariage, je n'ai pas reçu une lettre de lui.

Jalabert ne devait pas tarder à se rendre à Nice. Est-ce l'influence du maître? Est-ce l'air qu'il respire? Sa prose se colore et se poétise. Voici ce qu'il écrivait le 23 octobre 1851 :

Je ne me rassasie pas de vivre avec M. Delaroche et de flâner au bon soleil nissard sous l'ombre transparente des oliviers. On ne sait où on en est de la saison ici : le soleil est chaud comme en plein été; les fleurs sont rassasiantes par leur obstination à ne pas cesser d'être fraîches; les rosiers et les géraniums qui sont la mauvaise herbe du pays sont en pleine floraison et émaillent de leurs vives couleurs les endroits même les plus sauvages de cette terre favorisée. Voilà une jolie phrase qui mériterait d'être en vers, mais j'ai trop sommeil et je vais me coucher. Tout le monde dort depuis longtemps, excepté les cousins qui me font toute sorte d'agaceries, les papillons de nuit qui se donnent forces torgnolles contre ma vitre et la mer encore agitée de l'orage d'hier qui traîne les galets sur la plage.

Mais le travail sérieux, positif, utile, autour de Delaroche, n'était jamais négligé, nous voulons dire la recherche des accessoires, la poursuite de ces mille petits riens qui dénotent l'absolue probité de l'artiste. Ainsi, quelques jours après la lettre ci-dessus transcrite, Jalabert écrivait à ses parents :

Je viens de m'adresser à M. Sagnier, fabricant d'étoffes turques, et je lui demande quelques petits articles que M. Delaroche m'a prié de lui faire venir. Veillez à ce que ce qui sera envoyé soit de bon goût et un peu original.

On retourne à Paris.

Delaroche est toujours, comme d'habitude, un vrai père pour moi, écrit Jalabert en 1852. Mon couvert est toujours mis chez lui ; j'aurais même une chambre à ma disposition, si cela était nécessaire.

Aussi comme il se sent fort des encouragements, de
l'approbation de son maître ! Le jeune homme timide commence à prendre de l'assurance : la lettre suivante écrite
à son père, en octobre 1852, est toute rayonnante d'espoir :

A mon âge, je vais avoir 34 ans, le temps presse et une année
de perdue est chose grave. Il me sera facile, par un travail
suivi et sérieux, de prendre une bonne place dans les arts ; les
talents sont rares, l'art tombe dans le mauvais goût, les hommes de réputation sont vieux, on a de la peine à trouver un
homme capable toutes les fois qu'il s'agit d'une œuvre considérable. Si l'année dernière j'avais prévu qu'une exposition fut
possible en 1852 et si j'avais eu, à cette exposition, un tableau
important, j'aurais eu cette année toutes les commandes qu'il
m'aurait plu d'avoir. Je suis dans la meilleure position du
monde pour travailler : trois mois de repos forcé (mal aux yeux)
m'ont donné une ardeur extrême à l'ouvrage, je me porte à
merveille ; j'ai, pour m'aider, l'amitié extrême et complète de
M. Delaroche, j'ai à ma disposition tous ses ouvrages d'art et
sa bibliothèque, j'ai son esprit et son talent quand les miens me
font défaut.

Quelques mois plus tard, il parle vaguement à sa famille
d'un voyage en compagnie de Delaroche. Accablé de
questions, il répond :

D'abord il ne s'agit pas d'un voyage, mais d'un simple déplacement pour aller travailler en paix dans un pays plus campa-
gnard que Paris. Le problème à résoudre est de trouver, dans
quelque coin de l'Europe, un gîte confortable, la mer et des
montagnes. Il ne serait donc pas étonnant que la Spezzia entre
Gênes et Livourne, ou même tout simplement Nice, fut l'endroit
qui résoudrait ce problème. Mais qui sait si demain le vent
n'aura pas tourné et si la girouette ne nous indiquera pas l'Angleterre ou l'Allemagne ?

C'est bien Nice que choisit Delaroche. Quant à Jalabert,
qui s'était rendu à Nimes, il ne put que lui promettre une
visite de très courte durée : mais il avait compté sans son

hôte qui le retint, lui prêta sa garde-robe, l'envoya dans les environs faire des études de roseaux, le mit en présence de son *Moïse* dont l'ensemble était composé ; puis, quand la peinture fut très avancée, Delaroche obligea son élève à accepter une somme importante, ne se réservant guère que la retouche du petit *Moïse :* il est vrai que c'était la partie vivante du tableau.

Voici la lettre par laquelle Jalabert explique à sa famille son séjour prolongé à Nice :

Depuis une dizaine de jours, je suis presque en camp volant, ne m'appartenant plus et ne trouvant ni plume ni papier qui m'appartienne. J'étais venu ici pour quelques heures, et je resterai au moins une quinzaine. M. Delaroche m'a prié en grâce de l'aider à finir un de ses tableaux ; je me suis trouvé comme pris au piège, car je ne pouvais en aucune façon refuser. Je suis ici en pleine campagne. dans une forêt d'oliviers ; de ma fenêtre. je vois cette chère petite Méditerranée, et sous ma fenêtre (c'est la salle à manger) je mange son poisson déguisé en bouillabaisse. J'ai vu ici un charmant et même très beau tableau de M. Delaroche. une nouvelle composition des *Enfants d'Edouard* extrêmement bien réussie. Moi. je travaille à son *Moïse exposé,* j'espère que ce tableau sera plus que bien.

Mon cher Maître est un digne homme. s'il en est un, et je suis heureux d'être un de ses bons amis et plus heureux encore de l'amitié qu'il me rend. Je vis avec lui dans l'intimité la plus grande, je ne le quitte presque jamais ou plutôt il est toujours avec moi. Le matin à six heures (car je me lève à six heures) je vais le trouver dans sa chambre et là nous commençons une conversation artistico-philosophique que nous poursuivons à travers le travail de la journée et que nous finissons le soir à dix heures, au clair de la lune. sous les oliviers et les orangers de son jardin.

C'est encore de Nice (1853) que Delaroche écrivait *à son cher enfant* la lettre suivante si affectueuse, si appropriée au sujet, si juste de ton et de recommandations ; on y rencontrera ce cri du cœur : *ah ! si j'étais jeune !* de l'artiste qui ne prononcera jamais son : *Exegi monumentum*, car il se sent toujours en progrès et toujours capable de faire mieux :

Et moi aussi, cher enfant, je te souhaite tous les bonheurs que tu mérites. J'espère que mes vœux, quoiqu'ils ne doivent arriver qu'un peu tard, n'en seront pas moins bien reçus. Tu as déjà du talent, de la réputation ; mais ce n'est pas assez pour ce que j'espère de toi. Je veux que tu arrives plus haut et si dans mon possible je puis t'y aider, crois bien que tu me trouveras toujours prêt à te donner de nouvelles preuves de ma franchise et de mon affection. Tu es d'un âge où l'expérience et les ans ne viennent pas glacer l'audace si nécessaire à nous autres pauvres fous, rêveurs d'immortalité. Sois un peu plus entreprenant : les grandes entreprises, tu le sais, développent les hommes d'avenir. Un beau sujet, du courage, de l'obstination, de la foi et le succès est au bout, je t'en réponds. La fièvre qui nous serre tous à Paris est un bon excitant ; qu'elle te serve à oser mettre sur la toile ce que tu sais, ce que tu as dans la pensée : sois toi toujours ton meilleur critique, mais aussi affranchis-toi de ces puériles obligations d'imitation matérielle qui atténuent, refroidissent et énervent la pensée ; il faut qu'un artiste oblige la nature à passer à travers son intelligence et son cœur. Je vous l'ai toujours dit à tous : apprenez votre art par cœur et faites que l'imitation ne vienne pas, par son imposante autorité, défigurer les élans de votre âme. Ah ! si j'étais jeune !

Tes portraits avancent-ils ? Ton *Orphée* sera-t-il bientôt terminé ? as-tu pensé à ton *Raphaël ?* Si rien ne vient jeter par les fenêtres ma plus chère espérance, je compte bien que, vers les premiers jours de mai, j'irai te tirer les oreilles ainsi qu'à Roux et à Hébert. Dis à ce dernier que depuis le 2 décembre je ne décolère pas et que bien certainement si j'étais à Paris, il faudrait aller jusqu'au fond d'Ivry pour me voir ; jamais je ne me suis senti plus humilié. Sincèrement je ne me croyais pas si bon français. Quelle honte, quelle décadence ! Notre pauvre Chabert est exilé en Sardaigne ; son successeur est un sabreur, ami de l'Elysée.

Dans deux jours le portrait du fils de la princesse Kartoniska sera terminé (un croquis peint comme ceux de Philippe et Horace). Dans huit jours, je signerai l'*Ensevelissement de notre Seigneur*. Sitôt après je m'occuperai de la *Mater dolorosa*; l'ébauche est faite depuis un mois. Comme le *Moïse* a été bien travaillé, je veux encore le laisser sécher avant de le reprendre.

Horace et Philippe t'embrassent et te regrettent, et moi je fais comme eux, en te disant tout le plaisir que tu m'as fait en venant m'aider à passer si doucement les sérieuses heures de ma retraite.

Ton viel ami.

PAUL DELAROCHE.

Mais la retraite n'est pas définitive, Delaroche ne tarde pas à rentrer à Paris, où Jalabert se félicite de son retour :

J'en ai amplement joui, écrit-il, car depuis son arrivée il a été aussi souvent chez moi que chez lui; il prétend qu'il trouve ici fort bonne et fort agréable compagnie.

Aussi est-il inutile d'indiquer que Jalabert ne laisse jamais passer une occasion de faire l'éloge de son maître dans sa volumineuse correspondance, on en a eu déjà la preuve; il suffira de citer encore ces quelques lignes adressées à sa sœur en 1851, à raison d'une particularité de la figure de la reine :

Le tableau de M. Delaroche, *la Marie-Antoinette condamnée à mort*, est arrivé et je l'ai vu hier; ce tableau est fort beau et en tout point digne de son auteur. A l'ébauche, la tête de la reine te ressemblait beaucoup. Depuis, cette tête, trop jeune pour l'âge de la reine, a été vieillie et je suppose donc qu'elle ne te ressemble plus, puisque l'ami Rousselier me dit qu'il t'a trouvée rajeunie.

A deux reprises, en 1852 et en 1854, Jalabert a accompagné Delaroche à Ems et quoique palettes et couleurs n'aient pas été oubliées, la peinture ne va pas jouer le plus grand rôle. Pendant les premiers jours Delaroche garde la chambre ; Jalabert suit de son côté un véritable traitement :

Je suis fâché, écrit ce dernier. en septembre 1852. de ne pas entendre ce que j'entends ; peut-être serait-ce flatteur pour moi. car plus d'une fois Horace a entendu dire : Tiens. voilà M. Jalabert. Serait-ce le peintre ? Oui c'est le peintre. — Oh ! comme il est bien, disaient les dames ; ah ! comme il a du talent pour faire les *Villanella*. disaient les hommes. etc. Voilà ce que c'est que d'avoir une malle qui porte un nom connu. De même pour Horace qui avait une malle de son père. Alors c'étaient des ha ! et des ho ! à perte de respiration sur sa jeunesse. sur son air distingué. sur son talent. mais surtout sur son air jeune. C'est inouï, disait-on. il paraît à peine dix-huit ans ; après tout. M. Delaroche , c'est peut-être le grand qui a un pince-nez et Jalabert-Villanella est le petit blond qui parle allemand.

Le 5 juillet 1854. lors du second voyage. Jalabert écrit :

Nous voici à Ems installés et organisés dans la plus jolie habitation de l'endroit. une petite villa isolée dans les jardins et les prairies et dont nous possédons le premier étage ; M. Delaroche ne va pas trop mal aujourd'hui. mais il a passé une fort mauvaise journée entre Strasbourg et Mayence. J'espère que son séjour ici lui sera salutaire et que le climat et le genre de vie qu'il y mènera aideront au bénéfice que la cure d'eau pourra lui donner. Pour le moment. il est très satisfait de son installation. Quant à moi. j'ai déjà ingurgité trois grands verres de ce bouillon de poulet qui filtre de la montagne ; mais franchement je n'avais pas besoin de cela pour me porter le mieux du monde et c'est ce qui me fait penser que le plus souvent le changement d'air et le repos sont les vrais remèdes aux maux qui ne viennent guère que de la fatigue.

M. Delaroche va à merveille (12 juillet); depuis que nous sommes ici. sa santé s'est tellement améliorée qu'il ne serait pas reconnaissable pour ceux qu'il a quittés, il y a quinze jours, à Paris et cependant il a débarqué ici bien souffrant et bien défait. Espérons que les soins qu'il prendra par la suite lui vaudront sinon un complet rétablissement, du moins l'espérance de guérir. Quant à moi, il faut me contenter de travailler quelques heures que j'emploie sur l'esquisse de mon tableau. Tout travail sérieux et fatigant pour l'esprit est incompatible avec l'effet déjà échauffant et irritant que procure l'ingurgitation de six grands verres d'eau.

Rien de nouveau à te dire (14 juillet), de moi et de mes compagnons de captivité ; notre vie est réglée mieux que toutes les horloges de cet aimable mais ennuyeux pays. Nous allons tous à merveille et aujourd'hui, ta lettre, qui nous est arrivée avec le premier rayon de soleil que nous ayons vu ici, nous a mis tous la gaieté dans le cœur.

Pendant son séjour à Ems, Delaroche peignit une *Mère Italienne* portant son enfant dans un berceau et une petite réduction de son *Hérodiade*.

Le 27 juillet :

M. de Morny est ici depuis huit jours environ, il occupe le deuxième étage de notre villa ; il se trouve donc entre Horace et moi et M. Delaroche. Il est arrivé très malade du foie, comme M. Delaroche, et de plus d'une dyssenterie chronique qui a fait croire à Paris qu'il avait été atteint du choléra. Il est mécontent des eaux (dont il n'a encore fait aucun usage) et semble chaque jour vouloir quitter Ems, ce qui fait dire qu'il n'est venu ici que pour voir la princesse de L., qui passe pour être une diplomate de l'Empereur de Russie.

Un certain soir de ce même mois de juillet 1854, le duc de Morny, qui perdait toujours au jeu, remit les pièces d'or qui lui restaient à Jalabert en lui disant : « tenez, tentez la fortune pour moi ». Quelques instants après, Jalabert lui rapportait 2.500 francs ; il avait disposé les neuf louis autour d'un numéro et ce numéro était sorti. Qui fut étonné ? ce fut le duc.

L'étonnement fut une autre fois pour Jalabert, mais à Paris. Cabanel et lui étaient allés visiter la très belle galerie du duc de Morny : celui-ci s'attarda quelque peu en leur compagnie et, ne voulant pas être en retard : voici l'heure de la Chambre, dit-il, vous allez me voir passer ! Il passa, en effet, un instant après, avec son escorte ; mais au lieu d'être guindé et solennel, le Président du Corps législatif se dandinait, dansait presque, plutôt qu'il ne marchait, à la façon des héros d'opérette, à la rigolade, disait Jalabert.

Il est encore beaucoup question de maladie dans la lettre suivante : Delaroche y donne aussi des conseils à Jalabert pour ses portraits et fait allusion à une nouvelle œuvre par lui entreprise, sans doute *La Martyre chrétienne*.

28 Janvier :

Merci de ta bonne lettre et de ton encre qui a permis cette fois à mes vieux yeux de ne rien perdre de tout ce que tu veux bien me dire d'affectueux. La distance qui, comme tu le dis, augmente et glorifie les choses jusqu'à l'absurde, pour cela est restée dans les limites du vrai, car c'est bien une belle et bonne fluxion de poitrine qui est venue m'appréhender au corps pour me faire comprendre que tout est bien fragile ici bas. Attraper un mal de ce genre dans sa chambre, c'est par trop bête. Enfin le médecin et la boutique de l'apothicaire ont eu raison et me voilà sur mes jambes qui ont besoin d'une nourriture plus substantielle pour me porter gaillardement ; encore quelques jours de patience.

As-tu vu la belle-mère de la Comtesse (1) et ton admiration est-elle toujours à la même hauteur ? Tu devrais faire son portrait pour le salon prochain. Ce serait une belle étude et peut-être une fortune pour l'avenir. Les beaux types sont rares, bien difficiles à rencontrer et, quand par miracle on a le bonheur d'en trouver un, et qu'on a assez de talent pour en donner au public une bonne interprétation, il faut faire tous ses efforts pour se l'approprier, et qu'il ne devienne pas la proie de certains célèbres du jour dont je n'ai pas besoin d'écrire le nom pour que tu saches ce que je veux dire.

(1) La comtesse Potocka dont il va être question à la fin de ce chapitre.

Je vois avec plaisir que tu travailles sérieusement ; pour moi, arrêté depuis un mois, je n'ai pas encore regardé ma boîte à couleurs. J'ai cependant fait une nouvelle composition dont je ne suis pas mécontent. Le sujet est original, poétique et chrétien. La bonne Comtesse pourra te dire ce nouveau rêve, je lui en ai envoyé une juste description.

Aussitôt que je serai débarrassé d'un monceau de lettres qui attendent leurs réponses, bouches béantes, j'en ferai une petite esquisse peinte et, s'il plaît à Dieu, je me mettrai en route vers les premiers jours de mars pour aller retrouver les bons amis que je regrette tant.

Adieu, cher enfant, à bientôt.

Ton vieil ami,

PAUL DELAROCHE.

Horace et Philippe, qui se portent à merveille, me chargent de t'accabler de leurs tendresses.

Dans une dernière lettre, la Comtesse me dit que le Ministre d'Etat a été charmant pour toi et pour moi. Qu'il te commande un beau travail et je mets à ta disposition ma vieille expérience pour donner aux arts une meilleure direction.

La santé de Delaroche rétablie, autant qu'il est permis de parler de rétablissement au cours d'une maladie de cœur qui ne pardonne pas, nos deux peintres retournent avec empressement et bonheur à l'atelier de la rue de la Tour-des-Dames.

Le peintre Louis Roux a fait de cet atelier un tableau très fidèle, qui figure en tête de l'œuvre de Delaroche, reproduit en photographie et publié par Goupil en 1858. On y voit les artistes dont le maître aimait à être entouré et qui travaillaient habituellement avec lui : Ch. Jalabert, Louis Roux, Adolphe Jourdan, Tony Robert-Fleury et son fils Horace ; au centre, Delaroche est assis devant son tableau des Girondins ; un peu plus loin, dans le fond, on distingue sur son second chevalet *la Martyre chrétienne ;* à gauche, Jalabert est en train de peindre la tête de Roméo ; à droite, un groupe s'est formé autour d'une copie ; contre les murs, des sculptures, des ébauches, des études : on reconnaît la tête à cheveux noirs (1), à barbe abondante qui est restée dans le salon de Jalabert jusqu'à sa mort, à la place d'honneur, à côté d'un remarquable dessin d'Ingres.

Le célèbre tableau des Girondins auquel il vient d'être fait allusion fut acquis par Benoit Fould (2) dans des circonstances assez curieuses. Celui-ci se présente un jour avec Jalabert chez Delaroche : il lui faut une de ses œuvres, il y tient absolument. Sur le chevalet, à ce moment, se trouvait *Une martyre au temps de Dioclétien*. Fould demande qu'on lui explique le sujet ; les explications le défrisent un peu et bientôt il bat en retraite, tout en se défendant, en répondant d'avance aux objections qu'il devine : ce n'est pas pour lui-même, dit-il, il est assez large d'idées pour ne pas céder à un vain scrupule, mais il y a sa femme et jamais sa femme, israélite comme lui, n'acceptera ce tableau. Là-dessus, Jalabert de fureter dans tous les recoins de l'atelier et d'aviser enfin une esquisse à peine commencée et remontant à 1848 : *L'appel des Girondins à la conciergerie le 10 brumaire an II*. Il souffle son idée à l'oreille de Delaroche qui d'abord résiste, hausse les épaules, mais il revient à la charge, montre l'esquisse à Fould avec un luxe de détails circonstanciés qui ont vite décidé ce dernier et lui font même accepter l'offre avec enthousiasme. Quelques jours après (le temps, pour l'enthousiasme, de se refroidir, ou plutôt, pour la réflexion, de se faire jour), Jalabert voit arriver dans son atelier

---

(1) Ce beau fragment de peinture faisait partie des compositions destinées à la Madeleine. On sait, en effet, que Delaroche, chargé par le Ministre de la décoration de cette église, entreprit dans ce but un long voyage d'études en Italie, s'enferma pendant deux mois dans le monastère des Camaldules pour y peindre les esquisses de ses compositions ; mais celles-ci se dispersèrent à tous les vents le jour où il apprit, après deux ans de travaux assidus, qu'une décision ministérielle avait disposé d'une partie de la décoration.

(2) Benoit Fould, banquier (1792-1858), frère d'Achille Fould, ministre d'État sous l'Empire, avait été lui-même député de l'Aisne et de l'Hérault sous Louis-Philippe.

ROMÉO ET JULIETTE

Benoit Fould, qui lui expose qu'en sa qualité de financier, il est un homme positif, habitué à compter et surtout désireux de savoir à quoi il s'engage. Il demande donc à Jalabert de sonder habilement le maître et de lui faire connaître ce que, dans son esprit, vaudra le tableau exécuté? Jalabert se précipite chez Delaroche. Chacun fait ses calculs de son côté. Enfin Jalabert émet un avis, il propose 1.000 francs par tête, y compris la chaise renversée en avant des Girondins ; or il y avait vingt-et-un députés, l'officier municipal faisant l'appel et sa suite, puis, contre le mur, le buste de Marat, soit en tout 25.000 francs. « C'est assez mon idée », approuve Delaroche. Jalabert va retrouver Fould , ne se découvre pas d'abord et lui demande de formuler lui-même une appréciation. La réponse ne se fait pas attendre : « je ne puis pas offrir plus de 50.000 francs. » Sur cette bonne parole, le négociateur triomphant retourne d'un pied léger à la rue de la Tour-des-Dames, où il est accueilli par des injures, traité d'animal, de butor ; il affirme même avoir reçu un coup de poing. « Comment veux-tu, criait Delaroche à son élève tout interdit de ces remercie-ments, comment veux-tu que je fasse de cette esquisse un tableau de 50.000 francs? C'est fou, c'est fou! »

Il dut se calmer, se raviser sans perdre de temps, puis-que tout fut terminé en moins d'un mois, à raison d'une figure par jour, pour laquelle il changeait chaque fois de modèle ; le montant du tableau servit à embellir la maison de la Tour-des-Dames, qu'il habitait depuis 1836 et qui avait grand besoin de réparations.

Un jour de décembre de cette même année 1855, Jalabert va prendre des nouvelles de Delaroche, que l'on disait malade. Le médecin sortait à peine, ce n'était qu'une fausse alerte. Mais au lieu de se réjouir, le vieux maître prend la main de son enfant : « je suis très ennuyé de la visite du docteur et de l'absence de maladie... ce mois m'est fatal : si mon corps avait eu à subir quelque nouvelle épreuve, j'aurais pu avoir la chance d'éviter un autre malheur ! » Jalabert sourit, sans chercher autrement à combattre cette idée fixe et alla dans l'atelier ; il y était encore quand il s'entendit violemment appeler : l'*Hémicycle* brûle, criait-on. — Je te l'avais bien dit. — Jalabert courut à l'Ecole des Beaux-Arts et pensa, à première vue, que tout était perdu ; aussi l'impression qu'il en rapporta fut-elle déplorable.

On a prétendu que, loin d'être affecté, Delaroche se réjouit plutôt de cet évènement, qui allait lui permettre de recommencer son œuvre dans des conditions plus favorables à sa gloire et à la beauté de la peinture elle-même. Ce qui a donné cours à cette légende, c'est l'indifférence avec laquelle il apprit la nouvelle de l'incendie, c'est son fond de fatalisme, son peu d'empressement à constater par lui-même l'étendue du désastre : ce n'est, en effet, que deux jours plus tard qu'il se rendit avec Jalabert à l'Ecole des Beaux-Arts : mais nous savons qu'une menace de maladie le retenait à la chambre et d'autre part que la perspective de recommencer une œuvre qui lui avait coûté plusieurs années de travail n'était pas faite pour lui sourire, à son âge et à raison de son état de santé. Ce qui est certain, c'est que l'ensemble était méconnaissable ; une épaisse couche de fumée avait terni l'éclat de la fresque, la chaleur avait disjoint le mortier et le ciment ; après les dégâts du feu, l'eau avait coulé sur la peinture et fait des sillons.

Les soins intelligents ne manquèrent pas ; il fallut d'abord réappliquer la peinture ; à travers les boursuflures qui s'étaient produites un peu partout, dans l'enduit, on pratiqua de petits trous par où la colle fut introduite. Puis, quand le travail matériel, très délicat d'ailleurs, confié à Claude Mercier, fut terminé, Delaroche n'était plus là pour effacer les dernières traces de l'incendie. Heureusement, son ami Robert Fleury voulut bien se charger de la restauration et, en définitive, l'œuvre n'eut pas à souffrir de ce qui aurait pu être un désastre irrémédiable : il paraît seulement, affirmait mélancoliquement Jalabert, qu'on oublia de remercier Robert Fleury.

Une dernière lettre de Delaroche est écrite du château de Craon, chez la Princesse de Beauveau, en 1856, quel-

ques semaines avant de mourir. Il projette d'aller passer
une année en Italie avec Jalabert et ses deux fils :

Samedi, 13 Septembre,

Il y a déjà longtemps que je veux causer un peu avec toi et te
serrer la main, mais les jours s'en vont aussi vite à Craon qu'à
Paris et, quoique seul toute la journée, le nez devant ma toile, je
manque le plus souvent de parole à ce qui me plairait le plus.
Bien souvent je pense à toi, cependant, et je voudrais t'avoir
auprès de moi. Mais patience, encore quelques jours et nous
serons réunis. Je vois par ta bonne petite lettre que tu prends
soin de ta petite santé, mais que Roméo est encore loin de te
satisfaire. Tant mieux, cher enfant, car cela me prouve que ta
pensée est toujours à la hauteur de ton sujet et que tu veux que
l'exécution de cet ouvrage réponde à ton beau rêve. Quant à
ton bras de Juliette, il faut le recommencer, car il est bien
important dans ta composition. Du courage, mon enfant, et
encore du courage. Si les illusions trop faciles dans notre art
sont le plus souvent le triste apanage de l'impuissance ou d'un
orgueil sans raison, il ne faut pas non plus s'abandonner à un
découragement sans motifs. Soyons sévères, mais ne cessons
jamais d'avoir bonne espérance. Le sujet que tu as entrepris
est un des plus difficiles qu'on puisse traiter, car, quoi de plus
poétique que ces deux jeunes êtres, beaux, et dans une situation qui demande autant d'énergie de pensée, que de délicatesse
d'exécution pour toucher le spectateur et lui faire deviner leur
fin si touchante. Tout cela, il n'est pas aisé de le mettre sur une
toile, je le sais, mais il est beau de le tenter et je te sais bien
gré de n'avoir pas reculé devant cette lourde tâche. Tu touches
à la fin, c'est le moment de redoubler d'efforts et de ne pas douter du résultat.

Quant à moi, cher enfant, je travaille tant et plus et, si je ne
suis pas arrêté, j'aurai couvert dans trois ou quatre jours mes
deux petits tableaux. Je considère ce que je fais comme deux
nouvelles ébauches et rien de plus, car je m'attends à bien des
obstacles pour arriver à ne rendre qu'une bien faible partie de
ma pensée. Je ne me fais pas illusion, mais j'aurai du courage

et je suis bien résolu à ne céder le pas aux difficultés que lorsque mon intelligence et mon cœur crieront merci.

Dans toutes ses lettres, Horace me parle de toi, et Philippe, qui est toujours en plaine ou dans les bois, t'envoie toutes ses tendresses. La Princesse, ainsi que la Comtesse qui depuis jeudi est sur la route de Nice, te remercient de ton bon souvenir. Puisque Hébert est à Paris, va lui serrer la main de ma part. Que ne donnerais-je pas pour aller le surprendre cet hiver à Rome !

Soyons sages et patients. Si Dieu me prête vie et santé, lorsque Philippe aura terminé ses études, je vous emmène tous trois passer une bonne année en Italie. Il me serait bien doux, avant de mourir, de revoir ces beaux lieux, appuyé sur ceux que j'aime tant ! Espérons.

Ton vieil ami.

PAUL DELAROCHE.

Dis à Jourdan d'étouffer son désespoir et de ne plus penser qu'à bien terminer ses tableaux pour Goupil. La Princesse de Beauveau veut lui faire peindre une des tours de son château et je l'y engage fort.

Les derniers tableaux de Delaroche furent des tableaux religieux ; celui auquel il travaillait au mois d'octobre 1856, *La Vierge en contemplation devant la couronne d'épines*, il en devait le sujet à Jalabert. « J'avais eu, la semaine dernière, dit une lettre de ce dernier, un magnifique sujet dont j'ai fait cadeau à Delaroche, qui l'a tellement apprécié que le tableau va être mis en train tout de suite. » Et une lettre confirme la revendication de paternité certainement justifiée de Jalabert.

La Vierge, droite, est vivement éclairée, au milieu des disciples qui, cédant à la fatigue, se sont endormis.

Delaroche n'avait eu que le temps d'indiquer l'ensemble ; la tête seule de la Vierge était peinte au moment où le pinceau est tombé de sa main ; il n'en a pas fallu davantage pour composer une très belle gravure.

Pourquoi cette prépondérance de la peinture religieuse pendant les dernières années de la vie du grand peintre ?

Jalabert l'attribuait à l'influence qu'avait exercée sur lui
une Polonaise d'une grande beauté, Mme Potocka. Cette
influence était telle que Mme Potocka se serait fâchée, et
sérieusement fâchée, si Delaroche avait fait du nu. Elle
s'exerçait même sur Jalabert, c'est lui qui l'affirme ; aussi
ne sera-ce pas trop que de dire quelques mots de cette
étrangère, souvent mal comprise et appréciée, à la suite
d'un chapitre consacré à ses deux amis.

En octobre 1856 Jalabert écrit :

M. Delaroche est retombé malade, il est même assez gravement pris par les poumons. le cœur, le foie. le système nerveux,
il est très démoralisé. Aujourd'hui il nous vient un troisième
médecin ; ce dernier est anglais, il aura peut-être un peu plus
d'expérience que les autres dans les maladies de foie si communes en Angleterre.

Depuis ma dernière lettre (1er novembre) le mal a plutôt
augmenté et, malheureusement, l'impuissance de la médecine
devient de plus en plus patente. Je ne sais que vous dire de plus ;
mes prévisions pour l'avenir sont tellement tristes. que je n'ose
les écrire. En somme. je n'avais jamais assisté à de plus horribles souffrances que celles que subit en ce moment mon pauvre cher maître, et si la Providence fait ce que ne peut faire la
science, je doute qu'après cette secousse M. Delaroche soit. ce
qu'il était il y a vingt jours encore, le premier peintre et l'esprit
le plus distingué de l'époque.

Delaroche meurt le 4 novembre 1856, à l'âge de 59 ans.
Voici la lettre de l'ami de la dernière heure, annonçant la
fatale nouvelle à sa famille :

Mon pauvre maître, mon seul véritable ami après vous n'existe
plus. Aujourd'hui, à quatre heures moins un quart, il a cessé de
vivre et de nous aimer sur cette terre. Vous savez tout ce que
je perds en lui ; pour moi, je n'ose et ne puis penser encore à la
grandeur du chagrin que je devrai éprouver.

Depuis deux ou trois jours, les douleurs avaient diminué. les
journées étaient assez bonnes pour que les visiteurs n'aient eu que
de vagues inquiétudes ; mais moi, qui avais assisté à ses dernières

souffrances de la nuit, j'avais grand peine à me joindre aux
illusions de la plupart de ses amis. J'ai eu le triste bonheur de
veiller auprès de lui la dernière nuit et, certes, j'oublierai peu
ces effroyables heures. Pauvre homme ! il a dormi une heure à
peu près, mais en me tenant la main pour être bien sûr que
j'étais là, auprès de lui. Ce matin, il s'est levé comme d'habitude,
sans trop grandes souffrances, mais avec une continuité de
défaillances, et ce soir enfin, dix minutes après m'avoir causé
de la nouvelle composition dont j'étais censé m'occuper, il s'est
senti faiblir et une minute après, c'en était fait.

J'ai peine à en dire plus long, il m'est presque impossible de
penser. Horace Delaroche, qui naturellement partageait avec
moi la triste sollicitude dont nous vivions depuis tantôt vingt-
cinq jours, a montré dans ce dernier coup une âme digne de
son père.

Bientôt se déroulent les questions d'ordre matériel : le
brutal bouleversement de tout ce que l'on a vu, depuis
des années, arrangé d'une certaine façon, le sinistre pèle-
mêle de toutes choses qui ne sont plus, du jour où elles
ont perdu leur physionomie habituelle , en attendant
qu'elles soient dispersées, c'est-à-dire anéanties.

Aujourd'hui, nous avons commencé l'inventaire de tous les
objets d'art que contient la maison, les hommes d'affaires feront
le reste ; cette abominable occupation, qui met sens dessous
dessus cet atelier, ce salon où j'étais si heureux, sert encore à
nous engourdir. Jourdan nous aide et n'est pas le moins affligé
de cette débâcle.

L'ami, le guide, le protecteur que j'avais n'est plus là, il me
fera toujours défaut. Dieu fasse que les bons conseils que j'ai
reçus de lui en tout et pour toutes choses ne me sortent jamais
de la mémoire.

Voici maintenant l'Exposition des œuvres de Delaroche.

Un certain nombre de ses amis ou élèves avaient eu la
pensée de rassembler à l'Ecole des Beaux-Arts les tableaux
du grand peintre, de manière à montrer la progression de
son talent et à faire admirer au public de belles toiles, que

seuls connaissaient de rares élus : il s'agissait donc à la fois de rendre un public hommage à la mémoire de Delaroche, un service à l'art français et de faire une bonne œuvre, puisque les bénéfices devaient entrer dans la caisse de l'Association des Artistes Français.

Le nom de Jalabert figurait dans le Comité directeur, à côté de ceux de Ingres, Vernet, Delacroix, Ary-Scheffer, etc., les plus grands noms de la peinture française. Ce fut Jalabert qui, en sa qualité d'originaire de Nîmes, fut chargé d'obtenir de la municipalité qu'elle voulut bien confier au Comité de Paris, pour quelques semaines, le *Cromwell ouvrant le cercueil de Charles I*^{er}.

Il va sans dire que le Comité prenait à sa charge tous les risques de transport et de séjour à l'exposition.

La Commission des Beaux-Arts de Nîmes, consultée, donna un avis favorable, mais le maire, hésitant à assumer la responsabilité de cet envoi, se fit un devoir de poser la question au Conseil municipal qui, le 9 mars 1857, s'opposa au déplacement.

La décision du Conseil se fondait : sur ce que le tableau de Cromwell avait été donné à la ville à la condition de veiller à sa conservation avec la plus grande sollicitude ; sur ce que la mort de l'auteur, ajoutant un nouveau prix au tableau, rendait plus rigoureuses les obligations de la ville, assez peu riche d'ailleurs en œuvres de premier ordre pour s'exposer à perdre le peu qu'elle possédait ; sur ce qu'il faudrait nécessairement demander à des mains étrangères l'exécution des retouches qui s'imposeraient après un double transport ; enfin, sur ce que l'assurance pécuniaire offerte en cas de sinistre ne saurait jamais compenser le dommage qui résulterait de la perte du tableau original, soit pour la ville, soit pour l'art, soit pour la mémoire de l'auteur.

Les derniers arguments du Conseil méritent d'être transcrits littéralement, car ils précisent un point de l'histoire artistique de Delaroche et de Jalabert :

Au point de vue des égards dus à l'auteur, la Ville de Nîmes a fait un acte de complaisance très méritoire, en autorisant une copie du tableau signée par l'auteur et qui a amoindri, dans une notable proportion, la valeur de l'œuvre originale. Cette copie, que le Comité Parisien pourra aisément retrouver, peut combler la lacune que formerait l'absence du tableau du Musée de Nimes dans l'exhibition de l'œuvre chronologique et progressive du peintre. Cette dernière disposition parait au Conseil de nature à diminuer la peine qu'il se voit à regret obligé de faire à M. Jalabert, puisque M. Jalabert est l'auteur de la copie sus-mentionnée. Le refus de la Ville de Nimes, appuyé sur l'intérêt de la conservation de l'œuvre à laquelle elle attache un si haut prix et sur l'existence d'une copie qui peut, au besoin, suppléer à l'absence de l'original, n'a rien de désobligeant pour les personnes, et est inattaquable au point de vue de la question d'art.

Jalabert ne se décourage pas. Quelques jours après, le 15 mars, il écrit au Préfet du Gard pour le prier de faire comprendre à Messieurs du Conseil Municipal :

Combien leur refus est cruel aux Membres du Comité, et combien il doit être fâcheux pour la Ville de Nimes de se trouver *seule* en opposition avec l'empressement que l'Europe entière met à rendre hommage à la mémoire d'un illustre peintre.

Il insiste sur le but du Comité, dénué de vils intérêts, qui est de glorifier la France et de donner une nouvelle preuve de sa supériorité artistique ; il a même fait ajouter à sa lettre un mot du Ministre d'Etat. Peine inutile : Le Conseil Municipal, dans sa séance du 23 mars 1857, per-sistant dans les motifs y énoncés, maintient et confirme sa délibération du 9 mars (1).

---

(1) Pour l'Exposition de 1889, l'Etat demanda encore, cette fois avec succès, le *Cromwell*. Mais, au retour, le tableau se trompa de direction, alla jusqu'à Aix ; dans ses pérignations, il eut à subir un orage et, comme il voyageait à plat, et non droit, l'eau séjourna sur la toile et une couche de moisissure le recouvrait entièrement à son arrivée au Musée de Nimes. La Compagnie P.-L.-M. reconnut ses torts et paya une indemnité.

L'évènement donnait raison aux édiles de 1857.

L'Exposition eut le plus grand succès.

Jalabert a précieusement conservé la lettre qui lui fut adressée, ainsi qu'aux autres organisateurs, par le Comité de l'Association bénéficiaire ; elle est signée par le baron Taylor, président, et les vingt-huit membres du Comité.

Après avoir exposé les brillants résultats de l'Exposition au point de vue financier, la lettre ajoute :

Jamais zèle ne fut comparable au vôtre ; jamais tâche ne fut plus ardue, plus difficile, mais aussi jamais succès n'a été, ne sera aussi grand, aussi beau.

Félicitez-vous donc de votre ouvrage. L'Exposition des œuvres de Paul Delaroche a été glorifiée, acclamée ; elle est écrite en caractères ineffaçables dans les fastes des Beaux-Arts et elle sera éternellement bénie par ceux dont elle viendra tous les jours soulager les infortunes.

Jalabert écrivait le 9 mai 1857 :

L'Exposition est close depuis le 5 de ce mois. Elle a duré quarante jours et le nombre des visiteurs s'est élevé à 62.300. Les frais prélevés de la recette, il reste une somme de 25.000 francs qui a été versée dans la caisse des artistes.

D'autre part, demain aura lieu à l'Hôtel des ventes l'exposition des objets destinés à être vendus. Cette vente durera depuis vendredi 15 jusqu'au mercredi suivant. Elle se compose de trois ou quatre tableaux terminés, d'une partie des études et dessins de Delaroche, de sa collection de tableaux et dessins de maîtres anciens et d'une partie de sa bibliothèque artistique. Cette malheureuse vente est pour moi plus pénible que je n'aurais pu le penser. Il me semblait que mon maître n'était pas mort tout à fait, quand je voyais encore cette maison dans l'état où il l'avait laissée. Tous ces objets que touchait l'air qu'il respirait, et que pendant quinze ans j'ai eu toute liberté de considérer comme miens, ont déjà disparu de cette pauvre maison, et après demain ils vont devenir la proie de je ne sais qui. J'aurais fui Paris bien certainement pendant ce triste moment, si je n'eusse eu grand désir de sauver de ce dernier naufrage quelques-uns de ces vieux amis.

Malgré tout, dit une autre lettre de Jalabert, je tiens à assister à la vente de Delaroche, pour faire s'il est possible l'acquisition de quelques souvenirs ou, au moins, pour donner mon avis au sujet de ce qui doit ou ne doit pas être montré au public; on n'est pas tous les jours un homme de génie et il ne faut pas que même de simples essais mal réussis soient exposés; j'ai grand peine à faire comprendre cela à ceux qui sont chargés d'organiser cette vente.

La mémoire de Delaroche était bien défendue. Quant à ses œuvres, elles se défendirent toutes seules et furent adjugées à des prix très élevés.

Voici enfin une lettre adressée d'Italie à Jalabert par son ami Hébert, à la date du 22 novembre 1856.

Elle sera une nouvelle preuve du lien puissant qui unissait le maître à ses élèves.

Mon Cher Ami,

Je vous remercie bien cordialement de votre lettre, car si j'ai souffert en la lisant, vous avez dû souffrir aussi en l'écrivant. Je savais déjà depuis quelques jours l'affreuse nouvelle par Benouville, les mauvaises nouvelles vont vite; Laurent Pichat m'a écrit une lettre qui m'est arrivée avant la vôtre et enfin j'ai reçu cette lettre timbrée de noir où je devais trouver le récit des derniers moments de celui que nous ne verrons plus. Si je n'avais pas entrepris ce voyage sur son conseil, comme je regretterais de n'avoir pas pu être là à ses derniers jours ! Mais il a su que j'étais ici avec mon tableau, que je suivais donc son idée de point en point et que, de loin, je pratiquais ainsi, comme vous de près, le respect de sa parole. Je lui ai écrit le 28 octobre ; ma lettre est donc arrivée trop tard, je le regrette amèrement ; je ne savais rien de sa maladie, j'attendais d'avoir tenté de trouver mes modèles dans le pays pour lui donner des détails circonstanciés sur mon travail. Mais, mon cher ami, vous me dites que dans cette veillée terrible, vous avez causé de moi avec lui : je me console ; il a pu penser que je ne faillirais pas à la mission qu'il m'avait donnée : c'est tout ce que je désire. Je ne vous dissimulerai pas que je suis très énervé par la perte de notre maître. Vous devez le comprendre mieux que personne, vous qui savez le plaisir que donnait son approbation ; c'est fini de la jeunesse, nous avons perdu l'homme fort qui nous voyait grandir avec joie et nous encourageait de ses chaudes admirations ; il n'y a plus devant nous que des rivaux et la profonde indifférence du public. A quoi bon tant de peines, tant d'efforts perdus ! où faut-il chercher la compensation ? et d'abord y en a-t-il une qui vaille le rongement de cœur d'un artiste consciencieux ? il faut donc travailler pour le travail lui-même jusqu'au jour où il deviendra assommant.

J'ai écrit à Horace il y a quelques jours, je lui demande une palette, un souvenir quelconque qui ait appartenu à M. Delaroche. J'ai écrit aussi à la Comtesse à Nice. Pendant les premiers jours je ne pouvais embrasser l'idée de la mort de notre bon et grand ami ; toujours elle m'échappait. Elle commence à se faire son lit en moi, cette idée, et maintenant je la saisis bien tout entière. Je me réjouis d'être seul dans ce moment et de pouvoir ainsi pleurer en moi-même devant le grand aspect de la nature. Il vaut mieux être seul avec sa douleur que de recevoir les banales consolations des indifférents.

Adieu donc, mon cher Jalabert, j'espère que notre amitié, commencée sous l'aile de notre maître, se resserrera de plus en plus à l'ombre de son souvenir et que, si Dieu nous prête vie, nous parlerons souvent ensemble du grand cœur et des hauts exemples de notre ami. Saluez pour moi Ymer, Cabanel, Lanoue. Roux. Vostro

E. Hébert.

Le nom de Mme Potocka a été écrit quelques pages plus haut. Voici quelques lettres de Jalabert et de la comtesse Potocka elle-même, qui semblent de nature à montrer l'amie de Delaroche sous son véritable jour.

Et d'abord qui était-elle? Nous pourrions donner sur sa personne, sur sa famille, sur la première partie de sa vie d'abondants détails ; ils n'ajouteraient rien à ce qu'il est intéressant de connaître de Delaroche et de Jalabert.

Née en Podolie, dit une lettre de ce dernier, elle fut dans sa jeunesse la plus belle personne de son temps et devint pendant quelques jours seulement la femme du comte Potocki, très riche seigneur tout à fait dépourvu de scrupules; après quelques tours pendables à l'adresse de S. M. Nicolas, il fut rayé de ce monde, comme il se pratique dans ce bienheureux pays; ses biens furent confisqués, et avec la donation faite par lui à Mme Potocka. Depuis ce temps, cette dernière vivait en France chez sa sœur cadette, la princesse de Beauveau. Il y a quelques années, M. Delaroche fit sa rencontre aux bains de mer; ses talents, son esprit, et les marques bien séduisantes encore de son ancienne beauté s'emparèrent de l'admiration de mon maître; plus tard, à l'admiration se joignit l'amitié, et en dernier lieu cette amitié était devenue la source d'une si grande intimité que le monde, qui ne s'en tient généralement qu'aux apparences, avait calomnié une liaison si clairement pure pour ceux qui ont connu M. Delaroche et Mme Potocka. Il en résulte que cette pauvre femme, ayant perdu ce qu'elle avait de plus cher au monde et ne sachant plus que faire d'un bon cœur qui tâtonne dans le vide, laisse choir son affection sur ceux qui lui montrent quelque amitié et surtout sur ceux qui ont souffert de la même douleur. Dès les premiers jours de mon arrivée à Paris, je l'ai souvent visitée, c'était alors par devoir; aujourd'hui, c'est par pure amitié que mon dévouement lui est acquis.

Voici maintenant la preuve de la justesse de ces appréciations, fournie par les lettres même que la Comtesse adressait à Jalabert. Elle écrit en 1857, le jour anniversaire de la mort de Delaroche :

Personne mieux que vous, j'en suis sûre, ne comprend et ne partage une douleur que chaque jour aggrave au lieu de l'apaiser. Bien qu'il faille, en apparence et par les dehors extérieurs, arriver avec le temps à ce qu'on appelle la résignation, il me semble au contraire que chaque année, qui nous éloigne d'une époque de bonheur perdu à jamais, rend les regrets plus poignants et l'abime plus profond. Ma vie est finie, et les souvenirs qui la remplissent uniquement serviront plutôt à l'abréger, tant ils me font du mal. Gardez bien aussi cette mémoire si

chère et si vénérée dans votre cœur affectueux et bien dévoué,
car il vous aimait comme un de ses fils.

Veut-on un exemple décisif de sa bonté et de sa délicatesse :

CHER MONSIEUR JALABERT.

Je me figure, à tort où à raison, que vous avez peut-être
quelque embarras d'argent dans ce moment, attendu que vous
pensez toujours aux autres et rarement à vos propres intérêts.
De plus, vous ne parviendrez peut-être pas de sitôt à ravoir ce
qui vous est dû des griffes des banquiers ou de celles des gens
de loi. Laissez-moi donc, je vous prie, me permettre de vous
avancer la petite somme ci-jointe, soit à titre de prêt ou en
acompte sur le portrait que vous avez promis de faire. J'espère
que vous ne me refuserez pas, en songeant que je suis plus
malheureuse et plus à plaindre à chaque minute qui s'écoule, et
que les seuls instants supportables dans ma misérable existence
sont ceux où je pourrais me rendre un peu utile aux amis de
celui que je pleurerai jusqu'à mon dernier jour. J'espère qu'ils
me conserveront une petite part de la confiance et de l'amitié
qu'ils me portaient, *à cause de lui*, dans des temps plus heureux. Et à ce titre, je vous demande d'accepter ma proposition
comme je vous la fais, c'est-à-dire de bon cœur et sans cérémonie. Surtout ne vous donnez pas la peine de me répondre, et
tachez de venir dîner avec nous un de ces jours.

Mille affectueux compliments,

POTOCKA.

Plus tard, elle écrit de Venise :

MON CHER JALABERT,

Je sais que malgré l'absence et le silence, vous me conservez
un peu de bon souvenir et je n'hésite pas à venir vous adresser
deux demandes, persuadée que vous êtes, comme toujours,
disposé à rendre service à vos vieux amis, sans en excepter les
amies. 1º Je désirerais savoir si M. Jourdan, malgré ses occupations, consentirait, comme autrefois, à me donner deux ou
trois heures de leçons par semaine ; 2º Je vous prie de vouloir

bien vous informer si les deux ouvrages que M. Lucas a envoyés
d'ici pour l'Exposition ont été reçus et passablement placés ?
M. Lucas était un ami dévoué de M. Delaroche et je m'intéresse
à tout ce qu'il entreprend. parce que c'est une bonne et noble
nature. Je sais qu'il doit être un peu préoccupé de cet envoi.
mais comme il veut n'en rien faire paraître et ne m'a nullement
autorisée à cette démarche. je vous l'adresse de moi-même et
tout à fait « entre nous ». Comme vous êtes un grand paresseux.
je vous prie de ne me répondre aux deux questions que par un
oui ou non. mais le plus tôt possible.

Adieu. vous savez que je vous souhaite toutes les prospérités
possibles et vous conserve la même amitié qu'au bon vieux temps.

Enfin. du château de Craon. elle écrit de longues lettres
à Jalabert. Nous détachons de l'une d'elles ce post-scriptum relatif au fils de Delaroche :

De grâce. donnez-moi des nouvelles d'Horace. je l'ai laissé si
pâle et si souffrant.

Madame Potocka. écrit à son tour Jalabert. je la trouve plus
que jamais femme supérieure par son esprit autant que par ses
sentiments : je la vois à peu près tous les soirs. elle est charmante avec moi ; elle. jadis si fière et imposante. me montre
aujourd'hui tant de gré de mes visites que le plaisir que j'ai
à lui être agréable me fait passer par dessus la peine que me
font ses larmes et son intarissable désespoir.

Le château de Craon. où Delaroche a fait de longs
séjours. appartenait à la Princesse de Beauveau. Voici ce
qu'écrivit un jour Jalabert : quoiqu'il n'eut que la plume
à la main. on gagerait que le portrait est ressemblant :

La Princesse de Beauveau. quoique bien inférieure à sa sœur.
M⸰ Potocka. et quoique bien dévote et en même temps évapo-
rée. est la meilleure créature du monde. Elle donnerait facilement dix ans de sa vie. si on les lui demandait. mais elle ne
penserait peut-être pas à les donner. si on ne les lui demandait
pas : elle me traite en vieil ami de la maison depuis longtemps.

et aujourd'hui, *faute de mieux*, elle prétend qu'on s'ennuie chez
elle quand Jalabert n'y est pas. J'ai commencé le portrait de la
belle-mère de la Princesse qui est une des plus belles femmes
présentes à Paris dans ce moment.

Un dernier mot sur les rapports de Delaroche et de
Jalabert.

A la lecture de leurs lettres, on pourrait croire que
l'admiration que ce dernier avait vouée à son maître
l'aveuglait au point de ne pas reconnaître ce qu'avait d'un
peu bourgeois, de pot au feu, comme disait Théophile
Gautier, de terre à terre, si l'on veut, sa manière de
comprendre la peinture historique et même la peinture
en général.

De bonne heure, au contraire, Jalabert a proclamé que
les idées de Delaroche étaient certainement trop absolues :
il a même regretté qu'elles eussent si profondément déteint
sur lui ; il avouait que son maître avait toujours été beaucoup préoccupé du sujet, pas assez de la peinture en elle-
même ; il lui reprochait d'avoir dit d'Ingres : *il n'a pas de
sujet,* ce qui était une erreur absolue, erreur reconnue
par tous à l'heure actuelle.

Ce qui a pu donner le change, c'est que Jalabert n'a
jamais hésité à prendre la défense de son maître, chaque
fois que romantiques ou réalistes ont voulu lui contester
toutes les qualités artistiques, comme si ce n'était rien
que la belle ordonnance du sujet, que l'effet dramatique,
que l'intérêt moral de la scène ! Du moins a-t-il eu la satisfaction de voir le chef d'attaque, Gautier lui-même, faire
amende honorable en 1858, et reconnaître de la façon la
plus loyale, non seulement les progrès constants de Delaroche à chaque nouvelle manifestation de son talent,
pendant les dix dernières années de sa vie, mais encore
la haute valeur artistique de l'ensemble de son œuvre.

Tout en restant fidèle à nos doctrines, écrivait-il, nous avons
reconnu l'esprit ingénieux, la patiente étude, la ferme persévérance de l'artiste : nous avons admiré autant que tout le monde,

et plus que tout le monde, ce merveilleux petit chef-d'œuvre, l'*Assassinat du duc de Guise*, tableau d'une étonnante fidélité, épreuve photographique de toute une époque, prise à travers les siècles, dessin rétrospectif que l'on croirait fait par un témoin oculaire.

En 1850, Gautier avait vu à Florence la *Jane Grey*, de Delaroche :

On ne pouvait nier qu'on avait devant soi une toile peinte par un peintre d'une incontestable valeur, doué d'une haute intelligence, d'une volonté ferme et d'une rare habileté pratique... Nous venons de revoir ce tableau (1). Vingt ans se sont passés depuis notre dernière visite, et le temps, ce grand coloriste, a mis sa patine... Les discordances se sont réconciliées, la pâte un peu mince s'est épaissie et, grâce aux retouches habiles des années, la *Jane Grey* est devenue un des plus remarquables tableaux de l'École moderne et le chef-d'œuvre du Maître.

---

(1) *L'Illustration*, 5 février 1870.

LA VEUVE

CHAPITRE IV

———

LES TABLEAUX DE JALABERT

Vers la fin de l'année 1846, Jalabert se fixe définitivement à Paris (1); il y reçoit peu après le tableau peint à Rome, qu'il fait transporter chez Delaroche pour être plus à la portée et sous les yeux du maître : il ne pourra d'ailleurs occuper son nouveau logement et son atelier, rue de Chabrol, 12, que vers le milieu de janvier 1847.

A ce moment, le *Virgile* est à peu près terminé. Tout au plus le ton gris général qui donne de la froideur à la peinture mérite-t-il d'être repeint en plus coloré et plus vigoureux : il ne reste qu'un souci à l'auteur, c'est la tête d'Horace.

(1) Grâce à Canonge, le critique nimois, qui lui avait remis en décembre 1846 un mot de recommandation, Jalabert eut le plaisir, dès son arrivée à Paris, d'aller à Passy rendre visite à Béranger. Le célèbre chansonnier le reçut de façon fort aimable et le garda auprés de lui plus de deux heures : on parla longuement des poètes et littérateurs nimois, de Canonge, des vers de Gaidan et surtout de Jean Reboul, le boulanger poète ; on causa aussi peinture et ce fut avec une vivacité toute juvénile que Béranger soutint la thèse de l'idée prépondérante, essentielle, en dehors de la forme, la thèse du parti Delaroche contre le parti Gautier : ainsi il admirait beaucoup, pour le sujet lui-même, le tableau de Couture, *La Fièvre de l'or* ; Mais c'est peut-être en montrant sa retraite, en vantant la simplicité de sa maison qu'il trouva les accents qui frappèrent le plus l'esprit du jeune peintre.

En même temps, Jalabert avait la satisfaction de voir confirmer par Hippolyte Flandrin et par Ingres une opinion qu'il avait émise sans la moindre hésitation, pendant son séjour à Nimes. Canonge s'était rendu acquéreur en bloc d'un certain nombre de dessins parmi lesquels deux portaient le nom de Raphaël ; les deux dessins étaient sur la même feuille, au recto et au verso, ils représentaient Psyché et Jupiter et quoiqu'une rotule fût mal faite, Jalabert avait affirmé qu'ils étaient bien de la main de Raphaël ; ils ont été ensuite donnés au Musée du Louvre.

De son côté Delaroche, toujours empressé, toujours
paternel s'est déjà occupé, de faire acheter le tableau, et
quoiqu'il n'ait pas réussi, Jalabert, lui, n'est pas inquiet ;
il affirme dans ses lettres que l'affaire s'arrangera sans trop
de difficulté.

En attendant, pour se délasser de cette peinture d'histoire qui l'a obsédé pendant de longs mois, Jalabert puise
dans ses cartons où se trouve la menue monnaie rappor-
tée d'Italie, il va utiliser quelques-uns de ses croquis ;
comme plusieurs de ses camarades, il aura son *Pâtre
romain*, il en distribuera même deux ou trois copies ; il
peindra :

Une *Belle italienne* accoudée sur le balustre d'une terrasse,
interrogeant d'un regard rêveur l'horizon inondé de la lumière
du couchant ; elle attend avec impatience (l'heure n'est pas
encore venue), mais, certaine du retour, elle amasse dans son
cœur les trésors de passion qui feront s'envoler les fatigues de
la journée.

C'est aussi à cette époque que remonte un tableau dont
la *Revue des Arts* a publié une belle lithographie ; il
représente *Galatée*, étendue sur le bord d'une onde limpide, en avant d'un rideau de roseaux qui semble protéger
sa nudité ; mais la nymphe lascive sait que les roseaux
légers, tremblants au moindre souffle du vent, aiment à
plier discrètement et à laisser passer les regards curieux :
on aperçoit, en effet, deux têtes dans le fond. En un mot,
Jalabert a traduit le vers si connu de Virgile qu'il a transcrit au bas de son tableau :

> Fugit ad salices et se cupit ante videri.

Mais le salon de 1847 s'ouvre, le *Virgile* est exposé. Jalabert va trouver le Directeur des Beaux-Arts : malheureusement celui-ci, que dans le style irrévérencieux des ateliers
on appelait le *Perroquet mélancolique*, n'avait pas encore
vu le tableau et d'ailleurs les fonds manquaient.

Pendant l'exposition, écrit Jalabert, j'étais si peu satisfait de mon œuvre que j'évitais qui que ce soit qui pût m'en parler, et ce n'est que quinze jours au moins après l'ouverture que j'ai osé sortir et voir quelques personnes.

M. Barbier-Walbonne, après quelques compliments pleins de franchise et d'encouragements, m'a observé que le Virgile ne se détache pas assez du fond et que certains tons de draperies manquent d'éclat et de franchise. Cette dernière observation m'a semblé juste, surtout à côté de certains tableaux par trop criards et éclatants de couleur.

Quant à l'acquisition, il n'a pu m'être d'aucune utilité, attendu qu'il ne connaît personne de tous ces Messieurs et qu'il est brouillé avec M. de Cailleux.

Ce ne sont pas d'ailleurs les recommandations qui font défaut : il y a celle de M. Girard (1), maire de Nimes, celle de M. Teulon (2), celle de M. de la Farelle, celle de M. Chabaud-Latour, d'autres encore.

J'ai eu, écrit Jalabert, des nouvelles de mon tableau par quelques membres du jury qui l'ont trouvé un des meilleurs du Salon. Ses qualités devaient plaire essentiellement à ces Messieurs de l'Institut, mais il faut compter qu'elles passeront inaperçues aux yeux de beaucoup de gens et surtout de certains critiques qui ne jurent aujourd'hui que par le genre excentrique, par ceux qu'on appelle coloristes, tout simplement parce qu'ils ne sont pas dessinateurs. Je n'ai entendu parler jusqu'à présent que d'un grand tableau, que l'on dit très bien. L'auteur est un élève de M. Delaroche, il se nomme Couture et a beaucoup de talent, à mon avis, mais c'est aussi le plus drôle de corps que je connaisse ; son nom aujourd'hui efface tous les autres, son effronterie et son audace n'ont point de bornes.

Cependant, Jalabert occupe ses loisirs à faire des portraits dans les environs de Paris, un peu partout, à des prix quelconques : il est à Vendôme en train de peindre un

______

(1) Girard Ferdinand, maire de Nimes de 1832 à 1848, pair de France.
(2) Teulon Emile, de la Farelle Félix et de Chabaud-Latour étaient députés du Gard avant 1848.

bonhomme dont la tête ne l'inspire guère, quand il reçoit une lettre du Directeur des Musées Royaux : il s'empresse de rentrer à Paris.

J'ai été reçu par M. de Cailleux, écrit-il le 22 mai 1847 ; il m'a dit qu'il m'avait fait appeler pour m'adresser lui-même ses compliments et ensuite pour m'annoncer que mon tableau était placé le premier sur la liste de ceux achetés par le roi. Il m'a offert 5.000 francs et de plus une place au Musée du Luxembourg ; à tout cela je n'ai répondu que par une satisfaction intérieure, mais il m'est resté cependant encore assez d'esprit pour trouver quelques mots de reconnaissance qui, je crois, ont fait bon effet, et me rappelleront une autre fois au souvenir de M. de Cailleux.

L'effet principal de l'achat de son tableau fut de guérir radicalement Jalabert de sa gastrite ; du moins l'a-t-il maintes fois affirmé, et il n'y a aucune raison pour ne pas croire à sa parole, tant il est vrai qu'à partir de ce moment son esprit connut un repos, son âme une satisfaction après lesquels ils soupiraient depuis plusieurs années. D'ailleurs, la trouée était faite, l'étape décisive venait d'être franchie ; il devait être facile de maintenir les positions conquises et de gagner du terrain en avant. De toute façon, l'avenir lui souriait. Plusieurs portraits lui avaient rapporté, sinon beaucoup d'argent, au moins quelque notoriété. En même temps, M. de Chabaud-Latour lui communiquait une lettre du Ministre dans laquelle il pouvait lire qu'une commande allait lui être faite pour la Cathédrale d'Alais. Sans doute il ne devait pas fonder des espérances pécuniaires sur ces affaires-là, car il savait que le Ministre payait généralement très peu, mais on commençait à connaître son nom, à s'intéresser à lui, il était.

Le *Virgile* ne tarda pas à être placé au Luxembourg.

J'ai chargé M. Girard de mes remerciements pour M. de Lafarelle qui était déjà parti ; j'ai été heureux de la circonstance qui m'amenait chez M. Girard pour lui faire une proposition qu'il a acceptée, ce me semble, avec plaisir, c'était de venir constater avec moi la présence de mon tableau au Musée. Quoique à une place assez modeste, mon tableau fait beaucoup mieux là qu'à l'Exposition, il est à une hauteur convenable, bien dans son jour et j'oserai presque dire qu'il ne me semble pas déplacé.

Il y est resté jusqu'en 1895, époque à laquelle le Maire de Nîmes le demanda pour le Musée de la ville, où il figure depuis, à la place d'honneur.

Ajoutons enfin que le *Virgile* valut à son auteur une 3me médaille.

Je suis allé chercher ma médaille d'or de troisième classe, écrit-il en août 1847 ; c'est M. de Cailleux qui m'a reçu. Son compliment m'a un peu consolé et a relevé le faible mérite de la chose. Il paraît du reste que c'est la règle et qu'il en est de ces médailles comme de certains grades par lesquels il faut passer. J'ai reçu aussi un mandat du trésor pour aller toucher l'argent de mon tableau le 20 de ce mois et, malgré la nouvelle qui hier m'a appris que mon ami R. vient d'hériter d'une fortune de 350.000 francs, je ne puis m'habituer à l'énormité du chiffre qui m'est accordé et je le lis toujours avec le même étonnement.

Jalabert se voit déjà sur la route de la renommée et de la fortune. En décembre de cette même année 1847, il parle de sept à huit toiles en train ; tout cela lui est commandé. il est donc tranquille sur son travail de l'année suivante : il va suffire amplement à toutes ses dépenses. Mais déjà il proteste contre le bon marché.

Car le bon marché, dit-il, doit-être fait rapidement, incomplètement, et rien n'est plus désagréable que de livrer au public une œuvre où l'on n'a pas mis tout son talent ; rien n'est plus difficile aussi que de réunir le sérieux de l'art au commerce et. d'après le mauvais goût qui domine. de faire des œuvres qui intéressent l'artiste et qui puissent aussi plaire au public.

Et si on lui objecte qu'il trouve partout et toujours des difficultés, Jalabert de répondre que cela n'est malheureusement que trop vrai, mais qu'il a la volonté et le pouvoir de les surmonter.

Une mention spéciale est due aux tableaux qu'il fit pour un riche américain, M. Ridgway. C'est qu'en effet ces deux œuvres de la jeunesse de Jalabert, bien présentées dans un des plus beaux hôtels de Paris, lui valurent une notoriété peut-être plus effective, au moins dans un certain monde, que celle que lui avait donnée son *Virgile* au Salon de 1847.

Nous voici à la Révolution de 1848.

D'assez graves préoccupations hantent les esprits pour que les questions d'art soient reléguées au second plan. De Salon, il n'y en aura pas cette année : les insurrections vont d'ailleurs bientôt se charger de réduire à son minimum la vie artistique de la capitale, et le temps n'est pas éloigné où les mains devront laisser tomber le pinceau pour s'exercer à la manœuvre du fusil.

Au mois de décembre, nous retrouvons Jalabert caporal fourrier dans la garde nationale ; il doit ce poste de repos à son peu de goût pour monter la garde et surtout à la reconnaissance de son capitaine qui, à tort ou à raison, attribue son élection à la propagande faite par Jalabert.

Ces jours derniers, dit une lettre de cette époque, plus que jamais on s'est occupé de politique. Pour ma part, j'ai travaillé avec plaisir dans mon petit coin et je n'ai point passé par cette braise ardente que foulent chaque jour et chaque nuit presque tous les habitants de notre pauvre pays.

Tant d'artistes ont horreur de la politique ! lui, se contente de n'y rien comprendre ; à peine, dans sa correspondance, trouve-t-on quelques rares allusions. En voici une, elle date de 1850 :

J'ai fait le voyage avec notre nouveau député rouge, M. Favand (1). Nous sommes très bons amis et tout prêts à nous entendre sur beaucoup de points ; c'est au fond une bonne

(1) Favand, représentant du Gard en 1848, non réélu à l'Assemblée Législative, fut nommé député le 13 janvier 1850 en remplacement de Debeaune, décédé.

nature. En sortant du bateau, il tournait au blanc et moi à
l'écarlate ; si je l'eusse accompagné jusqu'à Paris, il allait s'as-
seoir en pleine droite et probablement que moi j'aurais été sur
l'heure visiter Proudhon et Greppo.

Cependant le Gouvernement institue un concours pour
figurer la *République*. Plus de deux cents concurrents
répondent à son appel. Parmi les peintures allégoriques
exposées, douze seulement sont retenues, dont celle de
Jalabert.

Au mois d'août 1848, dans la fièvre de l'exécution, il
écrit :

Je ne sais si ma figure remplit bien les conditions du programme. Je ne suis que peintre et point du tout homme politique, de façon que ce que je fais peut représenter tout ce qu'on
voudra, aussi bien que la République. Je me suis abstenu des
symboles connus, le bonnet phrygien et le niveau, et je m'en
suis tenu à deux idées tout aussi bonnes et bien dignes d'un
Gouvernement Républicain, la Paix et la Justice ; si j'eusse pu
représenter la Probité et la Capacité, je l'aurais fait. Ma figure
est ainsi conçue : Vêtue de blanc, symbole de la pureté, debout
et les bras ouverts, elle tient d'une main un sceptre de justice,
et de l'autre, un rameau de paix ; à ses côtés, un autel sur
lequel repose la devise : Liberté, Egalité, Fraternité ; droits du
peuple, gardés par un lion, image de la force. J'ai fait tous mes
efforts pour éloigner les tristes souvenirs et pour tâcher de faire
aimer la République par des idées aimées de tous.

Un mois après, Jalabert est presque découragé ; il est
fatigué d'avoir travaillé toujours à la même chose ; il
tâtonne, il trouve que sa malheureuse figure ne donne pas
l'effet voulu et se fait du chagrin sans le moindre succès.

De toute façon, le résultat fut négatif pour les uns
comme pour les autres : on ne donna aucune suite au projet,
peut-être parce qu'aucune peinture ne convenait.

Quelques années plus tard, en 1862, Jalabert offrit son
tableau à la ville de Nimes, mais en lui faisant subir une

petite transformation : elle ne pouvait plus, à cette époque, représenter la République, ce fut la Loi ou la Justice.

A ce titre, elle fut célébrée en vers par Canonge, poète à ses heures (1), et en prose par le rapporteur habituel de la Commission des Beaux-Arts, Ernest Roussel. Ce dernier trouve même que :

Le côté vraiment neuf et original de cette création, c'est la jeunesse. Jusqu'à présent, dit-il, tous les maîtres qui ont traité cette allégorie, ont donné à la Justice les traits d'une belle et imposante matrone ; on avait cru impossible d'associer la majesté classique du sujet à la grâce de la jeunesse. M. Jalabert l'a tenté, et avec quel succès ! Sévère seulement pour les méchants, adorée des bons, sereine parce qu'elle plane au-dessus de nos passions, éternellement jeune, éternellement belle, parce qu'elle est une émanation de Dieu, parce qu'elle est immuable et de tous les temps comme la conscience humaine, c'est bien sous les traits de cette noble vierge, de ce beau marbre animé, que la Grèce de Platon devait la rêver, couronnée de verdure et l'olivier à la main ; appuyée sur la loi, son humaine manifestation, elle dédaigne la force qui repose tranquillement à ses pieds (2).

Décidément, Jalabert avait raison de dire que sa figure pouvait représenter tout ce qu'on voudrait, aussi bien que la République.

Les années passent, la République est de nouveau proclamée en 1870 ; la figure occupe toujours l'un des panneaux du cabinet du maire qui, en 1881, prie Jalabert de lui rendre sa première signification ; Jalabert ajoute deux petites banderolles tricolores et voilà comment la *République*, redevenue elle-même, assiste depuis vingt ans, en face

(1) La pièce se terminait ainsi :

> Lorsqu'un profond oubli sur nous tous pèsera,
> Couronné du laurier que le temps renouvelle,
> Ainsi, brillant et jeune en nos murs survivra
> Celui dont le pinceau te peignit jeune et belle.

(2) *Courrier du Gard* du 28 février 1862.

des nouveaux époux, aux serments solennels échangés devant l'officier de l'état-civil ; voilà comment, il y a quelques années à peine, elle entendait le maire de Nimes (1), un des neveux de Jalabert, célébrer devant le peintre lui-même le mariage d'un autre de ses neveux.

Nous savons déjà qu'à la fin de 1849 Jalabert a fait une copie du *Cromwell* de Delaroche ; une lettre de 1850 nous indique qu'elle a été vendue en Angleterre. Nous la retrouvons en 1870 à la vente San Donato.

Plusieurs toiles signées Delaroche atteignirent des prix très élevés ; ainsi *La mort de Jane Grey* fut adjugée à 110.000 francs, *Lord Strafford* à 30.000 ; *Cromwell* fut acquis au prix de 23.000 francs : cette dernière toile ne peut être que la copie de Jalabert visée dans une lettre d'Horace Delaroche et dans la délibération du Conseil municipal de Nimes en 1857 ; cette délibération précise cette circonstance que la copie de Jalabert a été signée par Delaroche.

Jalabert travaille maintenant aux *Quatre Evangélistes*, destinés à la manufacture de Sèvres.

Tout ce que je fais depuis deux mois, écrit-il le 2 juin 1850, me semble mieux que mes ouvrages précédents et j'espère avoir fait quelques pas encore d'ici à la fin de l'année. Mais ceci ne satisfera peut-être que fort peu mon père qui désire pour moi quelque chose de plus que le talent. Franchement, les Beaux-Arts sont bien en baisse, surtout depuis les dernières élections. Rien n'est plus inquiétant et problématique que notre existence, je veux dire une existence honorable. S'il s'agissait seulement de vivre, je suis moins inquiet pour moi que pour bien des gens, négociants et autres, dont la position paraît plus sûre. Il y a peu de temps encore, je me faisais bien du chagrin avec ces idées-là ; il en résultait que ces tristesses m'ôtaient mes ressources et n'aboutissaient à rien de bon. J'ai pris mon parti en brave. Je ne

(1) Reinaud Emile, maire de Nimes de 1892 à 1900.

pense plus qu'à faire de la peinture pour deux sous ou pour cent francs et je suis heureux, peut-être plus que bien des heureux du siècle. L'art est une passion qui ne s'éteint jamais ; un regard sur la nature la réveille toujours, un espoir de progrès la surexcite.

Le voilà pris, probablement pour un temps assez long, par la peinture religieuse :

J'ai reçu la commande de Notre-Dame-de-Lorette, d'abord par une lettre particulière du préfet, ensuite par un arrêté officiel. Mon père me fait une longue phrase au sujet de ma modestie. Il s'est, me semble-t-il, parfaitement mépris sur le sens de ma lettre, qui était plutôt fière que modeste. Je disais : j'attends et ne fais aucune démarche pour obtenir par faveur, parce que je n'ai, en effet, aucun besoin de postuler des travaux qui s'offriront eux-mêmes.

J'ai toutes les peines du monde à faire quelque chose de bon de ce malheureux Orphée qui me désole tout autant qu'il est lui-même désolé ; il me ruinera. Je crains bien de ne pouvoir le finir avant de commencer à travailler à la Chapelle. J'ai heureusement quelque besogne toute faite pour cela, mes études préparées pour mes *Évangélistes* vont parfaitement me servir, car ce nouveau travail n'est autre que douze ou treize figures de saints tout semblables à celles que j'ai déjà exécutées.

C'est sans doute pour étudier la peinture religieuse des maîtres de l'École flamande qu'il fait en 1851 son premier voyage en Belgique.

Il est une chose, écrit-il, qui vaut le voyage, c'est l'*Élévation de la croix* de Rubens, le pendant de la *Descente de croix* qui a tant de réputation, certainement méritée à très juste titre, mais tellement au-dessous de l'autre, qu'il n'est plus regardable. Ce tableau de l'*Élévation de la croix* est un des trois ou quatre chefs-d'œuvre du Génie humain que j'aie vus, et cependant il est peu connu, peu cité et moins admiré que son concurrent qui, jusqu'à présent, a réuni tous les suffrages : il y a des choses incompréhensibles dans ce monde. Pour le moment je n'ai dans l'esprit que le souvenir de cette surabondance de génie (1).

Le jury du Salon de 1851 accorda à Jalabert une médaile de deuxième classe pour ses *Quatre Evangélistes*.

Voici en quels termes Th. Gautier parlait de l'un d'eux :

Le Saint-Luc de M. Jalabert, composé pour la manufacture de Sèvres, où il doit probablement servir de modèle à quelque vitrage, montre un artiste savant, plein de style et nourri des traditions. Il ne serait pas déplacé, avec sa physionomie hiératique, sa tournure tranquille et magistrale, sur les murailles d'or d'une basilique byzantine ; c'est une excellente appropriation de la mosaïque en vitrail.

Mais c'est au Salon de 1852 que Jalabert connut le vrai succès avec une simple petite figure italienne , sans recherche, sans qualités excentriques : *La Villanella*. Comme on l'a très bien dit, rien ici ne prime sur rien, le dessin ne fait pas défaut à la pensée, la pensée ne fait pas défaut au coloris, peut-être suit-elle une autre direction que celle du regard : œuvre un peu timide où tout est accordé dans une juste mesure pleine d'harmonie et de suavité.

Goupil l'acheta pour un prix très modique et s'empressa de l'exposer. Jalabert comptait si peu sur sa *Villanella* qu'il trouva curieux et extraordinaire de voir la foule s'amonceler devant ce qu'il appelait une niaiserie presque insignifiante. Mais bientôt, accablé d'éloges, il n'eut pas grand peine à reconnaître quelque mérite à son œuvre et

(1) Les opinions artistiques changent, parait-il, comme les autres. Jalabert fit plus tard un second voyage en Belgique. Voici ce qu'il écrivait d'Anvers :

« Il y a, à Bruges, en outre de très nombreux et forts beaux restes d'architecture moyen-âge, des œuvres d'un peintre primitif absolument remarquable Memling. Quant aux Rubens d'ici, qui m'avaient tant saisi, il y a vingt ans, ils m'ont fort ennuyé aujourd'hui, ce que je me garderai bien de dire aux Anversois; en vérité, c'est de la blague très grandiose, mais de la blague ».

A rapprocher, l'opinion de Ingres : Rubens lui semble un grand peintre qui a tout perdu et où il y a du boucher.

ne tarda pas à être persuadé de sa supériorité. C'est qu'en
effet, dès l'ouverture du Salon, la *Villanella* fut remarquée et
unanimement célébrée par les critiques. Pas de note discor-
dante, pour ainsi dire ; l'article que lui consacra Th. Gautier,
et que nous transcrivons, ne fut pas le plus élogieux de
tous :

Ce qui nous a ravi, c'est la *Villanella* de M. Jalabert, *la
Villanella*, petit cadre d'un pied de haut et qui est, à notre
sens, la perle du Salon. Une jeune paysanne romaine, dans son
beau costume antique, descend, en tricotant, l'escalier d'une
terrasse blanche, égayée de quelques brindilles et d'où l'on
aperçoit quelques édifices de Rome. C'est tout. Ce sujet insignifiant en apparence est devenu, sous le pinceau de l'habile
artiste, tout un poème de grâce rêveuse et de sereine mélancolie.
Le profil de la jeune fille se détache si pur, si chaste, si virginal
sur l'azur transparent du ciel ; ses longs cils baissés caressent si
doucement sa joue délicate ; sa bouche s'épanouit si délicieusement dans un sourire de fleur ; ses doigts fins manient si dextre-
ment les longues aiguilles ; son pied touche si bien la marche
de marbre où il va se poser, qu'on reste des heures en contemplation, des heures entières devant cette adorable *Villanella !*
Si l'on mettait, à la place du voile blanc posé sur sa tête inclinée,
l'auréole d'or des madones, elle pourrait se pencher vers un
enfant Jésus, comme la *Vierge de Foligno* ; si l'on osait faire
tomber cette jupe rayée transversalement et ce corset romain
aux bouffettes de ruban, elle pourrait descendre, sous un rayon
de lune, dans une source des bois, comme le corps argenté de
Diane ; mais en la voyant on ne lui demande pas autre chose
que de continuer son tricot, l'œil rêveur, les mains distraites, le
sein gonflé de quelque innocent rêve d'amour. Nous ne croyons
pas que jamais l'artiste puisse plus approcher de la perfection
que dans ce petit chef-d'œuvre : beauté, pureté, sérénité, tout
s'y trouve ; c'est fin, jeune, délicat, poétique, pénétrant comme
la vérité, troublant comme un rêve. On se dit qu'une si charmante créature n'existe pas et pourtant on la reconnaît. Où
donc l'avez-vous rencontrée ? Dans votre cœur, et c'est là que
M. Jalabert l'a trouvée. Sa *Villanella*, souvenir de Rome, dit

le livret, ce sont ses belles années de jeunesse et de poésie, ses éblouissements de lumière et d'azur au climat du soleil, ses énivrements de beauté au pays de la forme, résumés dans cette simple petite figurine pour laquelle nous donnerions volontiers toute une galerie (1).

Le tableau fut bientôt reproduit par la gravure et devint vite populaire.

Un amateur se présenta, qui offrit à Jalabert une somme double de celle que lui avait promise Goupil ; ce dernier n'hésita pas à rendre le petit tableau au jeune peintre, qui eut ce jour-là une bien mauvaise inspiration : l'acquéreur, le banquier Hottingre, stipula que la *Villanella* ne serait pas reproduite ; or, le livret ne mentionnait pas qu'elle avait cessé d'appartenir à son auteur et, avant la fermeture du Salon, elle fut demandée plus de vingt fois ; un autre amateur lui proposa de la peindre de grandeur naturelle et en offrit 15.000 francs. Bref, sans la clause restrictive, Jalabert aurait trouvé dans la reproduction de son œuvre une petite fortune. Ce n'est que quarante-six ans plus tard qu'il reprit son ancien sujet, pour la famille.

Il sera plus avisé, l'année suivante, à son prochain tableau : l'*Annonciation*.

L'*Annonciation* lui avait été commandée avant 1848 et était destinée à la Cathédrale d'Alais.

Jalabert s'était mis aussitôt en train, car c'était une grosse affaire ; l'idée était déjà trouvée et se traduisait sur la toile quand il se demanda : Combien va-t-on me payer ? Sur la réponse qui lui est faite, sans réfléchir ni insister davantage, il retourne la toile contre le mur.

Lorsque la Révolution éclate, il noue connaissance avec le nouveau Directeur, qui lui fait une seconde commande pendant qu'il est à Nice avec Delaroche, mais cette fois-ci l'offre est plus élevée. De retour à Paris, Jalabert va trouver le Directeur et le prie de réunir les deux sommes suc-

(1) *Feuilleton de la presse* du 7 mai 1852.

cessivement proposées. Mais cela est contraire à toutes les
règles de la comptabilité publique ! lui démontre-t-on. La
démonstration faite, on assure à Jalabert qu'il aura quand
même la somme désirée ; il se remet à l'œuvre.

Au mois d'avril 1853, Jalabert-Portefais avait demandé
à Barbier-Walbonne si son fils continuait avec lui ses
relations : ce fut sa femme qui se chargea de la réponse :

Nous voyons Charles quelquefois, mais en ce moment plus
souvent, parce qu'il fait une *Annonciation* pour le Salon prochain et qu'il pense n'avoir pu trouver, pour sa tête de Vierge,
de meilleur modèle à imiter que le type d'une jeune personne
de laquelle je m'occupe en l'absence de sa mère. Je compte la
lui conduire le 12, pour la dernière fois, car le 15, son tableau
doit être rendu comme tous les autres. Je n'ai pas le bonheur
d'avoir d'enfants, mais les amis m'en ont légué, et je suis presque constamment en préoccupation pour caser l'une ou l'autre
de mes recommandées.

Le sujet n'était point nouveau, il a été représenté sous
bien des aspects différents et il semble que, sur ce thème,
on ait épuisé les variations.

Nombreux, en effet, sont les peintres qui, avant et après
le Guide, Lanfranc, le Corrège, Philippe de Champagne, se
se sont essayés à reproduire cette préface de l'histoire du
Christ : l'écueil, pour Jalabert, était d'autant plus grand et
la comparaison plus difficile à soutenir avec ces illustres
devanciers.

Jalabert pensa rajeunir son sujet en donnant à la figure
de la Vierge une chasteté et une pudeur de sensitive :

A l'apparition de l'envoyé céleste, la Vierge, agenouillée à
son prie-dieu, dans son humble chambre, tressaille et se
détourne à moitié ; le geste de son bras gauche accuse un étonnement craintif et son visage, dont on n'aperçoit que le profil,
va se dérober sous l'épaule, on oserait presque dire sous l'aile,
car tout, dans cette jolie figure, rappelle la grâce et la timidité(1).

<hr>

(1) Henri Delaborde, *Revue des Deux Mondes*, 15 juin 1853.

Ici encore, les critiques s'accordèrent pour féliciter le peintre d'avoir si délicatement rendu l'innocence et la pureté juvénile dont le seul nom de Marie implique l'idée : ils reconnurent que le sujet était heureusement imaginé, simplement compris, facilement exécuté, que l'inspiration en était gracieuse, saisie au vol par l'artiste, rapidement traduite avec sa limpidité et sa transparence :

L'Ange, bel éphèbe au profil féminin, à la chevelure d'or pâle, aux ailes de cygne, à la robe de neige, qui a pénétré dans cette humble chambre aux grises parois, ayant pour tous meubles un lit chastement étroit et un simple prie-Dieu, œuvre du charpentier Joseph, semble débiter de sa voix la plus suave et la plus harmonieuse, la salutation dont l'Eglise a fait une de ses plus belles prières.

Mais, d'autre part, ces mêmes critiques reprochèrent non sans raison à la figure de la Vierge d'être de celles que l'on rencontre dans la vie réelle et de ne pas faire pressentir la sainte femme de l'Écriture au moment où elle va prononcer, en rougissant, les paroles de soumission qui feront d'elle la mère immaculée de Dieu.

Quoi qu'il en soit, l'*Annonciation* fut achetée par l'Impératrice au prix de 8.000 francs et devint la proie des flammes lors de l'incendie des Tuileries.

Une copie en fut faite, qui a trouvé sa place dans la cathédrale d'Alais où elle est encore : Jalabert n'avait cédé sa toile qu'à la condition de pouvoir la reproduire.

C'est à cette copie qu'il fait allusion dans une lettre écrite de Nimes :

Samedi, je suis allé à Alais et je voudrais avoir la facilité de te raconter ma visite dans ce pays de charbon et de fer. Vraiment, on pourrait en tirer parti et trouver quelques mots assez drôles touchant M. le sous-préfet, le maire, les adjoints, les différentes commissions et le curé. Tous avaient été prévenus de mon passage dans leur cité et tout avait été préparé pour me recevoir. La munificence de la ville avait voté surtout d'amples salutations et félicitations. Un frugal déjeuner m'attendait et

M. le curé avait fait balayer son église; les habitants chantaient
la *Marseillaise* sur mon passage et des chœurs de jeunes filles
interrompaient leurs danses légères pour me lancer des fleurs ;
les tambours et la clarinette de la municipalité précédaient et
dirigeaient le cortège, etc., etc., la suite au prochain numéro, car
on m'appelle pour aller faire une visite.

Quant aux petits tableaux représentant le même sujet
dans des dimensions plus restreintes, Jalabert en exécuta
un assez grand nombre, aujourd'hui disséminés un peu
partout.

L'*Annonciation* eut les honneurs de la gravure. Martinet,
disait Gautier, l'a très bien traduite à la manière noire et
l'estampe, par sa coquette onction, prendra place dans tous
les oratoires un peu mondains.

Le tableau des *Nymphes écoutant les chants d'Orphée* fut
longtemps sur le chevalet. Commencé en 1851, il ne fut
terminé qu'en 1853 et nous savons, par les lettres de
Delaroche, combien le maître s'intéressait à l'œuvre de son
élève. C'est certainement un des tableaux qui ont donné le
plus de peine à Jalabert ; comme pour *Virgile*, il a remis
cent fois l'ouvrage sur le chantier, il l'a plusieurs fois
recommencé de fond en comble.

Rien n'est plus difficile, écrivait-il, que cette composition, qui
réclamerait une imagination aussi délicate que poétique et, joint
à cela, un goût exquis pour faire oublier la nudité de toutes ces
jeunes nymphes, qui écoutent tristement les plaintes désolées et
harmonieuses d'Orphée.

Mon tableau, dit une autre lettre, au lieu d'être fini aujour-
d'hui, ne le sera que dans six mois ; tout ce que j'ai fait ne vaut
rien et il va falloir recommencer avec l'esprit plus tranquille et
une nouvelle ardeur. Cette non réussite ne doit pas vous décourager plus que moi, je suis sûr que je ferai un bon tableau, et
un bon tableau de cette nature ne se fait pas en trois mois ni
par dessous la jambe. Hébert a travaillé deux ans sur celui qu'il
exposera, et plus d'une fois j'ai vu M. Delaroche prendre une

LE CHRIST MARCHANT SUR LA MER

CLICHÉ ET TYPOGRAVURE MANZI, JOYANT ET Cⁱᵉ

toile neuve, pour recommencer un tableau sur lequel il y avait trois mois d'efforts. C'est égal, c'est ennuyeux au point de vue de la bourse.

La scène se passe, lit-on dans le feuilleton de la *Presse* (1), dans une forêt de l'Hémus, mêlée de roches et d'arbres qui teignent les rayons du jour d'une transparence verdâtre. Orphée, éclairé par une lumière de reflet et comme perdu dans l'extase musicale, chante, en s'accompagnant de sa lyre d'ivoire, quelques-unes de ces poésies qui avaient le don d'attendrir les tigres et de faire pleurer les roches, mais qui sans doute irritaient les femmes, puisque plus tard elles mirent en pièces et jetèrent dans l'Hèbre le chanteur et l'instrument ; les nymphes, oréades, dryades, napées, attirées par la douceur de ce chant magique, sont sorties de leurs retraites, réunies en groupes charmants ; elles écoutent dans des poses de nonchalance rêveuse, de muet ravissement et d'attention extatique et suspendent leur âme aux lèvres du seul mari qui ait été chercher sa femme aux enfers, du seul poète qui ait fléchi l'insensible Pluton.

Rien n'est plus tendre, plus gracieux et plus élégant que ces jeunes corps, d'une blancheur d'argent ou de rayon de lune, sur ce fond de verdure bleuâtre traversé de quelques glauques rayons ; leurs cheveux noirs ou blonds, couronnés et mêlés de fleurs, s'échappent par nappes d'ébène ou d'or sur des épaules neigeuses, sur des seins de lys que voilent à demi des draperies diaphanes, semblables à des pétales de fleurs qui s'effeuillent ; les têtes offrent des types d'une grâce extrême, un peu trop modernisés peut-être et rappelant la manière dont les aquarellistes anglais entendent l'antiquité. Le seul reproche à faire à cette agréable composition, c'est une trop grande préoccupation du joli. Après cela, on a tant abusé de la laideur dans ces derniers temps, que l'excès en sens contraire se pardonne aisément.

Il est évident, en effet, que les deux toiles de l'*Annonciation* et d'*Orphée,* très remarquées au salon de 1853, à raison de leurs qualités de finesse, de distinction, de des-

(1) 28 juin 1853.

sin, manquaient un peu de robustesse, qu'elles péchaient par une grâce trop coquette, une douceur trop allanguie.

Jalabert aurait voulu les envoyer toutes deux à l'Exposition Universelle de 1855 ; mais Goupil avait dans l'intervalle vendu l'*Orphée* à un amateur de Liège qui n'était pas bien aise de s'en dessaisir

Il a, depuis, appartenu à M. de Rotschild.

Après *Orphée,* Jalabert est revenu à la peinture religieuse. Goupil lui avait commandé 12 tableaux de la vie de Jésus, mais la plupart sont restés à l'état de projet, dans ses cartons.

Les quatre qui furent exécutés, remis à Goupil et gravés, sont : *Jésus à Gethsémani, Jésus et les petits enfants, la Prédication du Christ* et *le Christ porté au tombeau.*

Je travaille, dit la lettre du 23 août 1855, dans la villa Potocka, que j'occupe avec M. Delaroche, à mes 12 compositions de l'Evangile. Je vais entreprendre la quatrième. S'il m'est possible de les inventer toutes, je serai enchanté de mon séjour ici, car ce sera une très bonne avance pour ce travail. Je suis dans une situation charmante pour m'occuper de cela, je n'ai sous les yeux rien qui puisse me distraire de mes pensées, aucune gravure, aucun tableau qui puisse m'engager à ne pas tout sortir de mon esprit ; de plus, je puis me servir du pays que j'habite pour y introduire les scènes que j'ai à reproduire.

Il poursuit, en même temps, 3 compositions pour un tableau de grandeur naturelle :

La Visitation à la Vierge, charmant sujet qui me va à merveille et qui n'a qu'un défaut pour moi, celui d'être trop dans mes moyens et de recommencer un peu ce que j'ai fait l'année dernière ; j'ai aussi essayé d'un autre sujet dans ce genre : *le départ de la Vierge pour la fuite en Egypte* (le déménagement si l'on osait dire) ; je vais encore, dans un autre genre plus énergique, fixer le moment qui précède la trahison de Judas. J'avais déjà composé cette scène en large et je l'ai remise en hauteur. C'est évidemment une belle idée, on ne peut plus dra-

matique et fort pittoresque. M. Delaroche va arriver probablement cette semaine et je le laisserai me conseiller sur ces 3
essais.

Delaroche choisit *Jésus à Gethsémani* qui figura, sous
le titre de *Christ au jardin des Oliviers,* au Salon de 1855.

Hébert écrivait à son ami, à ce sujet :

Qu'est-ce que cette composition dont vous me parlez si piteu-
sement, ô Charles ! serait-ce Judas dont il était question dans
une de vos lettres ? Il me semble pourtant que l'idée était bien
trouvée : le Christ sentant venir la trahison, sans voir le traître,
c'est bon ; ça peut donner lieu à une tête admirable d'expression. Peu importe la composition, tout est dans cette tête ; il
faut vous concentrer là dessus et sacrifier le reste.

Ce qui est certain, c'est que Jalabert cherche à explorer
un domaine nouveau :

Le Christ prévoit et indique à ses disciples la venue de Judas
et de sa troupe (Évangile selon Saint-Mathieu, chapitre XXVI,
verset 46) : j'ai beaucoup réfléchi et travaillé à cette composition
qui, quoique de grande dimension (3ᵐ.3o de hauteur sur 2ᵐ,6o
de largeur), peut être assez hardiment et rapidement exécutée ;
cependant, il ne faut pas se dissimuler les difficultés de cette
œuvre qui, j'en suis enchanté, sort complètement du genre dans
lequel on me dit habile.

Rapidité d'exécution ! Encore une de ces illusions tena-
ces auxquelles Jalabert s'abandonne toujours, quoique
toujours déçu. Il lui prend parfois des colères comiques.

Il écrit en décembre 1854 :

Les choses ne vont pas à mon gré. Je rage sourdement des
journées entières et, le soir, j'ai peine à oublier ma mauvaise
humeur, au point que, ne trouvant pas de chaise à casser pour
faire passer ma colère, je cherche chicane au premier venu, et
entr'autres à mon tailleur qui m'a manqué un gilet.

La semaine dernière il faisait clair de lune à Paris, et j'allais
tous les soirs m'enrhumer en étudiant la lumière douteuse de

cet astre qui, depuis trois ou quatre mois, doit sûrement me prendre pour un de ses amants ressuscité.

Voici maintenant comment Th. Gautier rendait compte de cette œuvre, dans le *Moniteur Universel* (1) :

Le talent de M. Jalabert a quelque chose de tendre, de délicat, de féminin, qui charme et vous empêche de lui désirer plus de force : ce n'est pas qu'il ne puisse s'élever à la vigueur, lorsqu'il le veut ; mais sa vraie nature est la grâce. Son *Christ au Jardin des Oliviers* sort de sa manière habituelle et montre qu'il peut aussi toucher la corde sévère : il fait nuit, les oliviers centenaires découpent leurs branches noires sur un ciel d'un bleu sombre. Jésus, après avoir essuyé la sueur sanglante de sa veillée d'agonie, descend la pente de la colline, pour se livrer aux soldats, malgré le bouillant apôtre qui, en dépit de la parole divine, veut défendre son maître avec le glaive, dût-il périr lui-même par le glaive. Les torches et les lanternes de l'escorte jettent dans le fond du tableau des lueurs rougeâtres dont les reflets éclairent et trahissent le Christ. La toile de M. Jalabert a un aspect nocturne et triste, en harmonie avec la scène qu'il représente. Goya a traité le même sujet dans un tableau qui orne la sacristie de la Cathédrale à Tolède, mais avec une trivialité tumultueuse et puissante, des noirs profonds et des éclairs de lumière à la Rembrandt ; il s'est surtout réjoui à brosser d'une façon truculente les trognes hideuses et farouches de la soldatesque.

M. Jalabert, cherchant l'effet moral, a tout subordonné à la tête du Christ, qui est très belle, très noble et très touchante.

Le tableau fut acquis par le Ministre d'Etat. Il fut placé au Luxembourg, puis donné en 1886 au Musée de Douai : il y fut accueilli par l'éreintement en règle d'un sévère ami des Beaux-Arts qui, après avoir épuisé ses critiques les plus acerbes et les plus virulentes, terminait par ces mots :

Au surplus, à quoi bon insister ? le peintre est mort depuis longtemps.

(1) 22 Septembre 1855.

Jalabert lut l'article, ne se fit pas faute de le montrer à ses amis et de rire de cette mort si généreusement octroyée.

La Direction de l'Exposition Universelle avait fait demander à Jalabert s'il voudrait réexposer ses tableaux des derniers Salons : il présenta le programme suivant : 1° *Le Christ au Jardin des Oliviers* ; 2° *l'Annonciation* ; 3° *la Villanella* ; 4° le *Portrait de la Comtesse de B.* ; 5° le *Portrait de M. A. Fould*.

Cela fait, dit une lettre, un échantillon très différent dans le cercle de mon talent : un tableau d'hommes énergique et trop noir, un tableau de femmes doux et trop clair, un tableau de genre, un portrait de femme blonde et un Monsieur brun ; en voilà assez, ce me semble, pour juger de moi et de mes moyens.

L'ensemble de son exposition obtint en 1855 une médaille de première classe.

Jalabert lui dut aussi une commande importante :

J'ai l'honneur de vous annoncer, lui écrivait le chef de la division des Beaux-Arts, le 13 août 1856, que Son E. M. le Ministre d'État vient de décider, sur ma proposition, que vous seriez chargé d'exécuter, pour le compte de son département et moyennant une somme de quinze mille francs, un tableau représentant : *La Visite de la Reine d'Angleterre*, dont l'esquisse devra être soumise à mon approbation. Ce tableau est destiné à la Galerie de Versailles.

Jalabert ne l'a pas exécuté ; rien dans sa correspondance n'explique pour quelle raison et à la suite de quelles circonstances.

Le tableau de *Roméo et Juliette* fut commandé par Benoit Fould, le propriétaire des *Girondins*. Jalabert en avait présenté l'esquisse à Delaroche peu avant sa mort, et ce dernier l'avait légèrement modifiée. Par respect pour les indications de son Maître, Jalabert donna à la tête une allure un peu penchée, par trop tendre, là où il aurait fallu quelque chose de plus tourmenté, de plus énergique.

Une autre difficulté contre laquelle Jalabert eut longtemps à se débattre, ce fut celle du costume.

Le costume de ma pauvre Juliette, je ne puis en venir à bout
et je perds là dessus de belles et longues heures de bonne santé,
que je regrette d'autant plus que le temps me devient toujours
plus précieux par la quantité de choses pressantes que j'ai à
faire. Je ne dors pas, tant j'ai souci de son ajustement, décent,
déshabillé, ample, étroit et surtout dans le caractère de l'époque
et ce caractère n'est pas beau : voilà le problème à résoudre
et heureusement pour moi, je l'ai tant à cœur, qu'il va me
faire bien facilement oublier ce que j'ai tout le désir possible
d'oublier.

Ce travail l'absorbait au point qu'il manquait à sa promesse d'aller passer quelques jours en province pour une
fête de famille :

Tu comprends bien toi-même qu'il ne m'est pas plus possible
de quitter mon tableau, qu'il n'est possible à ceux qui sont
devant Sébastopol de s'absenter pour aller à la noce.

D'autre part Jalabert était pressé par Benoit Fould qui
lui écrivait :

Voudriez-vous me faire apporter demain le tableau qui m'est
destiné : on le mettrait sur un chevalet et vous pourriez ensuite
le reprendre jusqu'à mon retour. Quand au prix, vous me direz
ce que vous en voulez, ou si vous préférez le faire fixer par
Scheffer, Delacroix, cela dépend de vous. Je serai fort équitable,
car vous savez que j'aime à voir prospérer les jeunes gens qui
ont du talent et je pense que vous serez également équitable
dans votre demande.

Le tableau, exposé au Salon de 1857, aussitôt après gravé
par Demannez, fut vivement discuté dans ses points faibles,
que connaissait bien Jalabert.

Th. Gautier, dans *l'Artiste* (1), lui consacra une page
débordante de souvenirs littéraires et de rapprochements

(1) 28 juin 1857.

artistiques qu'on lira, nous semble-t-il, avec quelque intérêt :

M. Jalabert est — de tels reproches pourraient être pris pour des louanges — trop charmant, trop délicat, trop tendre, trop exquis, trop vaporeux, trop distingué ; la nature n'a pas toujours si bonne façon, même quand on ne la regarde pas à travers les lunettes du réalisme.

Son *Roméo* et sa *Juliette* ont une élégance trop anglaise peut-être et qui sollicite le burin des graveurs pour les livres *of beauties*. L'alouette a chanté, et déjà le matin aux yeux gris se lève à l'horizon. Roméo enjambe le balcon, et sur la balustrade de pierre s'échange le dernier baiser des jeunes époux. Certes, il y a une grâce infinie dans ce groupe, mais une grâce suave, douce, vaporeuse et pas assez passionnée. Rappelez-vous une certaine petite toile d'Eugène Delacroix représentant la même scène. Quelle ardeur, quel emportement avaient ces deux figurines à peine ébauchées, presque laides ! Roméo n'est pas le joli page peint par M. Jalabert ; avant de voir Juliette au bal de Capulet, il aimait Rosaline. Il vient de tuer Tybalt, un duelliste de profession, sur le corps encore chaud de ce Mercutio, si spirituel, que Shakspeare, dit-on, l'a fait mourir dès le troisième acte, désespérant de le soutenir jusqu'au bout ; aussi vaillant qu'épris, il escalade la fenêtre de Juliette, en risquant mille morts ; c'est un amant, mais c'est aussi un héros. — Bien que la fille de Capulet n'ait que quatorze ans, le chaud climat d'Italie a mûri vite sa puberté précoce ; elle a de la femme le cœur, la beauté, la passion. Ce n'est pas une jeune pensionnaire qui s'écrierait en attendant le bien-aimé : « Viens donc, Nuit solennelle, matrone au maintien grave, au noir vêtement ; guide mes pas dans la lice où je dois trouver mon vainqueur, où deux âmes pures et sans taches doivent accomplir leur premier sacrifice ; couvre de ton noir manteau ma pudique rougeur, jusqu'à ce que l'amour enhardi ne voie plus dans ces mystères que l'accomplissement d'un chaste devoir ! — Viens, Roméo, viens, tu seras le jour de ma nuit, car sur les ailes de la Nuit ton image se détachera plus blanche que la neige nouvelle sur le noir plumage du corbeau ! — Viens, Nuit propice, viens, Nuit aimable et sombre ; donne-

moi mon Roméo ! quand il aura cessé de vivre, prends-le et
découpe-le en petites étoiles : elles feront resplendir d'un tel
éclat la face du ciel, que tout l'univers, s'éprenant d'amour pour
la Nuit, cessera d'adorer le Soleil et sa magnificence ! »

Ce Cantique des cantiques, chanté sur un balcon de Vérone,
avec tous les brillants concetti italiens et la mystérieuse profondeur du Nord, par deux amants ivres de beauté, de jeunesse et
de lyrisme, n'a pas été assez fortement compris par l'artiste.

Il n'a vu dans cette scène que deux amoureux se quittant
après une nuit de bonheur : mais Roméo et Juliette, ce n'est
pas deux amants, c'est l'amour !

Ces réserves prises, il n'y a plus qu'à louer dans M. Jalabert :
sa *Juliette* est charmante et peinte avec une délicatesse exquise
dans une couleur tendre, perlée et floue. Son *Roméo* est l'idéal
du jeune premier : impossible d'être plus joli.

Le tableau une fois livré, Jalabert se présente chez
Benoit Fould : le banquier lui compte les 10.000 francs
promis. Mais Jalabert semble embarrassé, il l'est en effet ;
il voudrait lui demander, il lui demande conseil. Que
faire de cet argent ? Comment le placer ? Fould, comme
mu par un ressort, se lève, il s'approche de son client futur,
le fait monter sur un tabouret, appelle tout son personnel
et montre un phénomène extraordinaire : un jeune peintre
qui n'a pas besoin de 10.000 francs !

Non loin de *Roméo et Juliette*, était placé, au Salon de
1857, *l'Atelier de Raphaël*.

Jalabert avait commencé une jolie composition sur commande de Goupil : Raphaël descendait de son échelle, où
il était en train de peindre une fresque, pour recevoir le
Pape que l'on voyait arriver par un couloir.

Le hasard voulut que Cabanel eut à peu près la même
idée et Delaroche lui donna la préférence.

Jalabert modifia son sujet dont voici la description :
c'est la suite de l'article de Th. Gautier reproduit ci-dessus.

Le *Raphaël* du même artiste prêterait à la même critique, s'il

était possible de faire Raphaël trop beau. Le profil du peintre
d'Urbin, travaillant à la composition de la *Madone* de Saint-
Sixte, a une grâce vraiment angélique. Une belle paysanne
romaine, l'aïeule de la *Villanella* sans doute, se tient debout
sur l'estrade, devant le peintre, avec son *bambino* dans les bras.
Sa pose donne les principales lignes de la sublime toile qui
illumine aujourd'hui la galerie de Dresde. Au bas du tréteau est
accroupie, avec une attitude pittoresque, la vieille mère de la
contadina ; au fond, des élèves travaillent au carton de la Messe
de Bolsène ; la *Madone alla Seggiola*, placée sur un chevalet,
n'attend plus que le suprême coup de pinceau du maître, derrière lequel se tiennent, dans une admiration respectueuse, le
cardinal Jean de Médicis et Balthasar Castiglione.

La scène est très bien arrangée ; les figures sont charmantes
et d'une élégance de style qu'on ne trouve pas ordinairement
dans les tableaux de genre. M. Jalabert peut faire de la grande
peinture ; on le voit par son *Raphaël*, quoique les dimensions
en soient restreintes.

Jalabert, envoyant à son père une des premières épreuves de son *Raphaël* gravé par Girardet, écrivait :

Ne le juge pas trop sur cette mauvaise reproduction, toute à
l'envers de la couleur de mon tableau, qui est très clair et lumineux. On trouve ici la pose de *Raphaël* trop peu développée
pour la figure importante. Je ne suis pas très persuadé que cette
critique soit juste. En somme, mon tableau est bien le meilleur
des quatre (Benouville, Cabanel, Roux et moi) ; je doute que
ceux des autres atteignent le prix du mien, dont on m'offre
10.000 francs.

Au Salon de 1857, en effet, les amis de Jalabert et lui-
même avaient envoyé des toiles reliées entre elles par une
véritable parenté. Cabanel représentait *Michel-Ange* dans
son atelier, silencieux et recueilli dans une solitude peuplée
de statues, au milieu du *Moïse*, des *Esclaves*, de la *Mère de
douleur* et d'un fragment du *Jugement dernier* charbonné
sur un carton. Roux, de son côté, avait peint l'*Atelier de
Rembrandt*, qui appartient à l'Académie des Beaux-Arts de

Saint-Pétersbourg. Quant à Benouville, son tableau *la For-narina* montrait Raphaël dans une rue de Rome, son cahier de croquis à la main et suivi de quelques élèves, au moment où il aperçoit pour la première fois la belle boulangère fièrement campée dans sa robe rouge sur le seuil de sa boutique, immobile sous le regard d'amour du peintre auquel elle doit inspirer tant de chefs-d'œuvre.

Jalabert préparait en même temps un pendant à l'*Atelier de Raphaël*, qu'il destinait à M. E. Péreire.

En voici la description faite par lui-même, quoique le sujet n'ait pas été porté sur la toile et se soit réduit à une simple ébauche :

Quinze ou vingt ans après la décoration du Vatican, exécutée par Raphaël et ses élèves, la Ville de Rome fut prise et mise à sac par une armée de Charles Quint commandée par le Connétable de Bourbon, et il est historique que les soldats, après la fuite du Pape, s'installèrent dans son Palais, comme ici à Paris, le peuple dans les Tuileries en 1848. Tu devines tout le pittoresque que doit offrir cette scène par la beauté des costumes des lansquenets et reitres allemands de cette époque ; après un assaut rudement soutenu, ils doivent se trouver rudement déguenillés et maltraités pour se venger largement sur les richesses contenues dans la maison du Pape. On montre d'ailleurs dans les Chambres de Raphaël les clous plantés par ces braves gens pour y accrocher leurs armures.

Au mois de juillet 1858, Jalabert quitte la rue Bréda pour s'installer dans la maison que Goupil venait de faire construire rue Chaptal.

Je n'ai pas voulu, écrit-il à ses parents, toucher un pinceau avant de vous avoir adressé le bonjour à tous du haut de mon quatrième étage, un bon quatrième même ; mais, comme à quelque chose malheur est bon, je jouis d'un assez bel horizon du côté de ma chambre et de mon salon et d'un magnifique balcon du côté de l'atelier.

C'est l'atelier définitif, celui à travers lequel vont défiler pendant 43 ans d'innombrables modèles.

De 1858 à 1861, en dehors de nombreux portraits, Jalabert n'envoya plus de tableaux aux Salons annuels, ou plutôt il fut dans l'impossibilité d'y faire paraître les peintures décoratives qu'il exécuta dans les hôtels Pereire et Say.

Dans le genre décoratif, quoiqu'il ne s'y fut guère essayé encore, Jalabert devait réussir, aussi bien par la grâce de son talent et le goût de la composition que par la finesse de l'exécution.

A l'hôtel E. Pereire, où Bouguereau était chargé de la décoration des salons, c'est une chambre à coucher qui est confiée à Jalabert.

La composition du milieu en rond, écrit-il le 9 janvier 1858, représente la *Nuit développant ses voiles*, la nuit qui s'élève dans l'air et qui laisse flotter son manteau semé d'étoiles ; à côté d'elle, un génie répand la rosée et des pavots ; au dessous, le crépuscule qui plonge sous l'horizon. Mes figures correspondantes représentent le *Sommeil*, la *Méditation*, l'*Etude* et la *Veillée*. Je me couche le soir avec le regret d'avoir à attendre jusqu'au lendemain pour me remettre à l'œuvre et je peste quand la nuit me force à quitter la palette.

Au mois de mai 1858, il finit à peine de dessiner sur sa grande toile.

C'est un travail difficile, d'autant plus que je fais tous mes efforts pour arrêter le plus correctement possible ma composition et mes contours et ne pas avoir à corriger ni à refaire, une fois la chose peinte.

Enfin, le 23 septembre, Jalabert voit son plafond en place.

Les craintes dont je vous faisais part ne se sont pas réalisées. L'ensemble de ma décoration fait bon effet. Je sais bien néanmoins que ma peinture n'est jamais assez accentuée, ni comme forme, ni comme couleur, ni comme effet ; les qualités de distinction et de poésie qui compensent un peu mes défauts ne me consolent pas suffisamment et je me garde rancune à moi-même.

La décoration de l'Hôtel Say, place Vendôme, *Hommage à l'Aurore*, occupa Jalabert pendant l'année 1860. Ici, plus de trace d'un découragement quelconque ; tout au plus trouve-t-il, à un certain moment, que la composition de la voûte se complique de jour en jour, puisqu'il y compte quinze ou seize figures.

Je m'étais dit que j'allais faire ce travail par dessous la jambe et mon mépris pour le bourgeois me poussait à croire que ce serait bien assez beau et bon pour lui. Malheureusement, je comptais sans ma conscience et mon amour-propre.

Il s'aperçoit vite qu'il a entrepris un travail considérable et qu'il faut absolument approfondir pour n'être pas commun.

J'espère, dit-il, qu'une fois tout arrêté, plus des trois quarts de l'ouvrage sera terminé, et quand je commencerai à peindre, je serai à la veille de la fin, car il ne faudra ici qu'une simple ébauche, que l'éloignement suffira pour finir convenablement ; mais encore est-il nécessaire que cette légère couche de couleur soit répandue sur un ensemble de formes distinguées.

Nous avons donné assez de preuves de la sévérité de cet artiste vis-à-vis de lui-même, pour ne pas hésiter à publier la lettre suivante, dans laquelle il se fait d'agréables compliments :

J'ai assisté mardi dernier à une sorte d'inauguration de l'Hôtel Say. Cabanel a eu l'idée de faire de ses peintures une exhibition presque publique, dont j'ai profité naturellement. Si ma peinture avait été à la portée de ma main, j'aurais sans doute eu la fantaisie de recommencer la figure principale de ma décoraration. Sauf ce désir, qui n'est pas sans raison, j'ai été assez satisfait de ce travail, auquel le travail beaucoup plus considérable de Cabanel ne fait pas le moindre tort. Si même ma modestie le permettait, j'oserais dire que je préfère le boudoir, qui est mon œuvre, au grand salon, qui est celle de Cabanel. Tout,

du reste, contribue, chez moi, au bon effet de ma peinture ;
l'ameublement, les tentures et l'éclairage surtout font de ce
boudoir qui, quoique boudoir, a vingt mètres de surface, la plus
agréable pièce de tout l'appartement. Ma composition s'explique
bien et sans effort ; elle se voit de même sans tordre trop le cou ;
les couleurs, bien combinées pour la lumière, font tout l'effet que
j'avais cherché à produire ; les dessus de portes surtout sont
réussis très complètement et je ne connais presque rien de
moderne qui soit mieux peint, mieux coloré et plus gentil que
ces deux petites figures. Tout cela aidant, il en est résulté que
le grand salon était trop volontiers abandonné en faveur du
boudoir.

On n'avait pas certainement le droit de dire à Émile
Péreire ou à Constant Say (1) en parcourant leur demeure :
tu l'as faite riche, ne pouvant la faire belle.

La série des tableaux reprend au Salon de 1861 avec la
Veuve. Depuis longtemps Jalabert est harcelé de demandes :
tel jour, il passe près de deux heures avec un marchand
qui veut absolument avoir un tableau ou même deux, à
quelque prix que ce soit ; et les visites de cette nature ne
sont pas rares.

Il cède quelquefois à la tentation d'une petite toile
rapidement exécutée.

Je suis près de finir un petit tableau très maniéré, très gentil,
très séduisant pour les amateurs du beau sexe, mais de bien peu
de valeur pour les vrais hommes de goût.

Il ne tarde pas à rêver plus grand.

J'ai mis sur la toile, dans mes matinées, une composition

(1) M. Constant Say était un grand raffineur de sucre, très riche, très
compétent dans les questions sucrières, à qui M. de Morny voulut, mais
sans succès, faire concurrence ; ce dernier voyant un jour arriver Jalabert
et Cabanel dans une soirée chez M. Say, à qui il venait de vendre un
tableau, les prit à part et, comme il supposait son acheteur moins
connaisseur en objets d'art qu'en raffinerie, il leur montra le tableau :
il est entendu, n'est-ce pas, leur dit-il, que vous allez le trouver très bien ?

gracieuse ; les enfants de ma sœur m'ont donné envie de peindre des enfants et le contentement d'une mère à les serrer dans ses bras.

C'est le sujet de la *Veuve*.

Un an plus tard, le 20 avril 1860 :

Je commence à éprouver pour ce tableau autant de lassitude que de désir de le bien terminer ; je voudrais y ajouter encore quelques efforts d'intelligence et de talent. C'était un sujet extrêmement délicat qui, depuis longtemps, n'a été tenté que par M. Delaroche, et encore avait-il sous les yeux continuellement deux charmants modèles que je n'ai pas eus ici à Paris.

Ma *Veuve* est terminée et signée (12 mai 1860). On y verra, je l'espère, des efforts sérieux dans le sens de l'art véritable et, je le pense aussi, des qualités de distinction qui ne sont pas plus communes au temps où nous vivons que la recherche du naturel, du simple et du beau. Je ne suis certainement pas arrivé à ce résultat, mais on pourra voir que j'ai essayé d'y arriver.

La *Veuve* marque donc le retour à la peinture sérieuse, elle révèle toutes les qualités du peintre : « Une grande délicatesse d'expression, un sentiment mélancolique et doux à la fois, une couleur harmonieuse et une rare pureté de lignes ». (1)

Le tableau fut d'abord exposé dans la Galerie Goupil.

Il n'est apprécié que par les délicats, soupire Jalabert, le commun des martyrs n'est pas impressionné par une chose aussi simple et aussi peu coloriée.

Erreur absolue : le grand public du Salon de 1861, sans attendre le mot d'ordre des dispensateurs habituels de la gloire artistique, lui fit tout de suite un succès éclatant.

Voici, à l'occasion de ce tableau, une page de critique signée Jalabert. La lettre porte la date du 2 mai 1861 ; elle a du moins le mérite, n'étant pas destinée à la publicité,

---

(1) Article de l'*Illustration*, à la suite de la reproduction de la gravure de *la Veuve*.

de dire la pensée intégrale du peintre, sans aucune des restrictions qu'imposent d'ordinaire la camaraderie, la difficulté de parler des rivaux avec justice, le souci de plaire aux lecteurs :

Je suis allé hier et avant-hier à l'Exposition, et quoiqu'il soit bien difficile de juger à première vue, je crois ne pas me tromper en disant que mon tableau *la Veuve* est un des rares bons du Salon et que, si on fait un choix des six meilleurs portraits, celui de Mme de F. se trouve compris dans ce nombre.

4.103 objets d'art sont réunis dans cet immense hangar; peu de choses intéressantes relativement à la quantité ; cependant, il serait possible de faire un choix au milieu de cette trop grande foule et de réunir un nombre d'objets assez grand pour remplir au moins une salle d'œuvres dignes des maîtres.

Il me semble que l'art français prend une tendance tout autre que celle de l'époque de 1830 et aussi de la période précédente. L'école de David cherchait l'affectation de la beauté raide et froide, celle de 1830 tendait à être intéressante par le choix des sujets et, à l'exception de M. Ingres, ne se préoccupait en rien de l'art des Raphaël et des Titien, c'est-à-dire de l'idéal dans la forme, de la beauté de la couleur et de la magie de l'exécution. Aujourd'hui, chacun suit sa voie particulière; autant de peintres, autant de peintures différentes et, en somme, une tendance à chercher l'intérêt par la seule recherche de la beauté dans la forme ou par le charme de l'exécution et de la couleur.

Cabanel qui, à mon sens, est le numéro 1 de l'Exposition, n'a jamais eu ce que l'on appelle une idée, mais il réussit à merveille dans un morceau de peinture. Son *Satyre enlevant une nymphe* n'est pas un tableau, c'est un morceau de tableau, un échantillon de peinture qui devrait engager le gouvernement ou les riches particuliers à lui donner à décorer ou les monuments publics ou les salons de leurs hôtels. Ses portraits sont les meilleurs de l'Exposition, parce que justement ses qualités sont parfaitement propres à ce genre-là.

M. Flandrin ne fait aussi que des morceaux de peinture et n'expose que des portraits; ils sont tous parfaits, mais d'une perfection quelque peu ennuyeuse, surtout cette année.

Hébert a des qualités fiévreuses, maladives, sentimentales et poétiques ; il avait à reproduire une jeune femme, la princesse Clotilde, qui n'est rien de tout cela : aussi a-t-il été au-dessous de lui-même.

Gérome est toujours intéressant par ses grandes connaissances en archéologie, par la nature des sujets de ses tableaux et par la perfection de son exécution. Peut-être pourrait-on lui faire cette critique, que la beauté n'est pas ce qui lui plaît le plus : l'original et le bizarre, tout voisins de la charge, le tentent parfois, mais cela ne va guère dans un sujet grec.

En ce qui concerne Baudry et malgré ses rares qualités, il il faut bien reconnaître que *Marat*, *Charlotte Corday*, *M. Guizot* et *le petit Saint Jean* sont tous exactement de la même couleur et de plus qu'il y a quelque pauvreté dans la forme, quelque inexactitude dans le dessin.

Passons maintenant à l'article de Th. Gautier (1).

Chaque peintre peut se résumer dans une œuvre réussie, fleur et perle de son talent. La *Veuve* sera cette œuvre pour M. Jalabert. Jamais cet artiste tendre, gracieux et délicat, ne s'est exprimé d'une façon plus complète. Il a donné là tout ce que comporte sa charmante nature. Une jeune veuve dont l'âme seule est encore en deuil, car une soie bleue double sa manche noire, berce sur ses genoux l'insouciant orphelin qui n'aura pas connu son père et qui tient une cerise double à cheval sur son petit doigt rose ; un second enfant, mais plus âgé et capable de comprendre, appuie sympathiquement sa tête à l'épaule maternelle. A demi-consolée par les vivantes images d'un mari aimé, la veuve penche son front rêveur, où la mélancolie a remplacé le chagrin. Oh ! n'ayez pas peur, elle ne sera jamais infidèle à la chère mémoire et les soupirants, en se jetant à ses pieds, y trouveront toujours un de ces petits anges gardiens aux joues roses, au sourire vermeil, qui ont sauvé la vertu de tant de mères. Le tableau de M. Jalabert est de forme ronde, ainsi que la *Vierge à la Chaise*, et le délicieux groupe

____

(1) *Moniteur universel*, 1ᵉʳ juillet 1861.

CLICHÉ MANZI, JOYANT ET Cⁱᵉ — TYPOGRAVURE BRAUN, CLÉMENT ET Cⁱᵉ

LE RÉVEIL

familial s'y concentre amoureusement, comme dans le cœur d'une rose. Malgré son mariage et ses deux enfants, la jeune femme rayonne de la plus virginale beauté et l'on pourrait l'appeler la *Madone du Veuvage*.

Dès le premier jour de l'Exposition, le duc de Morny dit à Jalabert qu'il s'en rendait acquéreur. Mais quarante-huit heures plus tard il rendit sa parole, les dimensions de la *Veuve* et sa forme ovale n'allant pas avec la place dont il disposait dans sa galerie. Le tableau ne tarda pas à être acheté pour la loterie du Salon avec une douzaine d'autres œuvres. Le hasard favorisa un jeune architecte chez qui *la Veuve* ne fit pas un long séjour.

Plusieurs années après, ce même architecte fit une visite à Jalabert, à qui il raconta qu'il avait pris un seul billet ; il était précisément à la recherche de la somme nécessaire à l'achat d'un terrain qui devait être le commencement de sa fortune ; sur ce terrain est actuellement le théâtre de la Renaissance, à côté de la porte Saint-Martin. Jalabert lui reprocha de ne pas s'être fait connaître à lui après le tirage de la loterie : il aurait repris son tableau pour une somme supérieure ; mais le jeune homme était trop pressé de réaliser, trop enchanté de donner suite à l'affaire entrevue.

La Veuve appartient à la famille Ackerman.

Le Salon de 1863 enregistra deux nouveaux succès de Jalabert : *Maria Abruzèze* et le *Christ marchant sur la mer*.

La petite Italienne s'appelait Maria Pasqua ; elle était venue à Paris avec son père, tendant la main. Aussi intelligente qu'intéressée, elle fut prise pour modèle par nombre de peintres. Plus tard elle fut adoptée par une dame de Montpellier, puis élevée dans un couvent de Nîmes ; à partir de ce moment, on perd sa trace.

Rien qu'à ce Salon, elle figura au moins quatre fois. Hébert lui mit entre les mains un bout de fil rouge avec lequel elle semblait jouer ; de Curzon l'occupa à filer ;

Bonnat la peignit couchée à terre. Quant à Jalabert, il la représenta cheminant par les routes, tenant un morceau de pain entre ses petites mains, dont les doigts se cherchent avec une grâce naïve. Voulant faire du plein air, il noya ses yeux bleus dans le vague de la rêverie. Peut-être l'ensemble manque-t-il de consistance et de relief.

Jusqu'à présent, écrit Jalabert après une séance de son modèle, ma petite Italienne ne me satisfait nullement ; mais je suis disposé, quoi qu'il arrive, à ne point lâcher prise ; il faut que l'amour-propre reçoive au moins une demi-satisfaction : on n'a pas toujours le bonheur d'avoir à copier un bon modèle. Du reste, j'ai le projet de donner cela, si j'arrive à bien, au Musée de Nimes ; je dis donner, car la somme qui m'est offerte par la ville est si loin de ce que je pourrais vendre ici mon petit tableau !

En réalité, Jalabert se complut tellement dans cette étude que deux tableaux sortirent à peu près en même temps de son atelier : l'un des deux est à Nimes depuis cette époque ; le maire, en rappelant à Jalabert une vieille promesse, avait insisté pour que le peintre ne cherchât pas un autre sujet que cette angélique figure, à la mélancolie précoce.

Maria Abruzèse, tout comme le *Christ* dont il va être parlé, appartenait à Goupil avant d'aller au Salon. Mais, dès le début de l'Exposition, ce dernier, certain que les deux tableaux étaient appréciés et que leur auteur pourrait les vendre sans son intermédiaire, les lui rendit. Jalabert y gagna du moins le grand plaisir de trouver un acquéreur dans la personne d'un de ses amis qu'il était spécialement disposé à favoriser d'un prix doux (10.000 francs) ; il aurait pu demander 12.000 francs et même davantage sans être ridicule (ce sont ses propres expressions).

Mais voici l'Exposition terminée.

Tout s'est assez bien passé pour moi, écrit Jalabert, car toute ma modestie n'a pu me faire douter du succès obtenu ; on m'a trop corné de compliments aux oreilles pendant deux mois et, du reste, je voyais bien, les rares fois que j'osais aller faire visite à mes tableaux, que la foule s'y arrêtait et ne restait pas indifférente.

A quelque temps de là, l'acquéreur qui n'était autre que le fils d'Achille Fould, lui écrivait :

Je vais la voir toutes les cinq minutes, je lui donne de l'air, de la lumière, je la couve ; enfin je ne sache rien qui m'ait jamais fait autant de plaisir. Vous ne voulez pas que je vous remercie, je ne le fais pas, mais je vous suis profondément reconnaissant de la joie que me causera toujours la vue de la *petite Italienne*, à laquelle la légende ajoute encore un charme.

Il est pourtant une approbation qui l'emporta sur toutes les autres.

Nous regrettons de n'avoir pas retrouvé la lettre par laquelle le père Jalabert, dès l'arrivée du tableau à Nîmes, donna son appréciation à son fils.

Nous avons du moins celle qui fut adressée par Jalabert à sa sœur quelques jours plus tard. La voici :

Tu diras à papa que ce qu'il m'écrit de la petite Marie est bien ce qui m'a été dit de plus fin, de plus touchant et de plus juste, ce me semble. Ici, à Paris, ce qu'il peut y avoir de délicat et de naïf dans une expression ou dans un geste n'est jamais la chose qui touche. La couleur, la forme, la façon sont tout. Parlez avec le talent et l'esprit et vous serez compris ; avec l'âme, jamais. Je suis bien heureux aussi d'avoir trouvé quelqu'un qui ait saisi ce que j'ai pu chercher de vérité dans la nature de ma petite sauvage surprise, au sortir de son trou, par un regard étranger et que ce quelqu'un soit papa.

Du reste, la copie Nimoise ne rend guère l'original sous le rapport de ce qui touche les Parisiens, et je pense que la *Petite Marie*, de Paris, a suffisamment, en plus de celle de Nîmes, les qualités qui impressionnent l'esprit des amateurs ou connaisseurs d'ici, et qu'ils peuvent se passer du reste.

L'idée du *Christ marchant sur la mer* hantait depuis

longtemps l'esprit de Jalabert. Dès 1847, une de ses lettres nous indique qu'il en fait un dessin, crayon noir sur papier bleu, destiné à un éditeur qui a le privilège d'imprimer seul toutes les œuvres de sainteté.

Dix ans plus tard, en 1858, il revient à son sujet :

La première image est, dit-il, chez son ami Rousselier. J'ai longtemps hésité à exécuter cette composition de grandeur naturelle, (elle en eut peut-être été digne) mais le dégoût d'avoir à intriguer pour me la faire acheter par le Ministère et la tranquillité d'esprit de la savoir en quelque sorte vendue d'avance dans une moyenne dimension, m'ont fait abandonner le projet de grande composition.

Le 17 mars 1859, Jalabert écrit :

Depuis le jour où j'ai retourné l'œuvre incomplète qui m'a occupé tout l'hiver, j'ai entrepris trois portraits et une petite reproduction de mon plafond Péreire pour M. Goupil ; mais je n'attendrai pas d'avoir fini pour reprendre mon tableau et lui donner même une plus grande importance, en le recommençant sur une autre toile. Je crois bien y avoir suffisamment réfléchi pour ne pas cette fois douter de la réussite de ma seconde tentative. Il est très probable, cependant, qu'il me faudra un entr'acte, que j'emploierai à venir vous voir quelques jours, ce qui me servira de prétexte pour aller passer quelques nuits de clair de lune sur un rivage quelconque de la Méditerranée. Je n'avais dans ce sens aucune étude préparatoire et, je l'avoue, pas même une idée assez précise de ce qui se passe sur la mer pendant la nuit, et toutes les fois que je mettais la main à l'exécution de mon fond, je me trouvais fort peu satisfait, sinon arrêté par l'insuffisance de mes souvenirs.

Ajoutons qu'au début il n'y avait que quatre ou cinq personnes dans la barque et qu'au remaniement, tous les apôtres y figurèrent et donnèrent à la toile plus d'ampleur.

Il est facile de comprendre que, comme dans le *Christ au jardin des Oliviers*, le peintre a forcé quelque peu son talent, en l'obligeant à s'écarter de sa voie préférée ; il y a dans l'aspect de cette barque soulevée par les flots et des apôtres agités et terrifiés comme s'ils étaient en présence d'un fantôme, un mouvement que l'on n'était pas habitué à trouver dans les compositions de l'artiste, et, comme l'expression des physionomies regardant du côté de l'apparition est soustraite au spectateur, l'ensemble de la scène et le clair obscur mystérieux du tableau sont seuls appelés à produire sur l'esprit l'effet attendu.

Il me semble. écrit Jalabert. le jour même d'ouverture du Salon. que ma composition est originale et sérieuse, ce qui est rare de nos jours. où l'on se contente de charmer le vulgaire par de jolies têtes de femmes et de jolis tons roses et bleus à l'adresse seulement des gens du monde ; celle-là, au contraire. ne peut s'en tirer que par l'idée et s'adresse à l'intelligence pure.

Aussi la critique applaudit-elle généralement aux sérieuses qualités historiques du *Christ marchant sur la mer.*

Th. Gautier disait dans son feuilleton du *Moniteur Universel :* (1)

Dans le cadre restreint d'un tableau de chevalet, l'artiste a su mettre une vigueur, une poésie et un effet qu'on n'attendait pas de lui. parce qu'il traite habituellement des sujets aimables et gracieux et qu'on n'accorde pas volontiers à un homme des mérites opposés. La composition du sujet est d'une audacieuse originalité. Au centre du tableau, ballotée par les vagues furieuses. la barque, dont le mât est brisé. palpite comme une feuille au vent. parmi des remous d'écume ; on la croirait près de sombrer, mais au loin, sur les eaux, le Sauveur s'avance, enveloppé de la pâle lumière de son auréole. Les apôtres l'ont aperçu et, comme ils regardent l'horizon, ils n'expriment les sentiments de terreur, de foi ou de doute qui les agitent. que par des gestes. des poses et des mouvements où la physionomie ne peut mettre sa signification précise. Cependant, on devine parfai-

(1) 18 Juin 1863.

tement ce qu'ils éprouvent. tant leur mimique a de justesse.
On ne peint jamais mieux la mer que quand on n'est pas peintre de marine : M. Jalabert en donne une nouvelle preuve ; ses
eaux bouleversées ont des verts sombres et tempestueux à tromper les goélands.

Pendant toute la durée de l'Exposition. les compliments
pleuvent sur Jalabert, et notamment sous forme de lettres
lui demandant le prix de ses tableaux et s'ils sont encore à
vendre. Ce qui l'étonne le plus, c'est que le *Christ* ait autant
d'amateurs que la *Maria*.

Nous avons retrouvé plusieurs de ces lettres. L'une
d'elles, celle de Mme de C., ne porte que ces mots : Le
prix de votre magnifique tableau *Le Christ marchant sur
la mer* est-il une chose abordable pour quelqu'un qui n'est
pas le Ministère d'Etat ?

Ce fut, en effet, le Ministère d'État qui en fit l'acquisition pour le compte de l'Impératrice. Cette dernière, depuis la déchéance, le revendit à la duchesse d'Albany,
belle-fille de la reine Victoria.

Jalabert en a fait plusieurs copies.

La gravure éditée par Goupil mesure 0^m,43 sur 0^m,90.

Le 9 août 1898, le Directeur de la Galerie Municipale
des Beaux-Arts, à Londres. demandait à Jalabert son con-
sentement à la reproduction de son tableau d'après un
nouveau procédé. La lettre ajoutait :

Je puis vous assurer que votre œuvre est très appréciée par
le public anglais qui visite l'Exposition d'Art français et qu'elle
a fait une impression profonde par sa beauté solennelle.

Après *le Christ marchant sur la mer*, Jalabert a été
tellement absorbé par ses portraits qu'il n'a plus entrepris
de tableau de longue haleine, ou plutôt. s'il en a entrepris,
il a bientôt laissé l'œuvre inachevée.

Il n'a pourtant pas abandonné les petites toiles, où le
gracieux est plus facile à saisir. Deux d'entre elles ont été
popularisées par la gravure de Jouanin : *Indigence* et

Opulence, de forme ovale ; cette dernière fut acquise par la reine de Hollande.

Je me suis remis (1er mars 1862) à mon *Italienne au berceau,* que j'ai remaniée de fond en comble, comme s'il n'y avait rien de fait, et tout cela pour une amélioration qui ne sera sans doute appréciable que pour moi.

C'est encore une évocation de la campagne romaine, un tableau de plein air à deux personnages, l'un d'une gravité voulue, l'autre tout souriant : à l'exemple de la *Villanella,* l'auteur aurait pu mettre en sous-titre : *Souvenir de Rome.* C'est bien à Rome, en effet, qu'un premier dessin avait été fait par Jalabert, qui l'offrit à une vente organisée au profit d'un artiste malheureux.

En 1863, s'était ouverte, à Nimes, une Exposition Régionale : la Municipalité confia à Jalabert le Diplôme des récompenses.

Il écrit à son père :

J'avais remis paisiblement ce travail à l'époque où nous serions tous libres, pensant, comme me l'avait assuré M. Emilien Dumas, que la chose ne serait nécessaire que pour fin juin. Il n'en était rien, et M. Paradan (1), ces jours derniers, me réclamait livraison pour le 5 mai. J'ai dû tout envoyer promener, puisqu'il était matériellement impossible à un graveur quelconque d'avoir fait son affaire pour cette époque. Là dessus, réponse de la Mairie que les bestiaux couronnés au 10 mai se passeraient de diplôme, lequel leur serait remis à la distribution générale de fin juin. Me voilà donc avec cette affaire sur les bras, mais cette fois avec le loisir et le temps nécessaires pour m'en occuper.

Et quelques mois plus tard :

J'ai adressé directement à M. Paradan la note détaillée de son compte pour diplôme et tableau. Les frais payés par moi pour le diplôme s'élevant à 1.800 francs environ, il me reste 700 francs de bénéfice : je ne les aurai sûrement pas volés.

(1) Maire de Nimes de 1861 à 1865.

En avril 1866, eut lieu la vente de la collection Meyer, riche banquier de Vienne, ruiné sans doute par les préparatifs de guerre.

Il y avait là, dit le post-scriptum d'une lettre transcrite plus loin, deux Gérome bien vendus, deux Jourdan mal vendus et un petit de moi, grand comme la main, 2.500 francs.

En 1871, Jalabert fit un assez long séjour sur les bords du lac du Bourget et reprenant l'étude du plein air peignit plusieurs paysages : surtout une vue du mont du Chat et du lac. Il en laissa une copie à l'un de ses amis d'Aix, qui affirme dans ses lettres que le tableau est saisissant de réalité tout en étant d'une peinture ravissante et qu'il fait l'admiration des connaisseurs. Jalabert est revenu à diverses reprises à ce sujet : en dehors de l'original qui est toujours resté dans son atelier, il en a peint une copie très agrandie.

Mais il ne faisait pas que de la peinture sur les bords du lac :

Quelle bonne personne que la population d'Aix, où tous les paysans sont devenus mes amis, à tel point que je ne les quitterai pas sans un peu de regret. Ils connaissent tous le grand monsieur décoré qui pêche quelquefois à la ligne et qui a des drogues pour faire venir le poisson. — Bonjour, Monsieur ; Ah ! ah ! ça a mordu, à ce qu'il paraît, aujourd'hui ; oh ! mais il y en a du gros, voilà une belle queue qui sort du sac. — Eh ! oui, une perche assez jolie. Voulez-vous une friture ? en voilà encore 250 dans l'autre sac ! Et mon charmant paysan accepte sa friture, et ainsi de suite, jusqu'à ce que je trouve un autre paysan et puis M. Berthier et sa famille, qui adorent les sardines du lac, appelées ici mirandelles : un joli nom qu'un pêcheur a donné à sa fille en souvenir des heures charmantes passées sur le joli lac.

C'est du même lac du Bourget que Jalabert a rapporté l'esquisse d'un tableau d'une assez grande dimension : une jeune fille qui traverse un ruisseau en portant son petit frère sur son dos, avec un énorme paquet d'herbes dans son tablier. Le tableau, après une ébauche assez avancée, est resté suspendu pendant près de trente ans aux murs de l'atelier de Bougival, où les visiteurs le prenaient pour une tentative, d'ailleurs assez réussie, dans le sens de l'impressionisme.

Qu'ajouterai-je ? je termine une *Psyché*, mais la coquine ne veut pas sortir de ma cervelle ; j'y travaille tous les soirs de 4 à 6 heures dans le petit coin que tu sais, et, enfin, j'ai encore en recherche un autre motif de la *Mort de Charles le Téméraire*, pour changer un peu du gracieux au dramatique.

Il existe, en effet, plusieurs esquisses de la fable de Psyché d'une juvénilité exquise comme sentiment et, en même temps, d'une expérience consommée.

En définitive, Jalabert, depuis 1863, n'a plus envoyé aux Salons annuels qu'un seul tableau : *Le Réveil*.

Il avait eu l'idée de cette composition en voyant, avec sa sœur, un berceau et un enfant au réveil dont il prit un croquis séance tenante.

Ce n'est donc pas, cette fois encore, un souvenir de Rome, quoique le peintre ait fait le portrait d'une Paysanne italienne avec son enfant. Enfermé dans un petit cadre, le tableau fut vendu à Goupil, qui en fit faire la gravure.

C'est sur le vu de cette gravure que la fille de don Pedro, empereur du Brésil (1), la Comtesse d'Eu, en demanda une reproduction de grandeur naturelle. Jalabert l'exécuta après avoir fait de notables modifications au tableau primitif.

Le succès en fut assez grand au Salon de 1872.

***

(1) « J'ai eu avant hier, écrit Jalabert, la visite de l'Impératrice du Brésil, passablement bourgeoise. Aujourd'hui, dimanche, son auguste époux est resté 2 heures à me voir peindre. J'avais modèle, ça l'amusait ; mais en somme il est loin d'être bête, il est même fort intelligent et discerne très nettement ce qui est bien de ce qui est mal. Je suis encore tout épaté de cela de la part d'un empereur ».

Voici comment s'exprimait M. de Pontmartin : (1)

Le *Réveil* est une scène charmante, une page de cet éternel poème italien qui brave les révolutions et les métamorphoses sociales. La chambrette n'a d'autre luxe qu'une gourde et une image de madone accrochées à la cloison ; mais par l'humble fenêtre se glisse un gai rayon de soleil ; la jeune mère sourit à la visite de cet ami, et son enfant, échappé de ce berceau, achève de se réveiller sous les caresses maternelles. Il y a dans ce modeste cadre une fraîcheur matinale, un parfum de jeunesse, de tendresse et de printemps, une atmosphère de sérénité et de paix qui nous reportent vers des jours meilleurs et des pays plus heureux. A deux pas des tableaux qui nous remettent en présence de nos funèbres souvenirs et de nos patriotiques douleurs, c'est quelque chose comme une oasis dans le voisinage du cap des tempêtes, un coin du paradis terrestre non loin d'un désert hanté par les Walkyries, une idylle de Théocrite au verso d'une page de Dante.

Pendant que Jalabert était en train de peindre le *Réveil*, un amateur américain, M. Steward, le vit dans l'atelier et voulut l'acquérir coûte que coûte. Ce n'est pas possible, répondit le peintre, mais si vous en désirez une copie, je suis à votre disposition : il l'eut et manifesta chaudement sa satisfaction.

Un mot, en terminant, sur des croquis de *Cour d'assises*. Jalabert n'était pas homme à aller chercher des types au Palais de justice, mais il a été juré notamment au cours de la session qui a vu se dérouler l'affaire Pel.

Le hasard m'a fait sortir chef du jury pour la dernière affaire, un vol sans importance ; je n'en ai pas moins prononcé gravement, la main sur le cœur, les paroles sacramentelles finales. Mais quelle chance agréable j'ai eue de ne pas sortir pour Pel ! C'eût été une grosse fatigue. On combat par ci, par là, la sévérité du verdict. Il me semble pourtant qu'on ne pouvait pas acquitter et renvoyer dans la société un être aussi malfaisant et il fallait

(1) *Univers illustré*, 7 mai 1872.

tout ou rien ; du reste le bon Grévy est là et c'est sur lui qu'on
a compté pour l'envoyer seulement promener au loin. très loin.

Voici maintenant la lettre du conseiller à la Cour de
Paris qui avait présidé les assises (25 juin 1885); elle
établira que la peinture n'avait rien perdu à l'exercice des
droits de citoyen dans leur plus haute gravité :

Vous voyez que je partage vos sentiments à l'égard du rossi-
gnol, de la fauvette et même du modeste loriot. Pour me reposer
des ennuis de la Cour d'assises, je n'ai rien trouvé de mieux que
les bords du Loiret; c'est peut-être moins joli que la colline de
la Jonchère, mais on y est plus loin de Paris et, partant, un peu
plus éloigné du bruit. des sottises et des sottisiers. Je regrette
toutefois de n'avoir pu profiter de votre très gracieuse invitation. J'espère que vous voudrez bien me procurer une autre
occasion d'admirer les œuvres de l'un des maîtres de la peinture
moderne. C'est vous dire, cher Monsieur, que les trois croquis
que vous m'avez envoyés seront conservés par moi comme un
des meilleurs souvenirs de la Cour d'assises, puisqu'ils me
rappelleront à la fois une affaire curieuse et particulièrement
l'honneur d'avoir fait la connaissance d'un grand artiste.

CHAPITRE V

LES PORTRAITS DE JALABERT

Le XIXe siècle a été le siècle de la spécialité, en matière
de peinture, comme en tout autre matière.

Sans doute, à partir de Louis XIV, on rencontre tout
une catégorie de peintres qui s'attachent en particulier à
reproduire l'expression de la physionomie humaine pour
elle-même, tels les portraitistes Rigaud, Mignard, Largil-
lière et Latour ; telle Mme Vigée-Lebrun sous Louis XV.

Mais c'est surtout au siècle dernier que l'on voit surgir
une classe de peintres se cantonnant dans l'étude attentive
de la figure, faisant bande à part en quelque sorte, traités
souvent avec un léger mépris par une partie du public et
par l'Institut, soit parce que l'art du portrait semble
n'avoir qu'un rapport lointain avec le grand art, soit parce
que les tableaux d'histoire couvrent leurs auteurs de plus
de gloire que de richesse, tandis que l'industrie du portrait est de sa nature plutôt lucrative. Et puis, comment
des spécialités bien déterminées ne s'établiraient-elles pas
dans un monde d'artistes qui envoient au Salon tous les
ans plusieurs milliers de toiles peintes ? Nul ne peut avoir
la prétention de cultiver avec le même succès plusieurs
genres qui, dans la peinture même, exigent des aptitudes différentes ; mieux que cela, le public s'habitue de
bonne heure au tour de main, au faire de l'artiste qui est
assez heureux pour forcer son attention, et malheur à lui
s'il change sa voie, son procédé ! Il doit s'en tenir à sa
spécialité.

Mais, d'un autre côté, est-il nécessaire de rappeler que, chez les anciens, les portraitistes n'étaient autres que les peintres d'histoire ?

Est-il nécessaire aussi d'affirmer qu'au XIXe siècle, comme à l'époque de la Renaissance, ce sont les peintres d'histoire qui ont fait les plus beaux portraits : David, Gros, Gérard, Ingres, Scheffer, Delaroche, Cogniet, Vernet, Court, Flandrin, Dubuffe ? (1)

C'est qu'en effet, le portrait tient, lui aussi, à l'histoire : il y a un intérêt général à connaître dans ses détails la physionomie d'un homme célèbre, homme d'État, grand artiste, guerrier ; et le portrait, précisément parce que l'artiste peut se fixer sur son sujet, lui laisser son attitude ordinaire, se détacher des développements qu'implique une grande toile, le portrait, disons-nous, permet une étude plus approfondie du modèle, de ses traits, de tout son être intellectuel et moral.

Il y a même intérêt à voir reproduits les traits des personnages secondaires, car il sera toujours curieux de comparer les types divers d'une époque, les différentes classes de la société, les costumes, les accessoires, les modes même, et d'autre part, il sera toujours agréable d'avoir sous les yeux des échantillons de beauté qui, pour être parfois quelque peu idéalisés, n'en revêtent pas moins un certain caractère d'authenticité. Et puis, les modèles varient ici à l'infini, à la différence de ce qui se passe pour les figures allégoriques ou les têtes des tableaux historiques.

Malheureusement, le costume, lui, ne varie guère, mettant, par rapport à leurs aînés, les peintres modernes dans des conditions nettement défavorables, on pourrait dire

______

(1) Ajoutons que nombre de peintres d'histoire se sont toujours tenus à cet égard sur une réserve prudente. Il existe à ce sujet une anecdote assez piquante : Pierre, qui fut premier peintre du roi et dont il ne reste rien, pas même le nom, a dit un mot que l'on a retenu : savez-vous pourquoi nous, peintres d'histoire, nous ne faisons pas le portrait ? C'est que cela est trop difficile.

dans un état de véritable infériorité : l'uniformité de la tenue des hommes exclut, en principe, toute fantaisie de la part de l'artiste. Allez donc faire un chef-d'œuvre avec un Monsieur lisant son journal, quand on se souvient de ce qu'était Rome ou Venise du temps de Raphaël ou de Paul Véronèse ! Aussi, que de colères ont justement soulevées les manchettes raides, le linge empesé, l'habit noir ou la redingote remplaçant la dentelle fine et souple, les beaux pourpoints de velours !

Quant à la toilette des femmes, si elle n'a cessé d'être pittoresque et de réaliser les inventions les plus extraordinaires, elle se fait la complice de la mode, et la mode qui n'est plus paraît vite ridicule.

Jalabert, nous l'avons vu, débuta par la peinture d'histoire. Peintre d'histoire il est resté pendant une quinzaine d'années ; mais déjà, pendant cette période, il a fait un grand nombre de portraits.

Deux toiles, de bonne heure, proclament son succès dans cet art et autorisent les plus brillantes espérances. C'est d'abord M. de Belleyme dont, à quelques années d'intervalle, en 1849 et en 1857, Jalabert a fait deux grands portraits, puis des copies de ces mêmes portraits. L'un d'eux représente M. de Belleyme assis ; il a figuré à l'Exposition Universelle de 1900, dans le Pavillon de la Ville de Paris, parmi les anciens préfets de police ; dans l'autre, c'est le Président du Tribunal civil de la Seine, en robe, dans son cabinet, tenant à la main son *Traité des Référés*.

Ce portrait, écrivait-il à son père, s'annonce on ne peut mieux, il me plaît beaucoup sous tous les rapports. M. de Belleyme a une très bonne tête, son costume est fort beau ; il est en outre d'une conversation très intéressante.

A tous les points de vue, il avait débuté par un coup de maître ; peut-être, dans sa longue carrière, n'a-t-il jamais peint un portrait d'homme supérieur à celui-là.

Le second portrait qui fit quelque notoriété autour de son nom fut celui de Mme A. O.

Jalabert, disait l'*Artiste*, est un peintre consciencieux, qui cherche et travaille et qui arrivera sans casser les vitres et sans faire autour de lui ce bruit à la faveur duquel se glisse l'impuissance.

Dans son compte-rendu du Salon de 1850-1851, Fabien-Pillet (1) signalait le portrait de Mme A. O. par Charles Jalabert

Qui dans l'état d'anarchie où le démon du romantisme avait fait tomber notre école, a su conserver le culte pur des anciens maîtres et a toujours montré une horreur invincible pour la nature laide et triviale.

L'élan est donné ; d'ailleurs l'exemple vient de haut. En 1855, la duchesse d'Albe, la comtesse de Montijo posent devant Jalabert. En même temps, il entreprend le portrait de la mère de Washington.

Sur ces trois œuvres, nous n'avons rien trouvé dans sa correspondance, si ce n'est cette simple phrase : j'ai fait le portrait de la mère de Washington sur description écrite.

Son père lui écrit quelques jours plus tard :

Dans la caisse que tu nous a adressée, j'ai été très satisfait de trouver la mère du premier Président des Etats-Unis ; l'ajustement, la transparence de la gaze, enfin tout me séduit et je pense que cette gravure aura un très grand succès en Amérique.

Citons encore, comme se rattachant à cette époque, le portrait de Mme Rattier.

Il y a bien trois mois, écrit Jalabert en 1858, que j'ai promis à mon ami Rattier de faire le portrait de sa femme et cette fois sans rémission je me suis engagé à aller le commencer à la campagne. Pour m'entraîner, il m'écrit lettre sur lettre, en m'assurant que le faisan abonde dans le bois et que le lièvre court la plaine ; voilà trois jours que j'essaie de lui tourner une lettre qui doit lui exprimer l'impossibilité majeure d'aller tenir ma promesse et jouir des agréments qu'il énumère par tous les détails les plus entraînants, et depuis trois jours cette lettre est

(1) *Moniteur universel* du 23 février 1851.

DE BELLEYME

là, sans que je puisse trouver une bonne raison qui ne le vexe pas trop.

Puis, le jour où Jalabert est prêt, c'est Mme Rattier qui ne l'est pas : elle va marier sa petite fille avec M. Adolphe Fould dont il a fait le portrait.

Enfin le voilà installé, cette même année, au château de Verveine.

Rien ne manque dans cette maison, même pour un peintre ; mon logement se compose d'une chambre, cela est tout simple, mais aussi d'un charmant atelier disposé à merveille et comme il en existe peu à Paris. Il a été construit pour M. Delaroche et c'est là qu'a été exécuté le *Bonaparte traversant les Alpes*.

La mine bienveillante de Mme Rattier ne supporte pas autre chose qu'une pose sans façon et sans recherche.

Le résultat de son travail? Laissons la parole à Rattier qui fit, un autre jour, au sujet de Jalabert, l'éloge de la persévérance grâce à laquelle la réussite arrive toujours.

Quand Mahomet se décida, cher ami, à aller à la montagne, c'est que la montagne ne se décidait point à venir à lui. Vous, que les commandes viennent trouver partout où vous êtes, puisque vous en avez pris deux chez moi dont une double, pourquoi diable n'y êtes-vous pas resté ? Vous y seriez, certes, devenu un aussi hardi pêcheur que Rousseau et vous n'auriez pas craint de vous attaquer aux poissons carnassiers. Sans cesser d'être un grand peintre de portraits, vous seriez devenu, devant la nature que vous comprenez si bien et aimez tant, un grand paysagiste; puis vous seriez resté, ce que Dieu ni diable ne peut vous empêcher d'être, un des plus braves, intelligents et distingués cœurs qui aient été créés, aimé de tous et méritant de l'être...

Méfiez-vous de la solitude, c'est une amie qui a des charmes, mais des charmes perfides; elle nous donne de vives et acres jouissances auxquelles on s'habitue comme à l'absinthe ; on ne peut plus s'en passer, alors même qu'on sent qu'elles vous font mal.

Le portrait de Mme Rattier, la dame aux noirs bandeaux, est actuellement au Musée du Luxembourg.

Le 24 janvier 1891, Etienne Arago écrivait :

J'ai été très heureux d'appuyer la réception du très beau portrait de Jalabert que nous a légué M. Rattier. Je le placerai dès que l'occasion me le permettra, j'espère que ce sera assez prochainement.

La famille possède une copie faite par Jalabert.

Signalons encore, vers la fin de la période où le peintre n'a pas encore définitivement pris parti, la belle tête de Mme de F. dont on a dit que c'était du Flandrin animé.

Chacun suit sa voie particulière, a écrit Jalabert. Cela est vrai de lui comme des autres, il a pu s'en convaincre à chaque exposition. Ses tableaux, la critique les a discutés : ses portraits ont trouvé grâce devant les plus sévères. Et Gautier, dès 1853, n'a-t-il pas proclamé que :

Le portrait de Jalabert est la plus belle tête du Salon et doit assurer à son auteur une vogue que les Winterhalter, les Dubuffe, les Perignon n'ont acquise qu'au détriment des conditions essentielles de l'art. Quelle femme du monde ne serait heureuse d'être représentée ainsi? Quel peintre ne suspendrait avec joie au mur de son atelier une tête d'un si pur caractère et d'une exécution si complète?

Désormais les tableaux d'histoire, les tableaux religieux, les tableaux de genre seront à peu près complètement abandonnés et l'on peut dire que Jalabert va consacrer presque exclusivement les quarante dernières années de sa vie à reproduire les traits de ses contemporains.

Tous ses contemporains? Non, disait Charles Blanc, à propos de l'Exposition universelle de 1867 :

Comme certains avocats qui n'acceptent que les bonnes causes, M. Jalabert ne peint que les bons portraits, ceux qui ont de la physionomie, du caractère et, de préférence, un caractère de finesse, de sensibilité, de douceur. La peinture y joue parfois un rôle un peu mince, mais elle suffit à exprimer à merveille ce que l'artiste a voulu qu'elle exprimât : la présence de l'âme.

Telle qu'elle est, la liste de ses portraits est encore très longue ; elle l'eût été bien davantage si Jalabert avait eu un peu de savoir faire commercial, s'il avait été plus facilement satisfait de lui-même, s'il n'avait été toujours retenu par cette probité artistique dont il ne se départit jamais.

Aussi que de séances de pose ! combien longues et répétées ! Le nombre est grand de ceux, de celles surtout qui trouvent que le peintre ne va jamais assez vite et qui, habitués à l'existence à toute vapeur de Paris, s'étonnent que les arts ne soient pas dans le mouvement général : et, de fait, ce n'est pas dans l'atelier de Jalabert que l'on a pratiqué jamais l'instantanéité photographique. Aussi les modèles ont-ils généralement gardé le souvenir de trop fréquentes séances dont, à la fin, elles n'ont pas eu à se repentir, si l'on en croit leurs lettres enthousiastes.

Quant à Jalabert, il se plaint sans cesse de ce que l'on ne sait pas, de ce que l'on ne veut pas poser.

Exceptionnel est le cas de cet Américain qui posa deux fois : à la fin de la seconde séance, Jalabert estima qu'il était dangereux d'aller plus loin ; le troisième jour, il essaya d'améliorer telle ou telle partie, mais à chaque nouveau coup de pinceau, il avait peur de faire fausse route et effaçait au fur et à mesure : bientôt il eut conscience de l'inutilité de toute retouche, et il laissa promener sur la toile son pinceau sec ; il prétendait que ce portrait fait si vite, à l'américaine, valait peut-être mieux que tant d'autres qui lui avaient coûté des mois de travail.

Que de fois, en effet, quand le modèle croit être à la fin de ses tourments, n'a-t-il pas entendu Jalabert déclarer que « ça ne venait pas » et n'a-t-il pas frémi en le voyant retourner la toile contre le mur, dans l'espoir que l'inspiration serait un autre jour plus heureuse. S'acharner après un portrait, le peintre sait que ce procédé ne réussit pas souvent : le laisser en repos quelque temps, passer à d'autres figures, l'oublier presque, puis le reprendre, se réconcilier avec lui, le traiter en vieil ami que l'on est heureux de retrouver, voilà qui vaut mieux dans la plupart des cas. En théorie, sans doute ; mais la jeune femme est pressée d'avoir son portrait, pour mille raisons différentes, raisons qu'elle invente au besoin et, fréquemment, il arrive que le temps d'épreuve de ce divorce artistique se trouve singulièrement réduit.

J'ai onze portraits en ce moment sur chevalet et ma seule idée est de m'en débarrasser au plus tôt et le plus tôt n'est pas tout de suite, car ce n'est pas une petite besogne que d'en finir. En plus de la hâte que j'ai moi-même, tout le monde est pressé et demande à être terminé sur le champ ou, du moins, pour l'entrée de l'hiver : la plupart se berceront forcément d'une folle espérance.

D'ailleurs, d'une façon générale, Jalabert donne congé à son modèle dès que la tête est terminée, ce qui ne veut pas dire que le portrait soit près de la fin.

Heureusement, dit une lettre, d'ici à deux ou trois semaines, quoi qu'il arrive, j'irai me reposer un peu à Bougival, en m'occupant d'ajouter des corps, des bras, des mains, des robes ou des habits à toutes les frimousses que je peinturlure en ce moment.

Mes modèles de portrait fuient peu à peu ; je vais donc être tranquille. Rien ne m'ennuie plus que le modèle quand je fais un portrait, et ce n'est que quand il est parti et que j'ai pu l'apprendre par cœur, que je commence à faire un peu de passable ouvrage.

Hâtons-nous d'ajouter que les modèles n'ennuient pas toujours le peintre : nombre de lettres témoignent au contraire de l'extrême satisfaction qu'il éprouve à recevoir tel ou telle ; nous avons compté jusqu'à cinq jeunes filles tout heureuses d'avoir leur portrait, plus heureuses encore d'annoncer à Jalabert, en termes exquis, leur prochain

MADAME RATTIER

mariage. Beaucoup étaient déjà des amis du peintre avant de pénétrer dans son atelier et le sont restés ; d'autres, plus nombreux, après avoir acquitté une dette qui n'a rien à voir avec la reconnaissance et l'amitié, ont juré que l'une et l'autre n'étaient pas près de s'effacer de leur cœur. Celui-ci pense que les propositions de Jalabert sont trop modestes : celle-là prétend que le portrait est charmant et voudrait être sûre de lui ressembler ; cette autre ne craint pas de transmettre l'opinion qui veut que le portrait soit plus ressemblant que le modèle.

Il y a aussi le mari impatient :

Devant le concert d'éloges qui m'arrivent au fond de la province, permettez-moi du moins que je vous exprime mon impatience de posséder l'image de ma femme. Votre trop grande modestie me répondra peut-être que je devrais être assez heureux d'avoir l'original pour ne point en réclamer avec autant d'insistance une édition sur toile. D'accord, mais vous voudrez bien avouer aussi qu'il y a plus de jouissance à admirer deux jolies choses qu'une.

Ces quelques citations suffiront à établir la nature et la qualité des rapports entre Jalabert et ses modèles.

Rien, d'ailleurs, ne vient interrompre ce labeur de tous les jours. Au milieu d'une des plus grandes tristesses de sa vie, (la mort de *l'amie* de trente ans) Jalabert écrivait :

L'ouvrage avance assez pendant ces quelques heures de travail forcé ; le chagrin semble diriger mon pinceau avec plus de fermeté et de netteté ; je fais une jeune fille de dix-huit ans pleine de vie et de bonheur et une fillette toute rose et gaie comme un oiseau.

Un autre jour :

Les séances de portraits continuent : j'en ai là six dont les têtes sont terminées et, à raison de leur importance, je doute de pouvoir les finir dans l'année. Je refuse depuis longtemps toutes demandes nouvelles, mais cela n'empêche pas qu'il m'en arrive six ou sept par semaine et voilà bien quatre mois que dure cette procession.

Une autre année :

Mes jeunes dames et demoiselles viennent toutes en même temps et me demandent toutes la même heure, ce qui fait qu'elles me gênent autant qu'elles me surmènent de travail. J'ai beau faire mes deux séances par jour et quelquefois trois, je n'arrive à contenter personne, car elles sont toutes pressées en vue d'un départ prochain. J'ai en ce moment dans l'atelier sept impatiences à satisfaire et trois autres à la porte qui attendent le moment d'entrer et sur ces dernières il y a en a deux de plus grande importance qui sont Mlle Cottier et Mme de Roure. Et je ne parle pas des portraits que j'ai promis de faire à Bougival, qui sont deux ou trois en plus.

Cette affluence de modèles ne dure pas toujours ; à telle époque de l'année, quand le peintre aurait besoin de quelques heures de pose, Madame est loin de Paris.

Les modèles me manquent et je travaille avec mes souvenirs seuls, ce qui fait généralement de la mauvaise peinture. A preuve Compte Calix (1), qui, malgré tout son esprit et son goût, n'est pas apprécié, parce que sa peinture est trop faite au bout du pinceau, pas assez d'après nature et par suite manque absolument d'intérêt pour les peintres. Hébert vient de terminer un bon et beau portrait, mais il y a travaillé toute l'année parce qu'il a eu la bonne fortune de tomber sur un modèle intrépide qui lui a posé tout le temps qu'il a voulu, c'est-à-dire à peu près 150 séances (je dis cent cinquante) et les beaux et célèbres portraits de M. Ingres et d'autres n'ont été faits que dans ces conditions là ; d'autre part, on peut dire que Van Dyck s'en tirait à merveille en très peu de temps, mais il a été à peu près seul doué de cette gracieuse et facile habileté.

Enfin je fais ce que je puis et si je suis peu satisfait de mes

---

(1) Compte Calix, 1813-1880, a surtout réussi dans la peinture de genre souvent reproduite par la gravure.

œuvres dans mon atelier, peut-être les trouverai-je moins mauvaises par comparaison.

Je ne sais rien de l'Exposition qui est toujours pareille en constatant qu'il y a des vieux qui vieillissent et des jeunes qui progressent. Parmi les célèbres, tel tourne au sénile ; tels autres sont tellement assurés de leur célébrité qu'ils ne se croient nul besoin de se donner de la peine et font mauvais, ce qui prouve qu'il faut toujours être attentif à son affaire et toujours accumuler les efforts pour progresser quand on est vieux, comme on faisait quand on était jeune.

L'abondance de demandes qu'attestent ces lettres, écrites à des périodes assez éloignées les unes des autres, ne semble pas avoir eu pour effet d'amener l'artiste à exagérer ses prétentions ; sur ce point, la correspondance de Jalabert est assez discrète ; à peine quatre ou cinq lettres font-elles allusion aux questions d'argent. Au surplus, dans ses livres de comptes d'ailleurs très mal tenus, il n'apparaît pas que la perspective d'une rétribution exceptionnelle l'ait jamais déterminé à accepter une commande quand le sujet ne lui plaisait pas.

Voici un exemple qui prouve qu'il ne cédait pas facilement à des tentations pécuniaires :

J'ai dîné ces jours derniers chez un des plus riches marchands de diamants d'Europe ; on a cherché à me griser, sans doute avec des vins de rubis et d'émeraude, pour m'encourager à faire cinq ou six portraits dans cette maison. Malheureusement une seule des femmes qui étaient là me ferait envie pour cela et c'est la seule qui ne m'ait rien demandé. J'ai donc refusé tout le reste, mais sans espoir qu'on me laisse tranquille et que je ne faiblisse pas, du reste à des prix assez exorbitants pour qu'il y ait compensation. Tout ce monde là est israëlite et naturellement riche comme des Rostchild. J'étais assez fier d'être chrétien au milieu de tous ces enfants d'Israël.

Il lui est arrivé parfois de vouloir arrêter le flot montant des offres par le moyen économique qui consiste à élever parallèlement la demande :

Je suis tout en ardeur de travail par l'épouvante de toutes les promesses de portraits que je me suis laissé aller à faire et bien malgré moi ; j'ai essayé d'y échapper par des prix très gros et cela n'a pas réussi.

Dans une autre lettre, il précise, car il s'agit de personnes connues de sa sœur :

Mon ami C. me demande son portrait et celui de sa femme. J'ai fixé une somme assez forte. espérant qu'il la trouverait exorbitante. mais il m'a pris au mot ; il m'écrit aujourd'hui qu'il accepte mes conditions et qu'il se trouve même très flatté que pour lui je les ai tenues aussi modestes. Où diantre a-t-il donc fait son éducation ? Ce n'est pas sans doute à l'école de M. X. Mais tout cela est bien facile, désirer avoir son portrait et avoir de quoi le payer. La grosse affaire est pour le malheureux peintre qui ne peut pas toujours s'en tirer. Je vais. d'ailleurs, à l'avenir m'y prendre d'une nouvelle façon qui sera plus sûre et surtout plus prompte : cela consiste à ne rien commencer avant que je sois sûr qu'on me posera avec un costume qui pourra convenir et que dès le début j'aurai sous la main.

Dans le même ordre d'idées, une autre lettre serre d'un peu plus près la même question, quoiqu'il ne s'agisse pas d'un cas déterminé :

Les portraits me pleuvent depuis quelques jours. On m'a fait quatre demandes nouvelles auxquelles je réponds par douze mille francs en genoux et six la tête seule. Je ne sais encore si mes prix vont paraître exagérés, mais à moi non, puisque Cabanel trouve des acceptations autrement élevées ; il est vrai qu'il s'agit de l'Empereur de Russie et de son épouse.

Nous sommes loin de l'époque où Jalabert, au début de sa carrière, écrivait à son père :

Le petit portrait fait aussi des envieux. qui pourtant ne se décident pas à entrer franchement en matière : ils suivent. en cela, l'exemple de cette grande dame qui. jusqu'à présent. n'a exprimé son désir qu'à d'autres qu'à moi.

Il résiste à des offres particulièrement tentantes :

Je viens d'écrire une lettre difficile : il s'agissait de répondre à son A. I. Mme la Grande duchesse de Mecklembourg, qui me demande d'aller faire son portrait à Cannes, que je ne puis pas céder à son très honorable désir ; c'est fait.

Un autre jour, il s'agit de l'obsession d'un Anglais :

Vous ai-je parlé de mon Anglais, qui veut absolument que je lui fasse son portrait et qui, pour ne pas me perdre de vue jusqu'au moment où je peindrai sa boule, me fait dîner chez lui une fois tous les huit jours, et boire en un repas pour toute la semaine. Cet homme est terrible ! On boit chez lui à l'anglaise, et il ne s'agit pas de *cagner*, si on veut être poli. De plus, il est plus sourd qu'un Canonge, de sorte qu'au bout de quelques heures de l'exercice guttural qu'il me fait faire, je suis obligé de me sauver à toutes jambes et de me promener deux ou trois heures en plein air, pour reprendre ma respiration, mon équilibre et faire rentrer mes yeux dans leur orbite. (1)

Il en est des portraits comme de toutes les œuvres une fois terminées et bien terminées : le public ne se doute pas, ne peut même pas se douter de la somme de soins qu'ils ont exigés, des difficultés de toutes sortes semées sur le chemin de l'artiste. Cette matière pourrait donner lieu à d'amples développements. Nous nous contenterons de citer quelques passages de lettres de notre auteur :

Je m'occupe, à Paris, de Mme M. L. R. et de Mme de S. La première ne peut en rien, pour son ensemble, être remplacée par aucune autre personne : elle est si mignonne et fine, et de type si particulier, que je suis obligé de lui faire tout poser ; il en résulte, qu'au lieu de travailler huit ou dix heures, comme avec un modèle qui poserait bien, je ne travaille que deux heures et fort péniblement.

(1) Le portrait de cet Anglais fut absolument terminé en deux jours : il posait admirablement, sa surdité l'empêchant d'être distrait. Peu de temps après, il suivit le traitement d'un spécialiste, et guérit, au point d'être incommodé par le bruit que faisaient les voitures dans la rue de la Chaussée d'Antin qu'il habitait. Venu à Paris pour y rester quelques semaines seulement, il y demeura trente ans. Enfin un jour il s'en retourna à Londres voir sa sœur : en arrivant, il mourut victime d'un accident de voiture.

Et les fonds de ses portraits ! Comme il en parle souvent ! Il est toujours à leur recherche. Trois des neveux de Jalabert, qui sont restés près de lui pendant plusieurs années, ont gardé cette même impression du renouvellement presque quotidien des fonds. Combien de fois, rentrant le soir dans l'atelier, il leur est arrivé de ne plus reconnaître le portrait qui était pourtant pour eux une vieille connaissance : le fond avait changé !

Voici le grand portrait en pied de Mme Polotsoff :

Un costume très riche, couvert de broderies, et un grand coquin de fond qui est bien difficile à remplir : c'est là où il y a des bâtons dans les roues. Il y aura encore fort tirage pour en finir.

Parfois, ne pouvant vaincre la difficulté qui tient à la nature des choses, Jalabert s'avise de la tourner :

Quant à Mme X.., ma tête est bonne et je compte que le portrait sera bien ; mais, en effet, Georges peut dire que j'avais un modèle peu encourageant. Chose curieuse, il a suffi d'un petit frison, acheté chez le perruquier, pour lui faire une tête agréable, ce qu'elle était loin d'avoir.

C'est bien autre chose encore, lorsqu'au lieu d'un modèle vivant, plus ou moins commode, le peintre n'a en sa possession qu'une épreuve photographique. Nous connaissons un assez grand nombre de portraits exécutés de la sorte et qui ont été de véritables résurrections.

Il faut un certain don de divination pour percer le mystère de la physionomie vraie ; un bon peintre peut faire un œil, un grand peintre seul peut faire un regard.

Jalabert s'était un jour engagé, sur la vue d'une simple photographie de l'amiral Gizolme, à essayer quelque chose ; il se met à l'œuvre avec les indications complémentaires du fils de l'amiral (1) :

Mon père avait les yeux verts, énergiques, pénétrants et doux.

_____

(1) M. Gizolme, ancien préfet, conseiller à la Cour d'appel de Nimes.

le teint pâle dans les dernières années. et la barbe, comme les cheveux. d'un blanc d'argent.

Mais bientôt les embarras commencent :

Je suis un peu gêné par l'absence de quelque mesure exacte qui me donnerait la proportion juste du personnage ; il me suffirait, par exemple. d'avoir la longueur des épaulettes ; la mesure A C me donnerait suffisamment la hauteur vraie et la largeur de la tête. J'ai oublié aussi de demander à M. Gizolme s'il avait conservé quelques souvenirs du costume de la photographie.

Je cherche dans le monde, une tête qui pourrait m'aider et je n'ai pas encore trouvé, je regarde même dans la rue.

Mais à cela M. Gizolme répond en indiquant, comme point de comparaison très exact le teint du peintre Jules Salles. Aussi ce dernier, à son premier voyage à Paris, fut-il invité par Jalabert à se rendre chez lui. Deux séances de pose suffirent à donner la vie et la ressemblance à ce portrait qui fut accueilli avec un véritable enthousiasme par la famille de l'Amiral.

Nous n'avons pas la prétention de transcrire ici les lettres de remerciements, de compliments, reçues par Jalabert dans sa longue carrière : nous tomberions à chaque page dans des redites qui manqueraient totalement d'intérêt, quoique toutes ces lettres, soit par la qualité des signataires, soit par les sentiments qu'elles expriment, soit par la forme même qui les enveloppe, aient dû bien agréablement flatter l'amour-propre de l'artiste.

La note est particulièrement grave lorsque le modèle n'est plus : c'est alors surtout qu'on félicite le peintre d'avoir su « comprendre et retracer cette beauté intérieure dont parle le psalmiste et qu'il n'est pas donné à tous de saisir » ; c'est alors qu'après deux lignes de mercis dix fois répétés on ajoute :

Et que le bon Dieu se charge de vous trouver quelque chose qui vous fasse autant de plaisir que vous m'en avez fait.

C'est à votre incomparable talent que je dois la consolation de
posséder si exacts les traits de mon cher regretté ; il me tient
compagnie et je me trouve moins seule en le regardant ; je me
fais illusion, il me semble qu'il va me parler, me consoler, m'aimer encore ; en contemplant votre chef-d'œuvre, j'ai quelques
moments d'oubli.

Que de fois les correspondants de Jalabert ne procla-
ment-ils pas qu'il a fait non seulement une belle œuvre,
mais une bonne œuvre, à force de procurer à des enfants la
suprême jouissance de voir revivre leurs parents !

Que de mères ont cherché un adoucissement infini dans la
vue d'une chère image pieusement reproduite, ou attribué
à Jalabert la seule joie qu'elles aient éprouvée depuis la
funeste séparation !

D'aucuns se contentent de prier le peintre de ne pas les
traiter en indifférents qui ont passé !

Parfois la tendresse maternelle devient lyrique :

Maintenant que j'ai sous les yeux, chez moi et bien à moi,
cette adorable petite figure, il me semble que je ne vous ai pas
encore assez remercié. Je sais bien que tout ce que je vous dis là
ne peut vous donner une idée de ce que je pense ; mais c'est
égal, j'ai plaisir à vous le dire et si vous étiez là, j'aurais plus
de plaisir encore à vous embrasser aussi fort que je suis honteuse de mon indiscrétion, mais plus fort encore pour ce que je
suis contente.

Portraitiste, on a déjà compris que Jalabert va de jour en
jour se cantonner davantage dans l'étude de la figure de la
femme. Le succès sera le même pendant longtemps ; aussi
bien la note ne varie-t-elle guère : mêmes qualités et aussi
mêmes défauts. Ce sera toujours une extrême délicatesse
de pinceau, un modelé poussé à l'extrême limite, une distinction suprême répandue non seulement sur les traits et
la physionomie, mais encore dans les poses, les vêtements,
dans l'ensemble et jusque dans les teintes des fonds. Nul
n'a été plus loin dans ce sentiment féminin qui est un des
plus adorables côtés de l'art.

MADAME LA COMTESSE DE POURTALÉS

Aussi ne faut-il pas s'étonner si Jalabert a été à la mode dans la société brillante, agitée, décadente si l'on veut, du second Empire, si tant de grandes et belles dames ont voulu poser devant lui. C'est au point qu'un critique, Félix Jahyer, a pu s'écrier, non sans raison, en 1867 :

Le portrait de Mme X ? c'est *la femme du monde*, c'est la femme d'aujourd'hui, comme Mme de Bawr de Prud'hon est la femme sous le premier Empire, comme la Joconde de Léonard de Vinci est le reflet de la femme au grand siècle de la Renaissance ; il n'y a pas là seulement une figure, mais bien plus encore : une époque.

Entrons au Salon de 1863. Tous les regards sont attirés par une élégante et précieuse peinture : les journaux proclament à l'envi que Jalabert a fait un portrait adorable de Mme la Comtesse de Pourtalès resplendissante de jeunesse et de beauté, délicieuse dans son costume Valois, jolie à faire tourner toutes les têtes.

Quelques mois auparavant Jalabert écrivait :

Je travaille au portrait de Mme de Pourtalès, en tout petit et en pied, dans un magnifique costume du temps de Henri III, dans lequel elle a joué la comédie pour les pauvres. Elle est blonde, excessivement jolie et rien n'est plus propre à la peinture que sa robe de satin bleu éblouissante d'or et de pierreries.

L'impression fut la même, en 1883, lors de l'Exposition des Portraits du siècle, où figura « le petit portrait bleu, dont l'arome est aussi énivrant que celui du myosotis et dont la couleur azur ou lapis lazuli clair ne peut plus s'oublier. »

Au Salon de l'année suivante, en 1864, le prince de la critique signalait le charme pénétrant et voilé de la figure de Mlle de G. qui rappelait les divines pudeurs des têtes de femmes d'Hippolyte Flandrin.

Mais le triomphe le plus éclatant qu'ait connu Jalabert, ce fut le portrait de Mme Chauffard qui le lui valut : le succès fut d'autant plus remarquable qu'il ne le devait pas à la beauté quintessenciée du modèle, ni à des qualités frivoles ou extérieures.

Le portrait était achevé ou à peu près : il plaisait même beaucoup, lorsque Jalabert, au grand effroi de ses élèves, se mit tout à coup à couvrir sa toile en transparence d'une couche de blanc : il pensait pouvoir améliorer la tonalité. Ses amis disaient qu'il fallait parfois lui arracher ses tableaux. En la circonstance, nul ne regretta le mouvement brusque et quelque peu imprévu du maître, ni le modèle, ni les amis, ni le peintre, car une réussite parfaite couronna cet effort in extremis.

Mme Chauffard, lit-on dans les Mémoires de A. de Pontmartin (1). Mme Chauffard doublement immortalisée par l'admirable portrait de Jalabert et par le merveilleux commentaire de Théophile Gautier, est une des femmes les plus intelligentes, les plus dévouées, les plus parfaites que j'aie jamais rencontrées ; son mari était mon compatriote, l'éminent docteur Emile Chauffard, mort trop tôt pour ses amis et pour la science.

Quoique ce portrait n'ait figuré au Salon que deux ans plus tard, Jalabert l'avait peint en 1864 avant son départ pour Londres, comme le prouve la lettre suivante écrite le 18 décembre 1864 :

Mme Calderon, dont le portrait tout seul reste inachevé, m'en voudra à perpétuité, et j'avoue que je n'ose lui dire ce qui lui pend au nez. Mme Chauffard, son amie, et par conséquent son ennemie, est terminée au contraire et, de plus, mieux réussie que d'habitude : on est sincèrement satisfait de ce portrait et on vient le voir chez moi comme chose curieuse. Viendront ensuite les jalousies d'exposition : on ne peut exposer que deux peintures, et naturellement je choisirai les deux plus intéressantes, ce qui ne fera pas l'affaire de celles qui resteront chez elles, d'où nouveaux désagréments. Enfin, au diable les portraits ! et cependant j'aurai la faiblesse d'en faire encore, car tous les jours on vient m'en proposer et j'en ai sept ou huit de promis.

(1) Mes Mémoires, *Seconde Jeunesse*, 2e série, p. 372.

C'est donc seulement au mois d'avril 1866, que Jalabert envoya à l'Exposition les deux portraits de Mme Calderon et de Mme Chauffard.

Ces dames y tenaient, écrit-il à cette date, et je ne pouvais m'y opposer, n'ayant à objecter, ni la qualité de ma peinture, ni la qualité de leur beauté. Je pense du reste que cela ira mieux que l'année dernière ; comme il n'y aura pas à l'Exposition une autre tête aussi bien peinte que celle de Mme Chauffard, je ferai toujours, par ce moyen, mon petit effet.

Enfin, le 1er mai, Jalabert se rendit au Salon.

J'aurais pu y aller plus tôt, écrit-il, mais le temps m'a manqué. Mes deux portraits ne sont pas très admirablement placés, mais cela ne fait pas grand chose, pour Mme Chauffard du moins, qui est assez bien pour se faire admirer, même dans une cave ; elle réunit tous les suffrages, et je pense qu'on ne l'oubliera pas. Hier j'ai eu les doigts brisés à force de félicitations sous forme de poignées de main.

Voici comment s'exprimait Th. Gautier, dans son article sur le Salon de 1866, visé par Pontmartin (1) :

Ce portrait, qui n'a pas plus d'importance que ce qu'on nomme, en termes d'atelier, une tête d'étude, est un véritable chef-d'œuvre. Le mot n'est pas trop fort et nous ne l'employons pas à la légère. A chacune de nos visites au Palais de l'Industrie, nous ne manquons pas d'aller contempler cette toile attractive, qui nous fait oublier bien des tableaux à sujets intéressants, ingénieux ou dramatiques. Le livret ne donne pas d'autre indication que celle-ci : Portrait de Mme C. Nous aurions cru plutôt à la réalisation de quelque type longtemps rêvé et caressé par l'artiste. L'ajustement très simple du costume, un corsage sombre que borde sur la poitrine une étroite guipure, n'indiquent ni époque, ni mode. A quoi bon donner une date à l'éternelle beauté ? Cette beauté n'est pas grecque, elle n'est pas romaine non plus et encore moins moderne. Elle rappelle certaines têtes

____

(1) *Moniteur Universel*, 21 juin 1866.

de la Renaissance. On dirait une cousine, sinon la sœur de la *Joconde*. Même douceur mystérieuse, même tranquillité souriante, même regard profond, plein d'indulgente ironie pour les faiblesses humaines. Il semble qu'un être supérieur et d'une autre sphère ait pris ce masque pour être visible. Le dessin pur, délicat, enveloppé, ne se marquant par aucun trait, se cache sous un modelé d'une dégradation insensible, donnant à chaque forme sa valeur sans séparer le clair de l'ombre et s'amortissant peu à peu, comme les vibrations d'une note. L'impression que donne cette peinture est harmonieuse et presque musicale et le souvenir en reste, comme un de ces thèmes qui murmurent obstinément à votre oreille. Si nous avons parlé de *Monna Lisa*, à propos du portrait de Mme C., n'allez pas croire à une imitation de style, de couleur ou de procédé. La délicieuse tête peinte par M. Jalabert ne se voile pas, comme d'une gaze noire, des teintes crépusculaires qui baignent son immortelle sœur ; elle est pénétrée d'une lumière blonde, tendre et discrète. Mais en face d'elle, il est impossible de ne pas penser à Léonard de Vinci, car elle exprime, comme toutes les œuvres du grand maître florentin, dans sa supériorité, sa grâce et sa profondeur, l'absolu féminin.

Quand le Salon de 1866 eut fermé ses portes, Jalabert demanda l'autorisation de reproduire le portrait, au moins par la photographie.

Il reçut aussitôt la réponse suivante de M. Chauffard :

Vos excuses n'étaient pas nécessaires et vous n'aviez pas de pardon à demander. Vous savez que le portrait de Mme Chauffard vous appartient du droit qu'un artiste conserve toujours sur une œuvre où il a mis toute sa puissance et toute sa pensée : il ne s'agit pas ici d'un portrait ordinaire, mais d'une œuvre où la réalité est soutenue par l'idée pure et élevée : vous en restez le maître, comme vous en êtes le créateur.

Jalabert ne manqua pas d'user encore de cette obligeance et, en effet, nous retrouvons la même œuvre à l'Exposition universelle de 1867.

13

Madame CHAUFFARD

Charles Blanc, dans l'un des articles (1) qu'il consacra aux Beaux-Arts à l'Exposition, s'exprimait ainsi :

Si j'étais un financier opulent, je donnerais des sommes considérables pour posséder le portrait de Mme Ch., parce que ce portrait, d'une personne qui m'est inconnue. est un type attachant de douceur. de tendresse profonde et de mélancolie contenue. La tête n'est pas précisément belle, mais c'est ici que l'on peut voir la différence qui existe entre la beauté, qui est un ensemble de formes génériques, et le caractère, qui est la saveur des formes individuelles et souvent une heureuse harmonie de leurs défauts.

Au Salon de cette année 1867. Jalabert envoya encore deux portraits, l'un représentant une jeune femme assise, vêtue d'une robe blanche, les mains croisées sur les genoux. les bras nus, à demi-cachés par une écharpe bleue, très joli portrait qui rentrait dans les habitudes du peintre ; de l'autre cadre, se détachait une jeune femme vue de profil et retournant vers le spectateur sa fine tête pleine de caractère et d'expression : une robe noire avec des agréments de jais, la chemisette dépassant un peu et ménageant la transition sur les chairs, un double velours noir retenant les cheveux blonds, une mantille brune avec un col de fourrure retombant à demi et découvrant la taille. On aurait dit que Jalabert avait voulu marquer lui-même la différence des procédés et montrer à tous, dans ce second portrait, un dessin plus ferme, plus hardi, plus accentué.

Le portrait de Mme Chauffard, que nous avons suivi au Salon de 1866 et à l'Exposition universelle de 1867, ne saurait, malgré son importance et son succès, faire oublier le grand œuvre de Jalabert pendant les années 1865 et 1866, les *portraits anglais*, comme les appelle la correspondance du maître.

A quelques mois d'intervalle. ce fut la famille d'Orléans tout entière qui occupa ses pinceaux à Twickenham. Ham

(1) L'article a été reproduit dans *Les Artistes de mon temps*.

et Orléans-house : le comte et la comtesse de Paris, le duc
et la duchesse d'Aumale , la princesse Marguerite de
Nemours, le duc et la duchesse de Chartres, etc.

Mais il fallait aller à Londres, y passer plusieurs semaines,
abandonner son atelier où les modèles se succédaient
sans interruption et où plusieurs portraits attendaient
toujours avec impatience un renouveau d'inspiration.

Jalabert se fit désirer :

Je continue, écrivait-il en septembre 1864, à recevoir des
lettres au sujet des portraits de Londres. M. Henriquel m'a
encore écrit et j'ai à répondre à une lettre de M. Asseline. Je
répondrai à tout cela dans un sens douteux, c'est-à-dire que
j'irai, si l'on veut bien attendre mon moment et je crois que l'on
attendra. Du reste, on n'est pas encore à Londres, on voyage en
Italie, on est à Florence actuellement. La jeune épouse est
espagnole : Salles, qui l'a vue à Séville, la dit fort jolie. Enfin
nous verrons et je penserai à me décider quand la colère de
Mme Calderon sera calmée.

Il se décida quelques mois plus tard, et le 31 décembre
1864 il arrivait à Londres.

J'ai pu voir, en passant le pont, qu'il y avait des monuments
le long de la Tamise ; il y avait même quelque chose de rouge qui
pouvait être le soleil couchant.

Il se rend aussitôt chez le comte de Paris, à York-house,
Twickenham : (1)

Me voilà installé ici dans une jolie chambre blanche et bleue,
comme pour une demoiselle et, sauf quelque parfum de cigarettes, on pourrait bien croire, par l'ordre qui y règne, qu'elle
est habitée vraiment par une demoiselle. Quand il fait jour, je
vois de ma fenêtre la Tamise, comme on la voit à Bougival (je
veux dire la Seine), avec son île au milieu, et seulement, au lieu
de canards, de simples cygnes qui s'y promènent et quelques

(1) La plupart des lettres écrites d'Angleterre par Jalabert, en 1865,
furent arrêtées et lues par la police impériale ; elles arrivèrent ouvertes
et avec plusieurs jours de retard.

glaçons aussi, aussi blancs que les précédents ; de grands arbres à droite et à gauche ; une barque au bout de l'île passe à l'autre bord quelques insulaires et, en somme, tout cela est gris comme le paysage d'argent qui est sur la cafetière qui me sert le matin ; la pelouse qui nous sépare de ce paysage est non moins argentée par un léger glacis de neige, que cinquante merles cherchent à pénétrer, pour picorer au-dessous de je ne sais quoi de transi. Je suis contrarié dans mes idées par la princesse, que j'entends chanter du *Faust*, et justement la triste ballade du roi de Thulé, musique de France qui me rappelle la patrie. Franchement, on ne peut être gai dans cette maison ; cette idée constante d'exil doit être abominable et toujours on doit y penser, car toujours on parle de la France et je t'assure qu'alors ma langue se réveille et je joins à la conversation mon vif amour pour le pays, en avalant trente fois en cinq minutes ce « quand j'y retournerai » qui me vient toujours à l'esprit.

Je vous enverrai prochainement une photographie de la princesse Isabelle d'Orléans. Elle est très jolie, sauf qu'elle a le nez trop gros et pas assez de cheveux, ceux-ci très blonds ; de très beaux yeux d'un bleu foncé et une très fine bouche, le visage un peu aplati sur les joues ; assez grande, mince, droite, quoiqu'elle ait une tendance à se tenir penchée quand elle se sent libre et chez elle. Son mari est de ma taille, il est blond, il a le visage assez pâle, des yeux bleus très doux par leur couleur, mais bien enchassés et énergiques dans l'expression ; il a malheureusement une sorte de déviation dans le cou qui l'oblige parfois à tenir sa tête de travers ; on dirait un seul muscle trop court qui le gêne et lui fait parfois pencher la tête de côté. Selon moi, il a un défaut plus grand encore, un peu d'embarras dans la langue qui lui fait mal prononcer les s ; mais cela ne lui arrive pas constamment et seulement une ou deux fois en un quart d'heure de conversation quand, sans doute, il s'oublie. Il est très bon et affectueux, et même, au premier abord, on pourrait penser qu'il est trop doux pour être capable de régner, si l'occasion s'en présentait. Mais en le voyant de plus près et en sérieuse conversation, on sent chez lui une forte éducation et plus de caractère qu'on ne lui en croirait. Il a du reste mené la vie de soldat ; il est aussi bon cavalier et ardent chasseur.

Jalabert s'occupe tout d'abord du portrait de la comtesse de Paris.

J'ai fini de couvrir ma toile aujourd'hui (5 janvier 1865) très légèrement du reste et sans m'engager à rien. J'espère que si mon modèle veut me poser un peu, je pourrai faire une chose intéressante, en me bornant à la forme qui est vraiment très belle. Il n'y a que cela d'ailleurs à chercher, car il ne me serait pas possible de me tirer d'affaire si je voulais essayer de l'effet et de la couleur : il faut pour cela être chez soi et à l'abri des inconvénients des trente-six jours et reflets qui m'entourent.

Dès le lendemain, il commence le portrait du prince :

Il ne pose pas du tout et sera, je crois, très difficile à bien peindre, mais ce n'est que la première séance et j'espère que nous nous habituerons tous les deux. La princesse est ébauchée ; elle sèche pendant que je travaillerai à son mari.

Hier, j'ai eu sur le dos, toute l'après-midi, le duc d'Aumale, avec lequel nous avons parlé de la France et de la famille qui tient leur place : c'est le seul oncle que j'aie encore vu ; Nemours et Joinville, qui sont sourds tous les deux, restent sauvagement chez eux, et je ne les verrai que dimanche si je vais à Claremont.

Je suis dans la maison à peu près tout aussi soigné et à mon aise que je le suis chez toi. La jeune princesse me paraît en tout charmante, et à tel point, que je suis bien plus camarade avec elle qu'avec son mari. Aujourd'hui, pendant que je m'escrimais à chercher le bon côté de son époux, elle a fait, à côté de moi, en deux heures de temps, une aquarelle d'après un faisan qui était tellement réussie que je n'en revenais pas. Je ne la crois pas musicienne, par exemple, et jusqu'à présent je ne l'ai entendue jouer que du tambour, mais d'un gros tambour comme les soldats.

Longue lettre, le 31 janvier 1865 :

Après quelques heures passées à Londres, et en particulier à la Galerie Nationale, qui est intéressante, mais trop vite vue pour une ville aussi importante, je suis reparti à six heures du soir pour Twickenham où je devais dîner.

J'ai trouvé la princesse en grand costume de son portrait, mais. en plus, couverte d'émeraudes et de diamants, tournant autour de sa table de vingt-cinq couverts et cherchant les places de ses invités, ce à quoi j'ai ajouté mon aide fort bienveillante mais aussi fort respectueuse pour les grands noms que nous mettions sur un des nombreux verres placés devant chaque couvert : lord John Russell et madame ; lord Stratford de Redcliffe et madame ; leur fille et la petite fille du célèbre Canning ; lady Wurthworth et son époux. lady Waldegrève et son époux, etc. etc. et enfin le duc d'Aumale et la duchesse, le duc de Chartres et la duchesse. Russell est petit et très laid. il est, je crois. ministre des affaires étrangères. mais en tous cas c'est un illustre orateur et homme politique ; il parle peu français et n'a fait pour moi que des frais de pure politesse avec les quelques mots de français qu'il savait. Stratford, l'ancien ambassadeur à Constantinople et l'auteur, à peu près, de la guerre d'Orient, est un grand monsieur tout blanc, fort doux et gracieux, parlant bien le français, mais enragé ennemi de la France. Nous avons causé longuement d'art. où il n'entend rien et même de politique, où je lui rendais sans doute la monnaie de sa pièce. Lady Wurthworth a été actrice pendant son jeune âge ; elle est aujourd'hui une grande dame. très grande dame (quinze cent mille francs de rente) et réunit dans son salon la noblesse et la littérature en souvenir de son jeune temps. Lady Waldegrève a une histoire à peu près pareille. elle est juive en plus et a deux millions de rente. Ces femmes-là, très haut placées, sont sorties de très bas, et elles ont. en plus d'une femme noble de pure race. la beauté et l'esprit qui les ont élevées au rang qu'elles occupent. Tout ce monde enfin a beaucoup mangé et bu surtout ; le Chambertin et le Château-Laffite étaient tellement appréciés. qu'avant la fin du dîner quelques petits plumets ornaient ces respectables têtes. c'est-à-dire qu'on était un peu gris.

A dix heures. on était encore à table et. comme je devais coucher à Twickenham. j'ai vu le salon se vider ; après quoi. nous avons pris, en famille. une tasse de thé. tout en causant de nos convives.

Le lendemain dimanche. nous partions à neuf heures pour

Claremont. la princesse seule avec sa dame de compagnie, dans son tilbury et conduisant elle-même, le prince et moi dans un coupé à sa suite.

La lettre, dont nous donnons la suite plus loin, se termine ainsi :

En somme, tout ce que je viens de raconter est bien facile à exécuter. on n'a qu'à se laisser faire, mais restent les portraits ! Histoire d'un autre genre. au dernier chapitre de laquelle il n'est point simple d'arriver.

Jalabert reste à Londres jusqu'au 15 février :

Je pense avoir terminé demain, écrit-il le 7 février 1865. ce que je puis faire ici de mes portraits ; je vais donc déménager mon attirail de peinture ; je ne sais encore ce qu'ils valent ; ils sont douteux en ce moment, mais je pense bien les améliorer avec mes souvenirs et l'étude des fonds. Je vais, dès rentré dans mon atelier. en faire des copies pour Séville, et il est probable que les copies, faites avec plus de soin. vaudront mieux que les originaux.

Le 2 mars, il écrit de Paris :

La princesse Mathilde, qui a dû épouser le duc d'Orléans et qui est restée bien accueillie dans la maison d'Orléans jusqu'au départ. m'a demandé de venir chez moi voir les portraits, mais j'attends pour cela les cadres. Je fais les copies à peu près seul, parce qu'à cause de l'Exposition. personne n'est libre pour me préparer ce travail, que du reste je suis toujours obligé de finir moi-même.

Jalabert retourne en Angleterre au mois de juin, à Morgan House Ham. chez le duc de Chartres cette fois, où il va tâcher (du moins tel est son espoir, tel son désir) de mener rondement le portrait de la princesse sa femme.

De Londres, 11 juin 1865 :

Depuis que j'ai quitté la côte française, je me crois transporté en une petite Sibérie. Il faisait un vent de loup sur la Manche et un froid de chien. les vagues pleuvaient sur le pont

et les salons étaient encombrés de gens qui regardaient tristement le fond de leur cuvette. Ici à Londres, ce n'est guère plus
gai ; j'ai fait un tour après diner en fumant ma cigarette et j'ai vu
des carrioles chargées de familles revenant de la campagne et
des prédicants dans la rue faisant des sermons avec accompa-
gnement de chants et de cantiques, à côté de quoi un resplendis-
sant marchand de spiritueux gorgeait de gin et d'eau-de-vie sa
trop nombreuse clientèle.

16 juin 1865, de Morgan House Ham :

Mes hôtes, supérieurement gentils, la maison délicieuse, le
pays superbe et dans toute sa splendeur de verdure, les fleurs,
et les roses surtout dans tout leur éclat, un petit paradis enfin,
mais anglais et en Angleterre, ce qui en détruit tout le charme.
Les maîtres de la maison ont la franchise d'appeler leur existence une vie de polichinelle, et en effet, je ne crois pas qu'il y
ait meilleure expression pour la qualifier, et peut-être cette vie
de polichinelle est-elle indispensable pour supporter tout ce
bonheur sans mourir d'ennui. Les Anglais le prouvent eux-
mêmes, eux nés dans l'île, en ne se donnant guère le temps de
réfléchir ; ils travaillent, ou mangent, ou boivent, ou s'en vont.
En définitive, ce pays de marchands de viande ne m'est guère
sympathique. Ici, on fait cinq repas par jour, et, tous les deux
jours au moins, la famille se réunit ou chez l'un, ou chez l'autre :
il n'y a d'autre étranger que moi.

En attendant, il gèle, il pleut, il vente à tout briser. Le soleil
se lève pourtant à deux heures du matin et se couche à neuf
heures ; il aurait longuement le temps de réchauffer l'Angleterre
s'il pouvait transpercer l'épaisse couche de nuages sombres qui
fuient à grande vitesse d'un horizon à l'autre ; il semble que
l'almanach a perdu la tête, tout aussi bien que les humains.
Hier soir, malgré le temps, on a fait une très longue promenade
de cinq à sept, en drag. Le drag est une sorte de char à bancs
perché au-dessus d'une voiture ordinaire, bon pour bien voir le
paysage, mais pour y geler aussi.

Nous avons parcouru trois ou quatre lieues, et j'ai pu me
rassasier de verdure, de pelouses, de chênes centenaires, de

cottages chinois. gothiques, italiens et persans. mais pourtant tous anglais. propres comme des verres de montre et brossés comme un habit neuf. Ennui complet, pourtant, dans ces kiosques adorables ; on déménage de l'un pour aller dans un autre et on ne se doute pas que cela vient du pays. Vivent les pays plats. les horizons lointains et au fagot les grands arbres qui bouchent la vue ! On pêche à la ligne avec acharnement dans ce pays ; il n'y a pas de poissons. mais il y a petite distraction et on la cherche avec passion.

30 juin :

Depuis ma dernière lettre. on a été aux courses à Ascot, aux environs de Windsor ; c'est le duc d'Aumale qui m'avait engagé à l'y accompagner en drag naturellement. les gens dessus, les domestiques dedans, en même temps qu'une quantité énorme de gigots, jambons. poulets, pâtés, paniers de Champagne, etc. Foule énorme sur le turf, compliquée de bohémiens, de pauvres gens hideux et de nombreux chanteurs tout barbouillés de noir et à peu près habillés comme des baladins nègres ; jeux de toute espéce. baraques, restaurants. phoques. géants, etc.

La course commence. on l'attendait avec impatience. mais ce n'était pas d'elle qu'on s'inquiétait ; l'idée était au contenu des paniers, vins. jambons. etc., qui ne doivent faire leur apparition qu'après la première course. Il faut voir alors avec quel ensemble les nappes se développent et combien rapidement le dessus de chaque voiture se transforme en table de Gamache largement servie : cela seul vaut la peine de venir en Angleterre pour voir une course. Cet immense premier coup de dent a vraiment quelque chose de majestueux ; le bruissement des assiettes qui s'entrechoquent. la petite guerre des bouchons de Champagne et l'agitation des belles dames. en grand costume d'été. non moins actives à cette énorme curée. tout cela est un spectacle fort étonnant pour un œil non prévenu.

Cela dure jusqu'à la fin des courses. dont il n'est du reste plus question et dont on ne doit savoir le résultat que le lendemain par les journaux. puisqu'il est de règle aussi qu'on doit être gris, pour ne pas dire plus et qu'on ne doit plus se souvenir de rien jusqu'au jour suivant.

Nous avions fait la route, en allant, à travers bois et forêts et nous sommes revenus par le parc de Windsor, grandes pelouses, chênes majestueux, cerfs, chevreuils et daims, paysage anglais beau au point de vue de la verdure et de la végétation, mais triste ; l'horizon manque toujours, les arbres bouchent tout. La nostalgie me semble être dans tout en ce pays, et il faut y venir pour comprendre pourquoi l'Anglais est voyageur et pourquoi aussi nous ne le sommes pas.

Le lendemain vendredi, on a été à Covent Garden (l'opéra italien) ; on jouait les *Huguenots*, pas trop bien. Il y a eu un entr'acte intéressant : je me trouvais dans la loge, homme cinquième, avec le prince de Galles, le duc de Brabant, futur roi des Belges, le comte de Paris et le duc de Chartres.

Nous sommes rentrés à Morgan house à deux heures du matin pour faire fête à un agréable souper.

Hier samedi, il y a eu ici grand dîner de vingt-cinq personnes avec force belles gens de Londres de toutes distinctions et de tout sexe. Aujourd'hui dimanche, on a déjeûné à Orléans House avec le duc et la duchesse de Brabant, qui m'ont fait le plus aimable accueil.

Il y a huit jours, j'avais rencontré chez le comte de Paris le prince de Galles et Mustapha-Pacha.

Je suis très content de ma princesse comme pose ; elle est aussi obéissante et sage que possible et n'a jamais l'air ennuyé. Je devais ne faire ici que son portrait, mais avec les bras jusqu'aux genoux ; j'avais calculé mon temps pour cela et voilà que mon travail est doublé par le portrait du prince, pour la tête seulement. Il est bien compris que je ne puis faire ici que mes têtes et que j'emporterai les toiles et ce qui me sera nécessaire pour terminer le tout à Paris. Je n'ai ici aucune installation et il faut pour cela un vrai atelier, du temps, des mannequins et des modèles.

Les portraits du comte et de la comtesse de Paris sont naturellement terminés depuis longtemps, et cela était facile puisqu'ils ne sont qu'en buste ; les copies ne le sont pas tout à fait. Ces portraits ne sont pas mal ; ils sont encore chez moi entre les mains d'un graveur qui en fait les dessins.

Huit jours avant son départ, Jalabert a pu visiter quelques galeries à Londres, celle du marquis de Westminster, entr'autres, qui lui a paru très intéressante ; la marquise et sa fille ont fait les honneurs de la maison avec lunch et beaucoup d'amabilité même pour lui particulièrement.

Impressions de Jalabert à son retour en France, juillet 1865 :

J'ai trouvé dans mon atelier toutes mes peintures peu satisfaisantes par la comparaison de celles que j'ai vues à Londres des maîtres anglais, qui ont en trop ce dont je n'ai pas assez, c'est-à-dire de la hardiesse dans la façon et plus de rendu. Tous ces portraits de Reynolds, Gainsborought et Lawrence sont de grandes ébauches, mais de très bel effet. Je vais tâcher de tendre plus à l'avenir vers ce genre-là et je suis sûr que cela vaudra mieux. Ce que j'ai fait en Angleterre en dernier lieu me semble préférable à ce que je retrouve chez moi, à ce que j'avais fait avant mon départ. J'arriverai à un bon résultat avec la duchesse de Chartres.

Veut-on enfin l'appréciation du comte de Paris?

Voici la lettre qu'il écrivait en 1865, le 25 août, à M. Asseline, lettre que ce dernier transmettait immédiatement à Jalabert :

Les portraits sont arrivés en bon état, je suis enchanté de les avoir et de voir surtout qu'ils ont autant gagné. Celui de ma femme est remarquable et d'un beau style. Le fond les fait beaucoup valoir. Ma belle-sœur les a vus et les trouve excellents. Dites à Jalabert combien je suis content et reconnaissant. Les copies sont très bonnes et lorsqu'elles ne sont pas à côté des originaux, elles font grand effet.

Bien plus tard, le 11 juillet 1887, la comtesse de Paris écrivait d'Angleterre à Jalabert pour le remercier de l'envoi d'un petit tableau pour une vente de charité :

Je suppose que vous n'avez pas oublié le temps que nous avons passé ensemble, il y a bien des années, tout près d'ici, hélas ! Vous savez bien, j'espère, que de mon côté je ne l'oublie pas et que j'y pense toujours avec grand plaisir, tout en ayant des remords sur la manière dont je posais et je vous tourmentais.

Le troisième et dernier séjour eut lieu en juin et juillet 1866 :

J'ai accompagné le duc d'Aumale à Orléans House, qui est encore distant de deux ou trois lieues de Clarement; le comte et la comtesse de Paris étaient avec nous. Orléans House est l'habitation du duc d'Aumale, le plus riche ou plutôt le seul riche de la famille; sa fortune doit s'élever à douze cent mille francs de rente. Avec cette fortune et l'esprit si hautement distingué du duc d'Aumale, on peut se figurer ce qu'il a fait de son habitation, où l'on tombe à chaque pas de surprise en surprise. Ses jardins sont vraiment féériques et, n'était l'absence des roses et et l'atmosphère un peu fraîche, on pourrait s'y croire en plein été, puisque, grands arbres et arbustes étant tous à feuilles persistantes, tout est vert et frais comme en été (anglais).

A l'intérieur tout est couvert de magnifiques tableaux : *le duc de Guise* de M. Delaroche, *la Stratonice* de M. Ingres, des Léopold Robert, Decamps, Scheffer, etc., etc., et enfin une riche collection de tableaux anciens, de gravures et de dessins précieux, un vrai Musée, qui le cède cependant en richesse à la bibliothèque, qui passe pour une des plus complètes de l'Angleterre. Le duc, avec son amabilité française un peu brusque et rappelant l'ancien officier qui a commandé en Afrique les beaux bataillons de chasseurs d'Orléans, nous a fait l'exhibition aussi détaillée que possible de toutes ces richesses et nous a offert un petit lunch.

Je travaille tous les jours de neuf heures à midi et de deux à cinq ou six et quelquefois sept heures. Je tâche de me tirer d'un pas difficile, sans jamais compter sur l'aide de mes modèles, trop distraits par la politique ou autres idées. Après quelques efforts encore, aurai-je peut-être un peu d'espoir, mais j'en doute. Trop rarement on a fait de bonnes peintures d'après les rois et les princes, pour que je sois plus heureux qu'un autre. Tu m'engages à passer le rasoir sur la tête de ma princesse. J'ai

jugé que ce n'était peut-être pas sur la copie qu'il faudrait faire
cette opération. mais bien plutôt sur le modèle et c'est ce que je
tâche de faire en imagination.

Le duc d'Aumale m'attend et va me faire enrager durant
deux ou trois heures : il va lire pendant ce temps quinze ou
vingt journaux et ce sera tout ce qui aura été fait au cours de
cette séance.

Quelques jours après, arrive la nouvelle de la mort, à
Sidney, le 24 mai, du fils aîné du duc d'Aumale, le prince
de Condé.

Le duc d'Aumale en a vieilli de vingt ans en un jour, écrit
Jalabert. Je ne sais ce qui va résulter pour moi de ce grave et
triste événement ; il m'aurait fallu encore une semaine pour
avancer convenablement mes portraits. Peut-être me fera-t-on
terminer ma petite tête de la princesse Marguerite et renverra-t-on
le reste, qui était justement demandé pour le fils du duc. Hier.
nous avons passé l'après-midi couchés sur l'herbe avec le duc
d'Aumale et M. Rey (ami de Nemours). à lire le journal de
voyage du prince de Condé. dont on avait reçu les dernières
feuilles dans la semaine ; tout cela était très gai, très intéressant,
et depuis un mois l'auteur de ces relations n'était plus de ce
monde. J'admirais la gaieté constante et plus en liberté du duc
d'Aumale. toujours en train, spirituel, tapageur. blagueur dans
le bon sens avec ses frères, qu'il taquinait le plus gentiment possible. C'est bien réellement la forte tête de la famille, mais
combien la douleur peut changer un homme !

On vient de déjeûner comme d'habitude, avec des fleurs sur
la table ; toute la famille était là. personne n'a soufflé mot ; le
duc d'Aumale a mangé un peu de pain sec et la princesse rien ;
les autres n'ont à peu près refusé que le dessert.

Le 1er juillet 1866 :

J'ai fini la princesse Marguerite, trop fini même. On me demande ce matin d'essayer une étude ou esquisse du prince de
Condé, d'après une photographie, et j'ai déjà commencé.

Le duc d'Aumale a desserré les dents, pour ne parler absolu-

ment que de son fils, ce qui dure jusqu'à des heures intermi-
nables de la nuit.

A quelques jours de là, nous lisons dans une lettre de
Jalabert :

J'ai lu l'article de Gautier (1), avec lequel le duc d'Aumale m'a
fait très gentiment un petit succès en famille.

L'ennui de l'isolement joint au souci des peintures impossibles
que l'on me fait faire ici, c'est abominable et, avec l'aide des
nombreuses messes que j'entends, je gagne une bonne part de
paradis. Une chaleur étouffante ! et pas possible de quitter son
habit ! Je ne suis plus sûr de la princesse, qui a de la bonne volonté, mais la pauvre femme est si fatiguée que j'ose à peine la
rappeler à l'ordre une fois ou deux dans une heure. Le prince est
impossible, il ne pose pas une demi-seconde.

La douleur s'use ici comme ailleurs, la maison s'égaie quelque peu ; la princesse seule se maintient constamment triste. Le
duc d'Aumale a parfois des airs de gaieté qui lui reviennent par
la force de son caractère enjoué, et puis il retombe la tête dans
ses mains ; la politique lui a beaucoup servi comme distraction.

Encore deux séances pour le duc de Guise, dit une dernière
lettre ; celui-là pose comme un écureuil dans sa cage. Ce portrait
qui, j'espère, clôturera la série, est en définitive le sixième
barbouillage que j'aurai fait ici pendant mes six semaines de
séjour.

Un rapprochement curieux : terminant à Paris le portrait de la duchesse d'Aumale, Jalabert désirait un mantelet
d'un ton qui complétât l'harmonie du tableau : après de
longues recherches il finit par trouver cet objet : il avait
été porté par l'impératrice Eugénie. Et voilà, ajoute le témoin (2) qui nous raconte cette anecdote, une fusion à
laquelle on ne s'attendait guère.

Le duc d'Aumale installa par la suite tous ses portraits

(1) Il s'agit de l'article paru dans le *Moniteur Universel* sur le portrait
de Mme Chauffard, article reproduit plus haut.

(2) M. Adolphe Weisz, élève de Jalabert.

de famille dans une chambre qu'il appelait son *cimetière* : tous ceux dont l'image se trouvait là étaient morts, à l'exception du duc de Guise. Jalabert y fut introduit un jour et y resta longtemps en compagnie du duc d'Aumale : une semaine plus tard, la mort de son second fils donnait à la funèbre expression un sens absolu.

Les *portraits anglais* sont terminés ; franchissons une période de quinze ans. Le Gouvernement de la France a changé, le duc d'Aumale a été placé à la tête d'un Corps d'armée, il a présidé le conseil de guerre qui a condamné un maréchal fameux. Jalabert va être chargé, en 1880, de reproduire, d'après ses souvenirs d'Angleterre et à l'aide d'une photographie remontant à 1865, la figure de la reine Marie-Amélie, à peine vivante, entrant lentement dans la majesté de la mort.

Les souvenirs, ils étaient certainement bien présents à son esprit ; quant aux impressions du moment, nous les retrouvons dans les lettres écrites d'Angleterre :

Claremont, la résidence de la reine et de ses deux fils, Nemours et Joinville, est à 3 lieues de Twickenham, ce qui passe pour être dans le même quartier dans ce pays où les distances ne comptent pas et où l'on pourrait se passer de chemins de fer, tant les chevaux sont rapides. La route est bordée par une suite non interrompue de cottages et de charmantes maisons aussi propres que luxueuses dans leur modestie relative. De temps en temps, quelque grand parc avec château vient interrompre cette civilisation de campagne ; le plus souvent on cotoie les bords de la Tamise aux reflets d'argent, comme disent les poètes, sans doute parce que la lune s'y mire plus souvent que le soleil. Cette charmante rivière, si noire, sombre et affreuse à voir dans Londres, est ici comme une pièce d'eau de jardin (1) ;

(1) Un jour pourtant, par l'effet d'une fausse manœuvre du gouvernail, le duc d'Aumale, Jalabert et M. Laugel tombèrent à l'eau et durent repasser la Tamise en assez piteux état ; l'accident n'eut d'autre suite que les plaisanteries du prince de Joinville qui, du château, avait été témoin de ce bain forcé.

ses bords, qui n'ont jamais été visités par la moindre crue, s'é-
tendent en pelouses jusqu'au ras de l'eau et sa surface calme
n'est irisée que par ce beau peuple de cygnes libres dont les
Anglais sont aussi fiers que Venise de ses pigeons de la place
Saint-Marc.

Aux approches de Claremont, le pays devient plus sévère :
des landes incultes, parsemées de broussailles noires et des
grandes forêts de chênes et de sapins ; un mur bas, en briques
vermoulues et recouvert de lierre sépare de ce paysage le parc
de Claremont : un terrain grandement mouvementé, de vastes
pelouses sur lesquelles s'étalent, de siècle en siècle, des chênes
énormes et dispersés au hasard ; quelques moutons noirs qui
paissent éparpillés et des vols de corbeaux ; le château enfin,
planté sur le terrain le plus élevé, tout gris, de construction
remontant au commencement du siècle, avec fronton et colon-
nes comme un temple grec, se détachant sur une forêt de pins
et entouré, pour jardin, de quelques chênes verts, d'ifs de
haute futaie et de deux ou trois cèdres magnifiques. Tout cela
est noir et en deuil, comme la pauvre reine qui habite cette
sorte de cloître-château.

Les salles sont si grandes que la voix s'y perd. Nous sommes
entrés, quelques instants après notre arrivée, dans la chapelle.
La réunion était de quarante personnes environ, et après que
tous ont eu pris leur place, la reine est apparue, marchant péniblement, et s'est assise sur son fauteuil placé tout au centre.
Après la messe, toute l'assemblée s'est groupée autour d'une
table qui présentait le spectacle un peu moins noir d'un très
copieux et très bon dîner, où la reine tenait la place du milieu,
entourée de toute sa nombreuse famille, les étrangers occupant
les deux bouts. J'avais pour voisin M. de Beauvoir, ancien
écuyer d'honneur de la duchesse d'Orléans, et Mme la comtesse
de Chabanon, dame d'honneur de la reine, une vieille connaissance de chez Mme Vernet, avec laquelle nous avons parlé de
Paris et d'amis communs. Le repas fini, on s'est rendu dans le
salon, où la reine est arrivée tout droit à moi me remercier, me
complimenter, et me confusionner par de si gracieuses paroles
que j'en étais presque interloqué. Je crois même que je l'étais

tout à fait et que, si elle n'eut pas continué à me parler, je
n'aurais su que lui répondre. Je me suis remis un peu
quand, toujours avec la même grâce, elle m'a conduit elle-même
dans sa chambre pour me montrer le tableau de M. Delaroche :
La Sainte-Amélie qui, en souvenir de sa fille aînée, à qui il
appartenait, est placé au-dessus de son prie-Dieu. La conversation s'est enfin généralisée et, sur les deux heures, on a pris congé
de la reine.

Le lendemain, je me suis levé à sept heures pour repartir
à huit en costume très vitement improvisé. Le comte de Paris,
m'ayant vu admirer ses fusils, avait compris que j'étais un
peu chasseur et une chasse était organisée en mon honneur.

A la station de Twickenham, m'attendaient dans une voiture
le comte de Paris et un fusil ; nous avons filé au galop sur
Claremont, où était déjà le duc de Chartres. Le duc de Nemours
a fait les honneurs de la maison par le moyen d'un copieux
déjeuner très arrosé de Xérès et de Bordeaux et nous avons filé
en voiture de chasse, très à l'anglaise, sur une propriété de Joinville. Quel malheur que ce pauvre duc de Joinville soit sourd,
et tellement, que toute conversation est impossible ; il a l'air si
bon et si aimable ! Autre genre que d'Aumale, genre marin, et,
en cette qualité, plus pêcheur que chasseur (il a fait des voyages
de deux mille lieues pour aller pêcher à la ligne). Il ne m'a pas
quitté de la journée, m'indiquant la direction à suivre et discrètement les endroits les plus giboyeux, me plaçant lui-même, et
se tenant à quelques pas derrière pour doubler mes coups. Il
ressemble à François Ier et son frère Nemours à Henri IV ; mais
pour ce dernier la ressemblance est si complète, que c'est à
croire à Henri IV lui-même, sauf le caractère pourtant : le duc
de Nemours est plutôt triste et point du tout batailleur.

Je ne parle pas de la chasse, quoiqu'elle soit intéressante à
certain point de vue. Nous étions six chasseurs et trois chiens
noirs, gros épagneuls à robe très fourrée qui ne disaient rien et à
qui on ne disait rien non plus, mais qui faisaient leur métier
d'une façon si admirable, que tout l'intérêt de la chasse était,
pour moi, de suivre le travail de ces étonnantes bêtes. Le faisan
pleuvait : en trois heures au plus, on en a tué soixante et envi-

LA REINE MARIE AMÉLIE MDCCCLXV

CLICHÉ ET TYPOGRAVURE BRAUN, CLÉMENT ET C

ron douze lièvres et autant de lapins. Il y avait des batteurs et des gardes-chasse qui ne s'occupaient que de recevoir le gibier, lequel, une fois abattu, devenait l'affaire des chiens dressés à cet effet. Pour mon compte, j'ai tué deux lièvres, sept faisans et manqué tous mes lapins.

Nous sommes revenus à pied à Claremont et nous étions sur l'escalier du château lorsque la reine rentrait de la promenade ; on lui a fait la haie avec notre gibier et elle nous a remerciés tous de cette sorte de gracieuseté ou de plaisanterie ; après quoi, et avant de partir, on a encore lunché, mais j'avoue que j'étais un peu rêveur. La vue de cette pauvre vieille reine (elle a 83 ans) a quelque chose de navrant, quoique en définitive son sort, triste aujourd'hui dans l'histoire, soit loin d'être dénué de tous les bonheurs de ce monde.

Le portrait de la reine était à peu près terminé quand Jalabert reçut la visite du duc d'Aumale, qui lui demanda de vouloir bien faire recopier, sous sa direction, tous ses portraits à lui.

Le duc d'Aumale est venu jeudi et est resté chez moi deux grandes heures. Il est évident que pour lui la chose est moins impressionnante que pour une autre personne, car il se rappelle plus que moi comment était sa mère, et ses souvenirs sont restés particulièrement vifs ; il a été frappé de la vérité de certaines parties dans le visage et de l'ensemble du tableau ; du reste, il ne serait pas resté si longtemps s'il n'avait éprouvé quelque satisfaction, pénible cependant, car en plus de sa mère, j'avais aussi ses deux fils.

Quelques semaines après, Jalabert écrivait :

J'exhibe en ce moment, dans une sorte d'intimité, le portrait de la reine Marie Amélie, sur les murs d'un des petits salons adjoints à la Galerie de M. Goupil. Il y vient assez de monde et je reçois chaque jour nombre de cartes de visite plus ou moins orléanistes et de même satisfaites, et j'ai bien de la peine à faire croire aux gens que ce portrait n'a pas été fait d'après nature pendant mon séjour en Angleterre. C'est une toile assez grande (deux mètres de haut environ) et qui fera bon effet à Chantilly, si le duc d'Aumale sait en tirer bon parti par l'entourage et la place qu'il lui réservera. On m'a reproché et on me reproche encore de n'avoir pas donné mon portrait au duc de Nemours, l'aîné, ou au comte de Paris, le chef de la famille ; mais le premier est peu compétent dans les choses de la peinture, et le second m'aurait emporté mon affaire à son château d'Eu où il l'aurait enfouie à l'insu de l'humanité. Et comme j'ai beaucoup travaillé sur cette œuvre et que je n'en ai aucun profit (1), il est tout naturel que je tienne à quelque notoriété pour ma seule récompense. Du reste, Nemours, quoique présent à Paris, n'est pas encore venu ; peut-être est-il vexé. Je n'ai vu que d'Aumale qui, à diverses reprises, m'a aidé de ses souvenirs, et dernièrement Joinville et le comte de Paris, venus pour l'enterrement de Mme de Vatry.

Le portrait de la reine Marie Amélie devait plus tard être très remarqué à l'Exposition des Portraits du siècle ; c'était plus qu'une reine, une femme malheureuse, avec, sur son visage, l'histoire de ses douleurs.

Un camarade d'atelier de Jalabert avait dit :

Les grands traits émaciés de la reine paraissent tristes et pleins de langueur, mais néanmoins sont empreints d'une douce bienveillance. Dans ces yeux bleus voilés et un peu ternes, il est facile de deviner le passage fréquent des larmes ; la bouche elle-même, un peu entr'ouverte, affirme encore cette pénible impression. Un simple bonnet de guipure encadre ce noble front ainsi que les bandeaux de cheveux blancs se mêlant presque aux rubans et ornements du bonnet. Un modeste fichu se croise et s'attache par une broche ou camée sur un large col tombant sur la pélerine noire qui couvre la robe de satin.

Un autre critique :

De tous les portraits officiels ou plutôt représentant des personnages historiques, le plus remarquable est sans doute le

(1) Il faut ajouter que l'année suivante, en 1882, Jalabert fit ponr le duc de Flandre une copie de la reine, copie qui fut largement payée.

portrait de la reine Marie Amélie. Au déclin de son existence longue et mouvementée, assise dans un vaste fauteuil, elle semble, en sa mélancolie rêveuse, revoir les heures de troubles, revivre les souffrances anciennes, songer à la terre de France qui s'éloigne dans les brumes de sa mémoire et à l'exil qui pèse lourdement sur ses faibles épaules de reine déchue. Vaincue par la vie, elle regarde en face, avec une douloureuse philosophie, la mort qui s'avance et va l'abattre, poursuivant l'œuvre des révolutions.

Enfin voici la description de la main même de Jalabert :

Une tête et des mains de cire, enveloppées de linges bleuis et transparents, et tout cela se détachant sur un espace sombre, tant la robe noire se lie avec le fond. Elle est assise, une main sur le genou tenant un vieux livre, l'autre sur le bord d'une table toute voisine d'un petit portrait de Louis-Philippe, et tout cela dans le calme de l'immobilité et de la pensée. En réalité, je n'ai inventé que l'effet (la pose étant donnée par la photographie que j'ai exactement calquée) ; peut-être me suis-je souvenu assez justement des couleurs du visage, qu'on a peine à croire n'être pas fait d'après nature. En somme, cette peinture, dans laquelle je n'ai pas été gêné *par le modèle*, a eu véritablement du succès et en aurait eu certainement davantage dans une grande Exposition. Je n'ai été à peu près critiqué que par les membres de la famille, qui auraient voulu plus d'animation dans les yeux, plus de finesse dans la bouche, plus de rose et de bleu dans les mains trop grandes, en un mot des charmes que des fils peuvent demander pour leur mère ; mais la photographie me donnait ce que j'ai fait et je ne pouvais rien ajouter sans courir le danger d'ôter la ressemblance. Le duc d'Aumale seul, plus intelligent en choses d'art, ne m'a pas demandé plus que je pouvais faire et que du reste je devais faire.

Il est probable que j'enverrai ce portrait à l'Exposition triennale de Bruxelles qui a lieu cette année en septembre ; on me l'a demandé officieusement, je ne sais de la part de qui, mais sans doute, de la part de l'entourage de la Cour Belge.

Jalabert avait eu raison de manifester sa satisfaction

intime, alors que le portrait n'était pas encore sorti de son atelier, en disant : Il me semble que cela a un certain cachet et même que c'est largement peint.

De Chantilly, le duc d'Aumale emporta avec lui le portrait de sa mère, le jour où il fut expulsé de France ; il l'y ramena définitivement quand la loi d'exil pour lui fut abrogée.

J'ai vu, écrivait Jalabert, j'ai vu dans la Galerie (1) terminée maintenant la place qu'occupera le portrait de la reine et c'est tellement bien et honorablement choisi que j'en ai quelque honte pour ma peinture. En tous cas, il y a, comme pendant, le fameux portrait de la reine par Ary Scheffer (2), qui est si faible et si mauvais qu'il viendra sans doute en aide au mien.

Un autre portrait, non moins historique que le précédent, est celui de la grande-duchesse Marie, sœur aînée de l'Empereur de Russie.

Le 2 juillet 1867, la lettre de Jalabert qui annonce à son père sa nomination d'officier de la Légion d'honneur se termine ainsi :

Malheureusement, il y a toujours quelque épine à toute rose, et voilà la grande-duchesse de Russie qui me réclame pour son portrait et, chose triste, il faudrait aller à Trouville. Je ne sais ce que je vais faire, mais cela me contrarie au dernier point.

On verra ce qu'il lui fallut de patience, de persévérance, pour aboutir à un résultat honorable. Honorable, en effet, fût-il, si l'on en croit le témoignage des principaux organes de la presse française et aussi la dépêche suivante adressée à Jalabert par la grande-duchesse elle-même :

Superbe portrait arrivé depuis trois jours. Tout le monde enchanté, serai toujours charmée vous revoir.

---

(1) Le château de Chantilly possède en outre deux portraits de Jalabert : les princes de Condé et de Guise.

(2) Le portrait d'Ary Scheffer est de 1858; déjà les traits de la reine sont éteints : elle est affaissée plutôt qu'assise. Il y a encore à Chantilly un autre portrait de la reine Marie Amélie par Mersent Louis : robe de satin blanc taillée à la mode de 1830, manches longues pourvues de larges gigots, cheveux en papillotes, parure de pierreries.

Les trois lettres que l'on va lire sont datées de Trouville :

Je viens de terminer ma deuxième séance. Cela va tant bien que mal avec un modèle qui s'énerve après un quart d'heure de pose et qu'il faut saisir au vol ; mais il en est toujours ainsi dans ce genre-là. Pourquoi donc les simples bourgeois ou bourgeoises sont-ils les seuls qui puissent ou veuillent poser convenablement ? En dehors de ce malheur et d'un peu d'ennui qui me prend quand je n'ai pas à travailler, tout serait pour le mieux, car je suis très bellement installé dans un bel hôtel tout neuf sur le bord de la mer et la duchesse est assez bon camarade.

Deuxième lettre :

J'ai bien souffert avec les princes, mais ce n'était rien en comparaison de ceci. Plaignez-moi seulement et à l'avenir si pareille aventure m'arrive, soyez aussi navrés que je l'étais en venant ici. Je ne dors pas la nuit, en pensant à ma mauvaise séance du jour et à celle du lendemain. Je ne mange pas non plus et, dans les longues heures où je n'ai rien à faire, je me promène tristement dans les endroits isolés et je n'ai pas même un peu de soleil pour me distraire ; du reste, Trouville n'est pas gai comme d'habitude.

Malgré tout, la grande duchesse est une très bonne personne et pas du tout gênante, mais elle ne peut s'empêcher d'être comme tous ses *collègues*, enfant gâtée et particulièrement despote (elle n'est pas russe pour rien). La moindre fatigue, la moindre gêne est intolérable à ces gens-là ; ils se plaisent malgré eux à voir souffrir et à être eux-mêmes la cause de ces souffrances ; ils y sentent le plaisir de la domination. J'ai toujours pensé aux idées féroces de 93, toutes les fois que j'ai eu la palette à la main en présence de ces races de première catégorie.

Troisième lettre :

Vraiment ! si tu voyais le temps qu'il fait ! c'est à en rire ou peut-être, mieux vaudrait-il calfeutrer les fenêtres, allumer la lampe et se coucher, comme a dû le faire Noé pendant le déluge. Je lis.

j'écris et je regarde, le nez sur la vitre, s'il ne va pas sortir de quelque coin de l'horizon autre chose qu'un voile gris. Je me lève à 8 heures, je vais faire un tour, voir les poissons frais débarqués. Je rentre déjeuner légèrement à 10 heures, et de 11 à 2 je travaille à courir après la forme, les ombres, les expressions, etc., de ce mouvement perpétuel qu'on appelle la grande duchesse. Excellente personne, mais trop nerveuse. Aujourd'hui cependant, je suis un peu moins mécontent d'elle. J'ai trouvé un moyen de la faire un peu poser, mais de profil, pour ma tête qui est de face. Je la fais jouer au piquet, un jeu qu'elle adore et je la copie dans les moments où elle me montre ses cartes pour demander conseil. C'est un joli métier que je fais là, mais qui ne durera pas longtemps par bonheur, car elle ne va pas tarder à partir. En dehors de cela, du reste, elle me donne par son amabilité toutes sortes de consolations : elle m'invite à dîner tous les jours, mais je n'accepte jamais parce qu'elle dîne à 2 heures ; et puis, le soir, elle me propose d'aller faire une promenade en voiture, ce que je n'accepte pas non plus, parce qu'il faut que je dîne et qu'il pleut.

Dans les repos, qui sont nombreux et qui se succèdent même sans aucune interruption, la princesse fume sa cigarette comme un simple mortel.

Le portrait fut exposé au Salon de 1870.

Malgré tout son mérite, disait Delaborde dans la *Revue des Deux-Mondes*, il a été relégué dans une de ces salles supplémentaires où l'on n'arrive qu'après de longues fatigues, si tant est même qu'on s'avise d'y pénétrer.

On y pénétra et on en sortit sans regrets. Les lignes suivantes, détachées des articles des principaux critiques d'art, décrivent le tableau (car c'était plus qu'un portrait), d'une façon assez minutieuse.

C'est d'abord Th. Gautier : (1)

M. Jalabert a exposé le portrait de la grande duchesse Marie Nicolaewa, où cet artiste, d'un talent si sûr et si délicat, semble

(1) *Moniteur Universel*, 2 août 1870.

s'être surpassé. La grande duchesse est représentée debout, le corps presque de profil, la tête tournée vers le public, les bras croisés, vêtue de satin blanc, une pélerine de dentelles sur les épaules, un collier de perles fines au col. Elle est coiffée d'une espèce de bonnet en guipure blanche qui lui cache presque les cheveux. La tête, dont les traits purs et réguliers rappellent ceux de l'empereur Nicolas, a un grand air de distinction. Les yeux bleus, par leur expression douce et rêveuse, tempèrent la majesté un peu sévère du masque. La figure se détache en clair d'un fond gris marron. Il est difficile d'être à la fois plus simple et plus noble. Le livret ne porterait aucune indication que personne n'hésiterait à reconnaître la haute qualité du modèle.

C'est ensuite Louis Énault : (1)

Cette toile est empreinte d'une véritable maestria et signée dans son ensemble et dans ses détails comme l'œuvre la mieux venue peut-être d'un maître à qui nous devons déjà tant de remarquables travaux. La grande duchesse se présente debout, elle est vêtue de blanc, pâle, digne, imposante et même un peu sévère. Elle est peinte en pleine lumière, sans aucun artifice, avec une franchise et une netteté parfaites. Les mains sont du plus admirable modelé et suffiraient à elles seules à faire la réputation d'un peintre. Ce sont vraiment des mains de reine, élégantes et fermes, souples et puissantes, capables de se jouer avec un bijou ou de porter un sceptre.

C'est A. de Pontmartin (2) :

Ce portrait comptera parmi les meilleurs d'un artiste qui en a tant fait d'excellents. Son talent sobre, grave et fin, convenait admirablement à cette figure d'un galbe si noble et si pur, où la fuite des années et les épreuves de la vie semblent avoir laissé un léger voile de tristesse.

C'est encore Castagnary (3) :

La grande duchesse Marie n'est peut-être qu'une attitude,

(1) *Constitutionnel*, 17 juin 1870.
(2) *Univers Illustré*, juin 1870.
(3) *Siècle*, 13 mai 1870.

mais quelle noblesse dans la pose et quelle distinction dans l'ajustement ! si je ne m'arrête guère à la tête qui, bien que fermement indiquée dans son ossature, manque un peu d'accents dans les chairs, je ne puis détacher mes regards de cette poitrine si souple et si vivante qu'elle paraît respirer. Quelle sévérité et quelle grâce dans la robe de satin blanc, relevée d'un liseré bleu qui court sur le bord. Les mains, croisées au bas du corsage, ont quelque chose d'ingénu ; c'est la simplicité dans la grandeur. Jamais je n'avais vu M. Jalabert si près de la nature et de la vie.

Jalabert est arrivé à une période que nous pourrions qualifier de surproduction artistique : il constate sur lui-même que c'est moins la longue durée du labeur quotidien qui épuise les forces, que la répétition constante du même genre d'occupation ; on dirait que l'esprit se détende, et il se détend en réalité lorsque, au lieu de se voir imposer une tâche invariable, il se trouve en présence de tâches multiples, mais variées.

Jalabert soupire, au commencement de 1870, après un repos bien mérité :

Je suis enchanté de m'en aller pour trois mois de mon atelier, de Paris, qui n'est pas gai. Je suis du reste un peu fatigué du travail que j'ai fait ces derniers temps. Les portraits des enfants Fould, en pied et de grandeur naturelle, m'ont fait devenir chèvre. J'espère en être débarrassé la semaine prochaine. J'ai refusé de beaux portraits, des filles et des femmes de Ministres, Mlle de Talhouet, Mme Maurice Richard, Mme Olivier, etc. J'en suis absolument rassasié et je ne peux plus faire ce genre de travail.

C'est qu'en effet, en dehors des enfants Fould, une douzaine de portraits ont occupé ses chevalets en 1869, sans compter la grande duchesse Marie.

Entre temps, et comme pour se dédommager de l'espèce de contrainte respectueuse qu'impose toujours, même aux plus habiles, un portrait d'apparat, Jalabert avait fait de

MADAME GÉROME

Mme Gérome un portrait où la fantaisie se mêlait à la ressemblance. Il parut au Salon de 1870 sous ce titre : *Souvenir d'un bal costumé.*

C'est une peinture charmante, affirmait Gautier, gracieuse comme un Longhi, spirituelle comme un Tiépolo, et qui fait pendant au *Carnaval de Venise* du temps de Gozzi. La dame est debout, vêtue de satin rouge avec guipures blanches, les mains dans un manchon rouge garni de fourrures noires. Sur sa tête est planté crânement un petit tricorne noir, dont la voilette retombe par derrière. Un masque rouge repoussé entre l'oreille et les cheveux laisse voir une physionomie gaie et souriante, qu'il eût été fâcheux de cacher sous un morceau de carton. Il nous semble, en regardant cette figure, nous promener sous les Procuraties et voir Casanova entrer dans une redoute pour jouer le Pharaon avec quelque descendant des doges, pendant que les masques nouent des intrigues et font des pantalonnades sur la place. Saint-Marc, à travers les vols de pigeons effarouchés.

Après la guerre, Jalabert entreprit le portrait de Mme Beulé. Faisant violence à ses habitudes, il se rendait chaque jour à l'Institut, ce qui lui était une perte de temps d'une heure et demie, aller et retour.

A sa sœur, qui lui demandait ce qu'il pensait de la politique, il répondait :

De cela, je ne sais rien et je continue à ne pas m'en occuper. Beulé m'en dit bien quelques mots tous les matins à déjeûner, mais il est si dur pour l'espèce humaine que je me plais à croire que sa mauvaise humeur contre tout soit exagérée. La preuve en est dans les marques patriotiques qui se produisent dans ce moment à propos de la souscription pour la libération du territoire et, en moins grand, la vente que nous avons faite cette semaine pour notre camarade Anastasi (1), devenu aveugle à quarante-cinq ans et privé de toutes ressources : pas même un brin de famille pour le soigner un peu. En somme, notre vente

____

(1) Anastasi Auguste, peintre de paysages et lithographe (1820-1889).

a produit 138.500 francs. Le public acheteur s'est uni à notre
entrain charitable, car tout s'est vendu assez cher. Quant à moi,
dont l'envoi était assez modeste faute de temps, j'ai pu atteindre
le prix de 2.700 francs et avec assez de vivacité. Mise à prix 100
francs, c'était règle générale ; 1.000, 2.000, 2.500, 2.600, 2.700,
adjugé à M. Goupil qui aurait grimpé jusqu'à 4.000, si on l'avait
poussé (1).

Le portrait de Beulé passe pour l'un des plus beaux
qu'ait signés Baudry.

Celui de Mme Beulé est, comme on l'a très bien dit, en
même temps qu'un portrait fidèle, un tableau de genre de
son intérieur tel qu'il était à l'Institut : on retrouve la
maîtresse de maison dans son cadre, au milieu de tous ses
bibelots, de ses meubles, bien elle et bien chez elle.

Le dernier grand portrait qu'ait envoyé Jalabert à
l'Exposition annuelle est celui de la maréchale Canrobert.
Dans son compte-rendu du Salon de 1872, M. de Pontmartin
se disait heureux de retrouver Jalabert avec deux toiles de
premier ordre (2).

Ici l'idéal reprend ses droits ; le portrait, cette pierre de
touche du vrai peintre, redevient le fidèle interprète de la figure
humaine, laquelle à son tour n'acquiert ou ne garde toute sa
valeur qu'en servant, pour ainsi dire, de trait d'union entre la
forme extérieure et l'invisible domaine du sentiment et de l'idée.
Il suffit de regarder un instant Mme la maréchale Canrobert pour
deviner une nature d'élite. Le visage, la taille, le buste, les
attaches du cou et des épaules sont d'une suprême élégance.
Le front haut, légèrement bombé, rayonnant d'intelligence, se
dessine sous les bandeaux de cheveux noirs. Les yeux purs,
limpides, un peu mélancoliques, font rêver de ces beaux lacs
d'Ecosse que Walter-Scott a décrits et qu'assombrit l'ombre des

(1) Dans une vente au profit de la caisse des artistes malheureux qui
produisit 40.000 francs, j'avais envoyé une pochade faite en moins de deux
jours, grande comme une carte de visite, adjugée 980 francs (autre lettre
de Jalabert).

(2) La maréchale Canrobert et *le Réveil*. — *Univers illustré*, 25 mai 1872.

roches granitiques ou des forêts de sapins. Rien de plus exquis que le bas de ce visage si finement aristocratique. Le corsage, svelte sans maigreur, se dérobe sous une mince fourrure de zibeline qui borde une robe d'un gris pâle, garnie de bleu. L'ensemble se détache sur un fond mat, sans aucune coquetterie d'accessoire. Le talent de M. Jalabert réunit, on le sait, des qualités qui semblent s'exclure : la sagesse et le charme, l'élévation et la grâce, la gravité et le sourire ; dans ce portrait tout est harmonieux, délicat, d'une gamme juste, d'un ton reposé, d'un effet suave, sans afféterie et sans fadeur. C'est de la peinture de bonne compagnie, que signeraient les plus grands artistes ; c'est de la peinture d'artiste qui donne aux hommes du monde l'envie de dire : nous aussi nous savons peindre.

Enfin signalons, au Salon de 1873, le portrait de la princesse Schahouskoy, dont le mari était aide de camp de l'empereur et gouverneur d'une province russe. C'est à elle qu'il est fait allusion dans les lignes suivantes :

Je n'ai pu faire le voyage de Nimes parce que je me trouvais aux prises avec une princesse russe venue exprès de Moscou pour se faire portraicturer par moi et fort pressée de s'en retourner se chauffer dans son palais, lequel, dit-elle, est moins glacial que les appartements de Paris, où elle ne cesse d'être enrhumée.

S'il était encore vivant, Jalabert ne nous pardonnerait pas d'oublier dans cette énumération, d'ailleurs très limitée, les portraits qu'il fit des six enfants de sa sœur ; simples dessins au crayon, en pied, de 0^m,40 de hauteur. Il les retrouvait tous les ans avec un nouveau plaisir ; ils occupent tout un panneau du même petit salon, et, quoiqu'ils datent de 35 à 40 ans, Jalabert a reproduit d'une manière si exacte la physionomie, la pose habituelle de ses jeunes modèles qu'à l'heure actuelle on les reconnaît et on les distingue ; c'est de sa nièce et de l'un de ses neveux qu'il parle dans une lettre adressée à sa sœur :

Les portraits d'André et de Claire sont encadrés depuis longtemps et je ne sais comment les envoyer ; j'ai peur que, même très bien encaissés, ils ne t'arrivent cassés. Je regretterais de les avoir emportés avec moi, si je n'eusse voulu les retoucher un peu, et si ma vanité d'oncle n'avait éprouvé un vif contentement à les montrer ici à quelques amis. J'en ai reçu bien des compliments qui s'adressaient tous à toi et non à l'auteur des dessins. Je ne te les ferai pas attendre longtemps, mais je veux encore épuiser le plaisir que j'ai à les regarder autant qu'à les montrer.

Désormais, Jalabert désertera les Champs Elysées. Mais cette désertion n'est pas une retraite.

Jalabert, disait, à l'époque, *La Gazette des Beaux-Arts*, est un de ces artistes qui semblent fuir le bruit et que le bruit va trouver plus souvent peut-être qu'ils ne voudraient.

Les amateurs de bonne peinture se presseront dans son atelier aussi nombreux que s'il disposait de la réclame la plus perfectionnée, et il aura la satisfaction intime de se dire qu'il est d'autant plus demandé qu'il s'offre moins.

Que de visites notamment au grand portrait de Mme Polovtsoff, auquel nous avons déjà fait allusion ! Avant de donner le dernier coup de pinceau, Jalabert, toujours préoccupé de son fond, invita le mari de son modèle à lui faire part de ses impressions :

Vous me demandez de vous dire toute ma pensée ; je vais essayer de le faire, tout en vous priant, à l'avance, d'en prendre et d'en laisser absolument ce que vous jugerez être à votre convenance. Je n'ai exactement rien à dire sur la figure, la toilette, etc. Si j'ai la moindre observation à faire, elle porte uniquement sur les accessoires secondaires. Je m'explique : la toilette du portrait est une belle toilette lourde qui ne serait jamais de saison en été, dans un jardin ; il me semblerait beaucoup plus harmonieux, pour une personne ainsi vêtue, d'apparaître dans un salon, un vestibule ; gardons les marches et la rampe qui sont sur la toile, mais mettons-les dans un emplacement abrité ; représentons une porte au haut de l'escalier, un fond de mur tranquille, tenture ou pierres, ce que vous voudrez, il me semble que les exigences de la mise en scène seront plus satisfaites.

Mon autre grief porte sur l'éventail : on ne le manie guère de la main gauche et son attitude frise l'affectation. Ne pourrait-on pas le remplacer par un autre objet, un gant, par exemple, qui, dans un vestibule, serait tout à fait à sa place.

Voilà tout ce que j'ai à répondre à votre amicale interpellation.

La réponse ne pouvait être plus juste, plus précise, plus française. M. Polovtsoff eut gain de cause et témoigna vite sa reconnaissance. D'une lettre écrite par lui de Saint-Pétersbourg, nous extrayons la phrase suivante :

Les bons comptes font les bons amis, dit-on, et comme je tiens beaucoup à ce que vous me gardiez votre amitié, j'ai donné ordre à M. Hottingre de vous faire parvenir vingt-cinq mille francs.

D'ailleurs, Jalabert n'a pas renoncé à montrer ses toiles au public ; s'il ne paraît plus au Salon annuel, il se réserve pour les Expositions particulières, et surtout pour celle des Mirlitons.

Quant à moi, dit une lettre où il parle des études de ses neveux, j'aurais aussi d'assez bonnes places dans ma classe, si je pouvais arriver plus facilement à me contenter et à livrer mes devoirs à la circulation. Mon maître, le public, semble assez satisfait quand il réussit à voir un de mes thèmes ou une de mes versions ; la preuve en est encore par notre petite exposition du Cercle, très distinguée, où j'ai envoyé un portrait de dame et un tout petit de jeune homme en costume de carnaval.

Une autre année Jalabert écrit :

Mon exposition aux Mirlitons (belle salle où le jour est bon et l'espace ne manque pas), est réussie et me rapporte de partout d'agréables compliments. Mon général assez brutalement peint fait bon effet à côté de la délicate et précieuse, quoique pas jolie Mlle B. Je ne sais que faire des commandes.

Comme dans la période de l'Empire, parmi de nombreux portraits, quelques-uns seront seuls offerts aux yeux du public. Le peintre n'impose jamais cette condition et beaucoup de ses modèles ne se soucient guère d'une publicité qui ne va pas sans quelques désagréments. Mais la correspondance de Jalabert rend compte de ce qui se passe dans son atelier ; il n'y a pas d'indiscrétion à publier quelques extraits, en ne conservant que la première lettre du nom et en supprimant la date.

En ce moment, je m'occupe de Mme de T., dont je ne puis me tirer (voilà deux mois que je traîne dessus presque sans bon résultat), de Mme de W. qui va plus facilement, parce qu'elle a une jolie tête avec quoi tout s'arrange, d'une dame de province qui m'ennuie beaucoup car elle a l'air commun, de Mlle M., la cadette, en pendant à celui de sa sœur, qui n'est pas mal, d'une autre qui est loin d'être drôle. Dans quelques jours, Mlle de M., qui va rentrer au couvent ; puis, après Pâques, un évêque, et cependant, depuis l'année dernière, je refuse tout nouvel engagement, et c'est ainsi que je ne pourrai jamais me dépêtrer des portraits que j'ai entrepris. J'en ai deux en ce moment aux Mirlitons qui me font pleuvoir les demandes et je n'en suis pas surpris, car l'un est assez réussi, grâce aux charmes du modèle, une jeune Américaine aux cheveux rouges, très longs et très épais, des yeux très noirs, grande et mince, robe bleue tendre, appuyée doucement sur une balustrade, fond de verdure ; c'est original et cela tire l'œil, surtout des américains qui connaissent Mlle M. de H. (1) ; l'autre est une tête de jeune fillette et toutes les mamans voudraient la pareille. Si les affaires ne vont pas, le portrait, ou par fantaisie ou pour tout autre raison, marche toujours. Il est vrai que l'Institut, qui méprise cet art, ne

_____

(1) Une lettre de la mère de Mme M. de H. porte : « Ma fille est celle qui a décidé que son père n'avait aucun droit d'enterrer une œuvre aussi artistique ». Au sujet de cette toile, Mme Beulé a fait part à Jalabert de son enthousiasme ; en envoyant ses amis admirer le portrait de cette jeune fille, qu'elle connaissait bien pour l'avoir rencontrée dans le monde, elle l'avait baptisé : *La Jeunesse* ; jamais, dit-elle, la grâce et le charme n'ont été si bien rendus.

sait pas en faire, que tel peintre décline, que tel autre fait mauvais, qu'un troisième est un farceur qui n'a que de l'aplomb et
qu'il n'y a guère que moi qui produise cette marchandise d'une
façon à peu près honnête, et il faut bien que ce soit vrai, pour
que passant par dessus vanité j'ose le dire.

Une autre année :

Ce qui se passe dans mon atelier ? C'est toujours pareil, une
dame le matin, une autre l'après-midi, à peu près tous les jours
de même. Il y a en ce moment M\ⁱᵉ de V., belle blonde à belle
poitrine, M\ˡˡᵉ R., minois chiffonné mais charmant, très gracieuse et élégante de taille, M\ⁱᵉ de L., dix ans de trop, minois
encore très chiffonné et n'étant jolie que par l'expression ; puis
deux dessins d'une M\ⁱᵉ B., très charmante et d'une M\ⁱᵉ B.
très ordinaire ; puis un souvenir, d'après photographie, du petit
M. L. R., etc. Le Mirliton est ouvert depuis huit jours et j'y ai
M\ᵐᵉ H. P. et M\ᵐᵉ S. J'aurai voulu M. L. à la place de cette dernière. C'eut été un peu de peinture vigoureuse à côté du délicat
et du distingué. Si on en juge par certains critiques, tout cela
est du dernier mauvais et ne mérite même pas d'être signalé ;
mais, à ce qu'il semble, le public ne pense pas tout à fait de
même et me console très largement du mépris de ces adorateurs
du laid, du grossier, du canaille, toutes choses qui sont du reste
assez de mode aujourd'hui.

Jalabert avait tort de se plaindre de la presse.

Sans doute tel critique a proclamé que Jalabert est plutôt
un dessinateur qu'un coloriste et que de nombreux peintres, même parmi les plus célèbres, croient peindre
qui ne font qu'enluminer ! Tel autre cherche à démontrer
que le talent de Jalabert n'a rien de fougueux ni de
passionné, qui ne peut s'empêcher d'ajouter aussitôt après :
avec quelle conscience et quelle netteté il peint et dessine
ce qu'il a devant les yeux !

Mais, par contre, combien s'aperçurent, pour en féliciter
le peintre, de la difficulté vaincue dans le portrait de
M\ᵐᵉ H. P. ! Des artistes se sont souvent appliqués à représenter les fonds dans les mêmes tons que ceux des ajuste-

ments. Jalabert avait peint son portrait blanc sur blanc, ou plutôt blanc sur bleu pâle : mais ses blancs, malgré les dangers d'un pareil parti pris, furent reconnus lumineux et magnifiquement réussis.

Rien ne peut rendre le charme, a-t-on écrit, de cette beauté fière et distinguée, car dire que les cheveux sont châtains, partagés sur le front en bandeaux légers et les yeux de ce bleu fin qui donne une expression indéfinissable de douceur et de bonté intelligente, c'est ne rien dire du tout, pas plus que les passeports. Il faut voir ce charmant visage, presque vivant à force de vérité et cette robe de velours frappé blanc, légèrement ouverte pour dégager le cou. La robe de forme princesse se termine en longue traîne, elle est relevée seulement sur les hanches, un peu en arrière par une cordelière blanche nouée. Cette cordelière et les plis du velours sont des merveilles. Dans vingt ans, dans trente ans, ce portrait sera toujours un beau portrait, car on n'a pas sacrifié à la mode du jour et de l'heure ; pas un détail qui plus tard puisse sembler ridicule.

Le portrait de Mme H. P., écrivait-on d'autre part, est ravissant et d'une élégante distinction. Par la pureté des lignes, la précision du contour, les finesses du coloris et la simplicité d'effet, M. Jalabert a su conserver à son modèle sa grâce et sa distinction personnelles. Bien joli, plus accentué et dans une gamme également fine et seyante, le portrait de Mme E. S. ; comme facture, celui-ci lui est même supérieur.

Où M. Jalabert a-t-il découvert cette Ophélie, demandait M. Peladan, cette Nilsson plus que Nilsson ? et l'ayant découverte, pourquoi ne l'a-t-il pas vêtue selon Shakespeare ? Telle qu'elle est, dans sa robe de velours blanc frappé, elle semble une jeune princesse égarée parmi le troupeau des bourgeoises.

A côté de quelques intempérances de langage, qui dépassent le but par leur exagération même, il y a les mille et une contrariétés, les rivalités personnelles, qui sont de la nature des petites expositions comme des grandes.

L'Exposition du Cercle m'a bien un peu contrarié par la place trop élevée du portrait de Mlle G. qui était trop doux pour cela,

LA GRANDE DUCHESSE MARIE DE RUSSIE

mais le règlement, faute de place, exigeait le sacrifice d'une œuvre sur deux, et comme l'autre était la femme d'un membre du comité et très connue au cercle, c'est cette dernière qui a eu la bonne place et un assez bon succès, mérité du reste. Néanmoins, il est fâcheux que le public n'ait pas pu voir la première de plus près ; cela lui aurait été plus agréable sûrement que certaines peintures de jeunes qui se complaisent en esquisses insuffisantes et en laideurs, mais c'est la mode du jour !

Peut-être Jalabert tenait-il tant à ce portrait à cause de la peine qu'il s'était donnée :

Mlle G. ne pose pas, dit une lettre, et ce qui est plus grave, c'est qu'aucun autre modèle ne peut la remplacer, tant elle est mince.

Aux Mirlitons encore, furent très remarqués les portraits de la fille et de la nièce du peintre Gérome ; une autre année, ceux de deux jeunes filles.

Celui de Mlle de L. en robe blanche, traité dans une gamme claire, avec des mains d'un dessin souple et harmonieux, ne désarma pas la critique.

Deux portraits de femmes par Jalabert, s'écria quelqu'un, heu ! heu ! c'est rose, c'est joli, cela doit être excellent à manger ; malheureusement cela ne se mange pas. Je dois d'ailleurs constater, pour être impartial, que ces œuvres souriantes et agréables à regarder ont un vif succès auprès du gros public.

Un autre avouait un faible pour les portraits de l'artiste parce qu'ils donnaient l'impression d'être ceux d'honnêtes femmes, puis parce que, dans la débilité de leur couleur, ils possédaient une grande suavité.

A côté, d'autres critiques d'art plus autorisés, semble-t-il, comme Henri Fouquier, trouvaient dans les deux jeunes filles exposées un charme intime de vérité et de rêve.

Le poème blanc et rose signé Jalabert, lisait-on dans le *Soir*, est une des meilleures inspirations du maître.

Un autre surenchérissait :

Répéterons-nous encore que M. Jalabert est peut-être le seul peintre qui sache faire le portrait d'une vraie jeune fille, ainsi qu'on la comprenait jadis et que le type s'en est presque effacé.

Un autre allait plus loin encore :

M. Jalabert est, à notre avis, le peintre de portraits le plus remarquable de notre époque, l'incomparable poète du portrait ; ses toiles resteront, parce qu'elles sont simplement bonnes, sans procédé ni mode ; son portrait de femme est, pour qui connaît le modèle, d'une habileté et d'une ressemblance fabuleuses.

Parmi les meilleurs portraits de l'Exposition (c'est About qui parle), citons celui de M. Lebaudy par Jalabert, qui pontifie parfois un peu et ne peint pas toujours avec cette verve juvénile.

Voici un billet sans date, signé Alfred Arago :

Vu ce matin Meissonnier qui trouve que tu as aux Mirlitons un portrait de premier ordre (sic).

Voici Charles Clément :

Il paraîtra peut-être un peu ridicule que je parle de progrès à propos d'un artiste qui est depuis longtemps maître de ses moyens et dont la réputation n'est plus à faire. Et cependant ce mot vient tout naturellement au bout de ma plume en pensant au beau portrait de femme qu'expose M. Jalabert. De la distinction, ce peintre en a toujours eu, mais ce qui me frappe et me paraît nouveau dans cet ouvrage, c'est le caractère sérieux et la belle tenue de l'ensemble, la fermeté du dessin et de la facture.

Le même critique du *Journal des Débats* avait écrit un jour les lignes suivantes :

Le portrait exposé par Jalabert sort de la banalité ordinaire et rappelle un peu la manière dont les Flamands entendaient ce genre de sujets. Dans un appartement tendu de damas rouge et meublé avec un goût exquis, une jeune femme blonde, vêtue d'une robe de velours noir à crevés, se tient debout, la main droite appuyée à un meuble, un livre dans la main gauche. La tête pensive et vue de trois quarts est tournée vers le portrait d'un enfant posé sur une table. Est-ce à l'enfant que rêve ainsi la jeune mère ou au livre qu'elle vient de fermer ? M. Jalabert a mis tout son talent et tout son savoir dans cet ouvrage si largement compris et si achevé dans ses moindres détails. C'est avec un art consommé qu'il a conservé à la petite figure toute son importance, malgré les difficultés que lui créaient les tentures et les meubles, car il fallait faire aussi le portrait de l'appartement. L'ajustement de Mme B. est simple, du meilleur goût. La tête, grande comme le bout du doigt, et les mains sont dessinées et modelées avec une correction, une finesse, une souplesse extrêmes. Il y a, dans l'ensemble, une distinction, une délicatesse, un comme il faut, auxquels M. Jalabert nous a sans doute accoutumés, mais il s'est encore surpassé, je crois, dans ce charmant tableau. Le peintre est sans doute pour beaucoup dans ce résultat, mais le modèle y est pour quelque chose.

Il n'y a donc pas à se dissimuler que ce sont les portraits féminins qui ont fait la gloire de Jalabert et il semblerait paradoxal de soutenir la supériorité de ses portraits d'hommes. Et pourtant ! Nous avons cité déjà ceux de M. de Belleyme, de l'amiral Gizolme, nous pourrions invoquer encore ceux du général Garnier, de Gustave Lebaudy, de M. Gouin et autres d'une allure nettement virile, d'une touche d'où la préciosité est absente au point que les plus habiles s'y sont laissé prendre et une fois désabusés n'ont pu qu'admirer. Trois ou quatre noms célèbres clôtureront cette série.

Et d'abord Emile Augier :

De Chatou à Bougival, la distance n'était pas grande pour les deux amis de longue date qui s'appelaient Augier et Jalabert. Combien de fois ce dernier n'a-t-il pas reçu des billets dans le genre de celui-ci :

Alfred et Gérome dinent subitement chez moi demain ; êtes-vous homme à en être ? oui, n'est-ce pas ?

Il en est qui sont signés : « Mille et Mille Augier ».

Jalabert, de son coté, s'efforce d'attirer son ami jusqu'à Bougival en vue d'une séance de portrait. Augier se présente de loin en loin chez le peintre : il le prévient même, voici dans quels termes :

Je vous avertis que j'irai mardi vous inviter à dîner avec nous mercredi. Tenez-vous le ventre libre d'ici là. Nous profiterons de la circonstance pour poser un peu.

Nous sommes en 1883.

Dans ces conditions, il n'est pas étonnant que Jalabert se désespère :

Mon portrait Augier ne va pas, je ne puis m'en tirer. Je me sens humilié de mon incapacité et je suis embêté (comme on dit dans l'opérette) au superlatif ; c'est la goutte de mon pied qui a passé dans mon esprit.

Enfin, quoique la tenue contemporaine ne soit point favorable au portrait, quoiqu'elle paraisse même contraire à toute manifestation artistique, Jalabert sut camper fièrement cette belle figure, lui imprimer un caractère de véritable grandeur et de simplicité en même temps, comme il convenait à l'auteur dramatique le plus applaudi de la seconde moitié du XIXme siècle, au point que son œuvre éclipsa facilement celle des artistes qui avaient eu à reproduire, avant lui, les mêmes traits.

Aussi, Mme Augier devenue veuve, n'hésita-t-elle pas à offrir au Théâtre Français le portrait de Jalabert, persuadée que la Comédie accepterait avec empressement une des choses auxquelles son mari tenait le plus. Elle ne se trompait pas. M. J. Claretie lui répondit :

J'ai un peu tardé à vous remercier de votre charmante lettre qui m'a fort touché, parce que j'espérais pouvoir aller vous porter ce remerciement et les jours passent, chargés de petites et grosses occupations : je serais bien heureux et la Comédie vous serait fort reconnaissante si le portrait de votre cher et glorieux mari peint par Jalabert figurait dans notre Musée : je lui ferais une place d'honneur, la sienne.

Neuf ans plus tard, une chute que fit le tableau le préserva peut-être d'autres dangers qu'il aurait pu courir pendant l'incendie du Théâtre Français, car, à ce moment, il était chez Jalabert à fin de restauration.

Le 29 septembre 1899, Jalabert recevait la lettre suivante de l'Administrateur du Théâtre Français :

Mon cher maître.

Cet été, il est arrivé à votre portrait d'Augier un accident. Le cadre s'est détaché et la toile, tombant sur un fauteuil, a été trouée par le dossier. Votre belle œuvre a été coupée comme par un coup de hache et au meilleur endroit : la tête d'Emile Augier est toute balafrée. J'ai fait rentoiler le tableau. Aujourd'hui le mal matériel est réparé. Mais le mal artistique ? Le maître seul peut l'effacer et Dieu merci, vous êtes là pour tout rétablir. Je n'ai pas voulu vous avertir avant que le rentoilage fût terminé. Au chagrin que j'ai eu, j'ai pu mesurer celui que vous éprouveriez. Voulez-vous, mon cher maître, me permettre d'envoyer votre Augier chez vous ? Il nous sera, quand il reviendra, deux fois précieux, car après avoir dû son don à la famille, la Comédie devra le salut de cette œuvre supérieure et dont elle est fière à celui qui l'a créée.

La réparation faite, le portrait reprit sa place dans la salle du Comité de la Comédie.

Un ami commun d'Emile Augier et de Jalabert, qui devait, lui aussi, être un modèle d'été, pour l'atelier de Bougival, Eugène Labiche, surpris par la mort, n'avait eu que le temps d'envoyer au peintre le petit billet comique que voici, en réponse à une demande de photographie :

Je vous en envoie même deux, une de face et une de profil. Je ne me suis pas fait faire de dos. j'ai eu tort, la figure change moins de ce côté. Tout à vous.

Dans le monde du palais, Jalabert a souvent représenté des conseillers à robe rouge, des avocats, tel que M⁰ Fala-teuf largement peint, d'une touche hardie. grasse et lumineuse, assis à la barre et tenant en main un dossier ; tel encore M⁰ Rousse, le doyen des avocats de Paris et leur représentant à l'Institut. Il ne nous en voudra pas de reproduire ici les deux lettres qu'il adressait à Jalabert avant et après le portrait.

La Roche-Guyon, 3o septembre 1891.

Que voulez-vous que je vous réponde ? N'est-ce pas une visée bien extravagante d'imaginer que ma vieille barbe, ma triste figure et ma chétive immortalité puissent tenter le pinceau d'un grand artiste habitué à de si charmants et illustres modèles ? Faites de moi tout ce que vous voudrez. ou plutôt tout ce que vous pourrez. car je suis convaincu qu'au bout de deux séances vous remettrez votre toile sous votre bras et votre fusain dans votre boîte. en laissant le *bourgeois* dans la *pose*, la bouche en cœur et les yeux en coulisse. Dans tous les cas, venez vite, avant que le soleil se soit lassé de ses débauches tardives ; nous avons ici des matinées et des couchers de soleil splendides.

A bientôt. cher Monsieur et ami. je suis bien touché et confus de votre bonne pensée. nous en causerons quand vous serez ici.

Edmond Rousse.

Tant mieux si mon Mirabeau (1) vous a fait plaisir ; en voilà un qui devait être amusant à portraicter ! avez-vous vu cette hure !

Plus tard :

Depuis bien longtemps. mon frère et moi, nous cherchons un objet d'art qui ait quelque chance de vous plaire et qui puisse vous rappeler un jour les deux ermites de La Roche-Guyon. Nous avons pensé que vous n'oseriez pas fermer votre porte au vainqueur des Pyramides. si fièrement campé sur son cheval de bataille et qui d'ailleurs serait bien homme à entrer chez vous de vive force. Nous avons pensé aussi que vous auriez plaisir à voir chaque jour. dans l'intimité de votre atelier. une belle œuvre due au talent d'un de vos plus chers amis. Faites donc bon accueil. je vous en prie. au petit *Bonaparte* de Gérome dont vous nous avez souvent parlé avec de si grands éloges. et gardez-le en témoignage de notre reconnaissante amitié, comme nous gardons

---

(1) Mirabeau par Edmond Rousse. *Les Grands écrivains français*, Hachette.

précieusement le beau portrait dont vous avez illustré mon
maigre et chétif personnage.

Nous avons dit plus haut comment le premier Salon de
la Société des Amis des arts de Nimes, en 1843, avait
accueilli et récompensé le premier tableau de Jalabert. En
1881 le jury de cette même société lui décernait le diplôme
d'honneur pour un médaillon de jeune fille (Mlle Gérome).

Cette peinture, disait la lettre du président Henri Révoil (1),
réunit toutes les qualités de votre talent ; elle a le parfum des
maîtres florentins et on ne peut rien imaginer de mieux peint, de
plus correct et de plus suave.

Depuis cette date, Jalabert est devenu l'exposant le plus
fidèle de la Société nimoise ; tous les deux ans, il sait
qu'elle compte sur lui, qu'elle lui réserve la place d'honneur et tous les deux ans il lui envoie deux ou trois de ses
dernières œuvres : ce sont les portraits d'une autre fille du
peintre Gérome, de Mlle M.-L. R., de l'amiral Gizolme, du
professeur Malassez, du docteur Bonnes, de Mmes H. et F.
de Th., et dans le cercle de la famille, le portrait de sa
sœur Claire auquel il a travaillé plusieurs années (on lit
au-dessus de la signature la double date 1871-1877), celui de
sa nièce, celui de sa petite nièce, ce dernier posé en plein
air.

Mais ce ne sont pas seulement des portraits qu'il expose ;
le Salon de Nimes a reçu une tête de femme Metella,
depuis donnée au Musée ; une vue du petit bois situé dans
la partie haute de la propriété de Bougival (au centre du
paysage, Jalabert en action de chasse, dont la longue
silhouette a été peinte par son ami Gérome); une réduction du *Christ marchant sur la mer* ; une copie agrandie
du lac du Bourget, etc.

Faut-il prononcer le grand mot de décentralisation?
Non, Jalabert n'aimait pas les grands mots : il n'oubliait
pas sa ville natale, voilà tout. Il aimait à se retremper tous

(1) Architécte des monuments historiques.

les ans dans les affections de famille, et puis, c'était une occasion, au milieu de ses prétendus loisirs, d'ébaucher quelques portraits qu'il terminait plus tard dans l'atelier de la rue Chaptal.

Même à un âge où il aurait eu quelque droit au repos, il ne cessait d'observer avec ce magnétisme sympathique et intelligent qui était son privilège (ce sont les expressions de Charles Blanc) (1) :

En choisissant le moment le plus favorable à l'expression d'une physionomie. il sait y découvrir un sentiment, une pensée, un caractère et en dégager l'image. Le pinceau n'est plus alors qu'un serviteur docile qui obéit aux mouvements de l'âme et les traduit par une manière passée ou ressentie, fine ou puissante, mâle ou tendre.

Nous ajouterons à ce chapitre des portraits, qui à lui seul aurait pu occuper tout un volume , une jolie lettre qui remonte à 1875 ; elle porte la signature de Duc, le célèbre architecte du Palais de Justice, et met en cause plusieurs membres de l'Institut.

Je ne puis résister au plaisir de vous faire partager le bonheur que j'ai éprouvé hier au dîner mensuel de l'Institut. Baudry, en pleine table , m'a exprimé combien il trouvait réussi le portrait de notre petite Marguerite et, en parlant de son extrême ressemblance, il a insisté sur la grâce et le charme de votre peinture. Lehmann, de son côté , n'a pas été moins élogieux et il estime que ce portrait est une de vos œuvres les plus délicieuses. Vous pensez bien que ces compliments, joints à ceux de Gruyer, mon voisin, m'ont causé le plus vif plaisir et je serais un ingrat de ne pas vous en faire part, puisqu'ils s'ajoutent à l'estime sympathique de mes confrères pour votre talent et votre personne.

Il n'est pas nécessaire de vous dire toute la joie qu'a ressentie la maman de votre succès et combien elle est fière et heureuse d'avoir fourni le modèle.

Voici enfin une lettre de Jalabert du 17 mai 1881 ; elle

(1) *Gazette des Beaux-Arts*, 1866.

prouvera qu'à la fin de sa carrière, comme au début, le
culte de l'art, la recherche du beau étaient ses principales
préoccupations, aussi bien quand il s'agissait des œuvres
des autres que quand il travaillait aux siennes, tableaux
ou portraits.

Je n'ai point encore eu le temps de faire visite au Salon ; j'ai
seulement vu chez Baudry lui-même l'œuvre dont tu me parles
et qui est fort remarquable malgré tous les défauts qu'on y
trouve et qui existent réellement. Décidément, ce qui est le plus
rare à rencontrer dans les œuvres d'art. c'est la vraie *beauté*, la
grande et sérieuse beauté des antiques. On a tous les talents,
excepté celui de la recherche et de la réussite de la noblesse, de
la grandeur et de la beauté. Le tableau de Baudry qui, je l'espère.
ne sera jamais collé au plafond (ce serait trop dommage), a
toutes les qualités excepté la beauté dans ses personnages.

On montre en ce moment, avec grand renfort de mise en scène,
un tableau de Munkacsy, un *Christ devant Pilate*, qui serait
parfait si les personnages étaient bien construits et s'ils n'étaient
pas tous forts laids, y compris le Christ surtout. Le propriétaire
en demande 500.000 francs, plus le droit de le faire voyager et
d'en tirer bénéfice pendant deux ans. Ce sont là, du reste, les
prix habituels du jour pour une dizaine de peintres à la mode.
Il n'y a que les gens timides et modestes qui ne savent pas faire
fortune. Néanmoins, malgré Bonnat, Carolus Durand, Cabanel,
se cotant eux-mêmes très haut, je suis encore passablement
demandé sur la place et j'aurais pu m'encombrer, si je m'étais
laissé faire, d'une trentaine de portraits pour l'année ; je me
suis contenté d'une dizaine, qui m'occupent au point que le temps
me manque pour tout le reste.

———

CHAPITRE VI

JALABERT ET SES AMIS

Quand un artiste a donné à la peinture plus de 60 ans
de sa vie, il a eu le temps d'assister au déclin d'une école
et à l'éclosion d'une autre ou même de plusieurs autres
écoles ; il a laissé sur sa route bien des talents en voie de
formation, bien des condisciples à qui la renommée souriait ou même qu'elle avait déjà consacrés : les contemporains deviennent bien rares à l'octogénaire et, quand il
jette les yeux sur les lettres soigneusement conservées, ce
ne sont plus que des souvenirs lointains qu'il évoque, c'est
l'histoire qu'il lit sur ces pages vieillies : Jalabert connut
cette joie et cette tristesse. Combien n'en a-t-il pas vu
disparaître de ces amis de la première heure, obligeants et
fidèles, plus obligeants et plus fidèles, semble-t-il, que les
nouveaux venus qui n'ont pas reçu la même éducation,
n'ont pas bu le même lait, ni digéré le même pain !

Pourtant, trois, parmi les plus grands, Gérome, Bonnat et
Hébert lui ont survécu, dont le pinceau toujours alerte ne
cesse de produire, dont le succès ne s'est jamais ralenti.
Hébert est même né avant Jalabert : ils ont été en relations suivies dès la première moitié du siècle dernier et,
comme Hébert est resté plusieurs années à Rome, directeur de l'Académie (de 1866 à 1872), comme il a fait de
longues absences de Paris, nous avons la bonne chance
de retrouver, fixées sur le papier, ses impressions de jeu-

nesse dans toute leur pureté, ses sensations artistiques sans
rien d'officiel (1).

La plupart des lettres adressées par lui à Jalabert remon-
tent à son séjour en Italie. Nombreux sont les points de
ressemblance entre les deux amis : même enthousiasme
pour la campagne de Rome, même ardeur au travail, même
acharnement à prendre la nature sur le vif, à la dompter.

La lettre suivante a été écrite en 1854 :

Caro Carluccio,

Je suis à Cervara depuis le 20 juillet. M. Ampère est retourné
à Rome et moi je suis revenu ici pour passer trois ou quatre jours.
J'ai trouvé le pays si beau que j'y suis resté et que j'y resterai
encore. Quelle harmonie forte, mon cher, ces femmes avec ces
jupes bleu sombre ornées d'or et des jaunes blancs d'une forme
admirable, marchant comme des canéphores le long des grands
rochers arides et gris, c'est beau, beau, beau ! L'intérieur de la
ville est effroyable de misère et de rusticité. J'ai commencé
deux tableaux d'après nature que je fais au milieu des poules et
des cochons, sans compter les autres insectes qui m'honorent de
leur confiance. C'est rude de faire de la peinture dans ces conditions, mais la nature est si belle, on est si heureux de la posséder qu'on oublie ces légers inconvénients.

Maintenant, il me reste à savoir si cette attraction violente que
j'éprouve vers l'objectivisme n'est pas une décadence de l'esprit.
Cependant, pour mon agrément personnel, je vous affirme que
je me sens dans la vérité de mes aptitudes. Je ne puis savoir ce
que deviendront mes tableaux sans sujet, au milieu des œuvres
dramatiques, brûlantes, etc., qui figureront devant le public,
mais il est certain que si le public ne les trouve pas bons, j'aurai
au moins, moi, eu grand plaisir à les faire. Ne croyez pas pour
cela que je sois content de ce que je fais, non, je vois trop souvent la nature et ses admirables élans pour avoir la moindre
illusion de peintre. En résumé, je crois qu'il faudrait faire d'a-
près nature tout ce qui n'est pas geste humain, et lui, le faire de

____

(1) Il a été pour moi, écrivait dernièrement Hébert, un ami délicieux
et un précieux confrère en peinture par la loyauté de ses conseils.

souvenir. Ce n'est pas moi qui pourrai arriver là, c'est mon chagrin et le vice incurable de ma nature.

Pardon, mon cher ami, de cette confession inutile de mes défauts, que vous connaissez sans doute mieux que moi ; donnez-moi des nouvelles de notre cher et bon Maître auprès de qui je m'étais habitué à passer des heures si douces. Avertissez-moi de son arrivée à Paris, je veux lui écrire.

Mais c'est de Rome que Hébert, devenu directeur, a daté la plupart des lettres à son « vieux Carlo » :

Il y a ici le calme, l'apaisement favorable au travail et enfin la source de l'inspiration : ça vaut bien quelques sacrifices. Et quand on a le bonheur de vivre en face des plus beaux aspects de la nature et des plus terribles chefs-d'œuvre de l'art, on sait mieux que personne combien on fait mauvais et stupide. Ça rend philosophe pour le mécompte de l'amour-propre.

Vous ferez mes compliments sincères à Cabanel et à Gérome.

Ici les choses vont bien. Je puis vous donner des bonnes nouvelles de Lefebvre, dont le tableau est bien et promet : vous savez, sans doute, que c'est mon préféré. Les autres semblent prendre goût au travail et croire au règlement. Je recule tous les jours l'Exposition, voulant que les envois n'y paraissent que terminés et honorables, ce qui ne s'était pas vu depuis bien longtemps.

Rome est plus extraordinaire encore que je ne le croyais, comme caractère et comme grandeur. Et la campagne donc ! »

Sur ce sujet, il ne tarit pas :

Le travail en plein air me console de bien des choses perdues dans cette solitude absolue où tout tend à l'apaisement. Rome est décidément le plus beau pays du monde, je ne m'en rassasie pas ; je passerais mon temps à errer dans la campagne si je n'étais pas obligé de terminer les tableaux commencés. Ça avance, et je vais bientôt me donner ce plaisir.

Un autre jour :

Cristi, que c'est difficile la peinture ! Je continue l'activité française malgré la température, et je mène le travail et la direction de front, mais pas tambour battant. Je serre de plus en plus la vis du pressoir d'où sort le fort et le beau, mais je n'obtiens que de la piquette. Je compte envoyer ces jours-ci la *Bayadère* de Mme Païva et un petit tableau que je suis en train de finir dans la campagne romaine.

C'est à Rome, en 1867, que Hébert est promu officier de la Légion d'Honneur. Il écrit le 2 mai :

Cette malheureuse croix a été inaugurée bien durement pour moi ; je l'avais accrochée à ma boutonnière le soir du dimanche 19 avril pour faire honneur aux princesses Gabrielli et Campello qui dînaient à l'Académie et, pendant que je leur disais des choses gracieuses, mon pauvre cher ami Dutert (1) râlait en dessous. Quand je pouvais m'échapper, je descendais à la hâte dans sa chambre et je le trouvais de plus en plus mal. Enfin, à minuit et demie, tout le monde est parti et j'ai pu rester auprès de lui jusqu'à la fin, 2 heures du matin.

A propos d'Imer, revient la question des déceptions dans le domaine de l'art :

Imer m'a paru peu gai. Il travaille dans ce petit pays de Vendée dont il est fort médiocrement enthousiasmé. La grosse affaire pour lui, et bien d'autres, est, je crois, dans la désillusion artistique ; c'est un mal général, qui gâte tout et qu'il est bien difficile de guérir à moins d'être archiphilosophe et pour lequel les amis ne peuvent que d'impuissantes et nauséabondes exhortations à faire mieux.

Cependant, le gouvernement change et Hébert est menacé de perdre sa position de directeur à Rome.

Je vois, d'après tout ce qu'on dit de Paris, que j'ignorerai tout de mon successeur avant le mois d'octobre, de sorte que jusque-là je serai le bec dans l'eau, ne sachant pas quand il arrivera pour se coucher dans mon lit et me manger mon dîner. Heureusement que je suis philosophe et j'en ai pris mon parti ;

---

(1) Dutert Arthur Victor Fleury, prix de Rome, laissait inachevée une *Restauration du Palais des Césars*.

mais croyez que cette mort anticipée avec déménagement est bien embêtante.

Je mets la dernière touche à *la Madona* pour la Tronche qui va partir cette semaine, dès que la réduction que j'en fais pour Goupil sera terminée.

Quand la dite *Madona* arriva en France, en 1872, Jalabert se trouvait à Grenoble, où se plaidait un procès assez important, que des créanciers d'une maison de banque nimoise en liquidation intentaient à Jalabert Portefais et à quelques autres. Le procès, retour de Cassation, fut gagné ; il n'en avait pas moins été une source de graves préoccupations pour la famille du peintre et pour le peintre lui-même, comme on va en juger.

Jalabert écrit à sa sœur :

Je ne t'ai pas dit, dans mes précédentes lettres trop occupées par les mêmes idées, une charmante impression que j'ai éprouvée à Grenoble. Hébert a fait don à l'église de son village (la Tronche, touchant à Grenoble comme un faubourg) d'une Madone qui est, selon moi, une de ses œuvres les plus complètement belles. En allant voir sa mère et tout en contemplant le beau rideau de montagnes neigeuses qui sont en face (il faisait de plus un soleil délicieux), j'aperçus l'église, et comme le jour commençait à baisser, je me hâtai d'aller voir le tableau que je savais avoir été inauguré la veille en grande cérémonie, l'évêque lui-même officiant. Il y avait, au pied de cet admirable tableau, presque foule agenouillée, et tout ce monde priait avec toute la ferveur de l'âme devant l'œuvre toute fraîche encore de mon ami. J'ai été ému, à en avoir les yeux plus que mouillés et, vite, je suis allé embrasser maman Hébert avec effusion. Je l'ai trouvée rendant à dîner ou déjeûner au curé et à quelques amis d'Ernest qui avaient aidé dans la cérémonie de la veille.

Du reste, j'ai écrit à Hébert une sorte de littérature fantastique dont je t'envoie le brouillon que tu débrouilleras suffisamment. Le soir, ou plutôt dans la nuit, je me rappelais la Cour et puis la Madone et j'ai cherché à lui exprimer le mélange du triste et du charmant qui s'emmêlait dans mon esprit.

Voici le brouillon en question :

Dans la nuit de lundi à mardi, 25 novembre, j'étais dans une
chambre d'auberge froide et humide, autant que les draps dans
lesquels j'essayais de dormir. Deux images s'obstinaient à rester
dans mon esprit, l'une précise et horrible, l'autre adorable :
c'était dans une grande salle sombre, à sculptures de bois
lourdes et tristes ; seize personnages à têtes fantastiques, vêtus
de rouge, s'étalaient en de vastes fauteuils rangés en demi-cercle
dans des poses non moins fantastiques ; au centre une loque
noire au haut de laquelle était posée, on ne savait sur quoi, une
tête maigre et livide. Cette loque se démenait, s'agitait et d'une
main noire et osseuse m'indiquait parfois, en demandant, non
ma tête, mais seulement mon argent et celui des miens ; c'était
un adoucissement à cet affreux cauchemar, adoucissement qui
était bien dépassé par l'autre image qui de temps à autre n'était
que confuse, mais qui parfois aussi effaçait tout par son charme
indéfinissable.

On était dans une église, une petite église de village, toute
simple et d'un blanc doré, comme peinte par Lesueur ; bon
nombre de figures agenouillées priaient avec une ferveur rare,
elles priaient devant un tableau, là-bas, à gauche : une vierge et
son enfant Christ ; cette vierge, plus vivante que ceux qui l'ado-
raient, leur lançait des regards si pénétrants et si doux qu'on ne
pouvait la fixer longtemps ; le cœur trop ému rentrait de suite
dans la prière, la prière profonde et vraie. Le visage impassible
de la mère semblait n'écouter les pieuses invocations que pour
les transmettre à son fils dont les yeux bons et souriants promet-
taient tout pardon.

Vision adorable trop tôt remplacée par l'horrible Conseil des
dix augmenté de six ! Je ne pouvais dormir, car malheureusement
pour l'une des deux images, je ne rêvais pas (je n'avais pas dîné)
et voilà qu'une faim atroce me prend ; je me lève et j'appelle le
secours d'une nourriture quelconque. Je la dévore avec avidité,
tout en n'oubliant pas une bouteille entière que je vide au
complet ; mais alors ces horribles seize, je les voyais mieux
encore et de plus ils grandissaient comme des montagnes. J'ai
compris un instant comment on devenait fou ; mais l'autre

ÉMILE AUGIER

image était là qui venait doucement tout calmer, sans grandir,
elle, restant toujours vraie et n'exagérant en moi qu'un ineffable
plaisir.

Hébert lui répond par la lettre suivante :

Rome, Villa Médécis, 7 décembre 1872.

Mon vieux Carlo,

Votre lettre est arrivée dimanche pendant que je faisais les
honneurs du Salon de l'Académie à quelques invités mâles ; j'ai
lu sans parvenir à comprendre de qui ça pouvait être, car je
n'avais pas reçu de lettre de Grenoble me parlant de votre
venue dans ce pays du fromage. Enfin, au bas, j'ai trouvé votre
signature ; j'ai été très enchanté d'avoir une aussi complète
approbation de mon œuvre par un confrère difficile et qui a le
droit de l'être comme vous. Vous êtes arrivé à point nommé
pour corroborer par votre jugement les enthousiasmes de mes
compatriotes. Je suis donc très heureux de cette bonne fortune
pour moi qui vous a amené devant le Tribunal des Seize et de là
à la petite chapelle de la Tronche. Je conclus aussi de votre
impression que le tableau est en bon jour ; sans cela vous
n'auriez pas été aussi pénétré du regard de la vierge. Donc,
merci de votre lettre et de celle que vous avez écrite à ma mère,
qui lui a fait le plus vif plaisir et dont elle m'a envoyé un extrait.

Vous me voyez sur mes fins comme un lièvre ; bientôt je vais
rendre ma fourchette directoriale à celui que le Président de la
République choisira sur cette belle liste. Je pense, d'après une
lettre de Lefuel, que ce sera Lenepveu ; espérons qu'il sera
bientôt nommé et que je pourrai enfin savoir quelles sont ses
intentions pour son arrivée.

En attendant, je pioche toujours au grand air sur plusieurs
choses, entr'autres sur une tête de fille du Liban que j'avais
terminée et que j'ai reprise de fond en comble dans l'intention
d'en faire un chef-d'œuvre. Je dois dire que ça n'en prend pas la
tournure pour le moment, mais il y a de l'espoir ; c'est pour
M. Goupil : il n'y perdra pas pour avoir attendu.

Voici maintenant Hébert à la Tronche :

Quelle bonne vie que celle de la campagne, mon cher vieux ;

15

comme je comprends que vous laissiez peu à peu Paris ! Quant à moi, je vois que je n'userai guère le tapis qui orne l'escalier de mon immeuble.

Il n'en travaille pas moins et d'une manière originale :

Il fait un temps splendide, digne de la belle Italie. Aussi j'en profite pour faire quelque peinture en plein air au risque de faire enrhumer mes modèles. Notre petit bois fait des fonds ravissants dans ce moment où les feuilles jaunissent et deviennent plus rares et les têtes y prennent des modelés plus forts que les maîtres. Je finirai par ne plus peindre que là : ce sera commode pour la séance de portrait !

Ensemble les deux amis visitèrent les environs de Grenoble et montèrent à la Grande-Chartreuse.

Il y aussi la scène parisienne :

Hier soir nous avons dîné chez M. Bardoux et pas mal bu du mauvais vin de ministère ; espérons que ça passera. car je me sens ce matin l'estomac révolutionné. Nous étions tous jurés, Massarani (1) était à la place d'honneur, mais l'irascible Meissonnier. la victime de la haine de ses confrères, s'était excusé. à notre grand contentement. Vous me demandez la raison de son exaspération contre moi, je l'ignore. mais je suppose qu'il m'en veut de ma lettre au jury demandant la mise hors concours des jurés. Ça a été encore plus fort avec Massarani dans une dernière réunion : c'est tout à fait comique.

Un mot enfin d'une démarche que fit Jalabert auprès du Président de la République au nom d'Hébert.

Il avait connu Thiers sous la monarchie de Juillet et avait continué avec lui des relations dont nous avons trouvé la trace dans ses lettres. Ainsi il écrit en 1856 :

M. Thiers m'a promis de m'inviter à dîner tout seul chez lui. J'espère que quand j'aurai fait plus ample connaissance avec les femmes de cette maison. les portes m'en seront plus souvent ouvertes.

(1) Massarani, écrivain et peintre italien, présida le jury artistique à l'Exposition universelle de 1878 ; il publia l'*Arte a Parigi* (Rome 1879).

Quelques années plus tard, il parle à son père de Thiers avec qui il a été en bons termes, mais moins affectueux qu'ils ne le sont actuellement. Un jour il l'a trouvé dans son cabinet, par terre, au milieu d'une centaine de journaux, disparaissant presque sous cette avalanche.

Jalabert se rendit donc chez le Chef du pouvoir exécutif en 1871 pour lui offrir la copie d'une peinture d'après Pompei exécutée par Hébert. Ce dernier voulait suivre l'exemple de Baudry qui avait donné à Thiers ses dessins d'après la Chapelle Sixtine, en reconnaissance des services rendus par le Président au pays pour la libération du territoire.

Autre visite : la lettre de Jalabert porte la date du 31 décembre 1871 :

Dimanche, j'étais à Versailles, à neuf heures, par un soleil de mai. Il y avait dans le salon d'attente quelques demandeurs de places et on passait, chacun son tour, chez le Président comme chez le dentiste. M. Thiers est venu à moi et m'a serré la main très amicalement, ce qui m'a passablement posé aux yeux de l'entourage. J'ai pourtant voulu attendre mon tour et après une courte visite, par discrétion, j'allais me retirer quand le petit bonhomme m'a retenu, en me disant qu'il était trop heureux de parler d'autre chose que politique, et me priant d'attendre qu'il en ait fini avec son monde, après quoi nous reprendrions la conversation, laquelle a duré jusqu'après dix heures et demie. Cependant un escadron de cuirassiers l'attendait dans la cour pour le conduire faire sa visite au président de la Chambre.

Avec Gérome, les relations furent beaucoup plus constantes, beaucoup plus intimes. Se rencontrant très souvent, à Paris, à Bougival où leurs maisons de campagne étaient voisines, Jalabert et lui ont trop d'occasions d'échanger de vive voix leurs impressions pour les confier au papier : aussi leur correspondance ne présente-t-elle pas un grand intérêt.

Elle est pourtant bien légère la plume de Gérome, et bien agréable doit être la lecture des lettres qu'il écrivait lors de ses voyages en Algérie ou en Egypte !

Jalabert en a reçu des villes d'eau ou des bords de la mer.
Et que disent-elles?

Quand pourrai-je reprendre la route de la Patrie ?

Or la Patrie, c'est Paris, la lettre étant écrite d'Uriage.
Et pourquoi appelle-t-il de tous ses vœux le jour du retour?

Parce que j'irai me remettre à mes travaux qui consolent.

Le plus souvent, il s'agit de simples invitations :

Je reçois ta lettre et en même temps une invitation à dîner
d'Augier: tu iras à ma place et mangeras pour deux.

Mais toujours la note tendre du vieil ami affectionné :
(c'est ainsi que Gérome signe ses lettres à Jalabert).

On a bien regretté que tu ne sois pas venu ici, car tu sais que
tout le monde t'aime et te voit avec plaisir.

Est-il nécessaire d'ajouter que Gérome a confié à son
ami les portraits de sa famille, que ces portraits sont
nombreux et dignes de figurer à côté de ses propres
œuvres?

Cette intimité remontait à l'époque de leurs premiers
succès, au Salon de 1847, au temps où Goupil aidait à leur
popularité, en reproduisant leurs œuvres par la gravure.

Elle se resserra encore, le jour où Jalabert vint habiter la
maison Goupil, à la rue Chaptal. Il est rare qu'en rentrant
chez lui, il n'aille pas rendre visite à l'un ou à l'autre de
ses voisins, qu'il ne pénètre pas dans les magasins bien
chauffés, où il est sûr de rencontrer quelqu'un de sa
connaissance.

La maison est amusante par les distractions qu'elle me procure, et assez grande pour y faire un exercice suffisant, en allant
de chez l'un chez l'autre.

En 1863, Jalabert passe le mois de juillet à Bougival,
chez Goupil :

On est si bien ici, où il ne fait chaud que quand on veut bien
aller trouver la chaleur, où l'appétit est excellent ; le grand air,
a pê che, les flaneries dans mon canot, les bains froids ont vite

remis mon estomac dans le meilleur état. Malgré toutes ces distractions, nous travaillons avec Gérome fort régulièrement et je regrette même d'avancer aussi rapidement ce que je puis faire ici, qui est une copie, pour la maison Goupil, du *Christ marchant sur la mer*.

En 1864 :

J'ai pris ma place, en bas, à la table Goupil et on m'y soigne comme une demoiselle. On va cependant bientôt partir pour la campagne et le plus tôt que j'aurai un travail faisable en dehors de mon atelier de Paris. j'irai paisiblement m'installer pour quelques jours chez eux et travailler avec Gérome. Je me rappelle que je m'y portais si bien l'année dernière !

Deux ans après, alors que Goupil est parti avec son gendre pour l'Espagne et le Maroc :

Je suis seul avec Albert et je découpe à table en remplacement du maître de la maison.

Goupil, de son côté, écrivait à Jalabert venant de perdre sa mère :

Que devenez-vous, mon cher Jalabert ? commencez-vous à prendre un peu le dessus sur la douleur ? Les coups du genre de celui qui vous a frappé sont de ceux qui ébranlent profondément et le vide qu'ils font ne se comble jamais. Il faut se résigner et chercher, dans le souvenir du bonheur qui n'est plus, le courage nécessaire. Nous parlons bien souvent de vous, rue Chaptal, vous nous manquez plus que je ne puis vous le dire, car pour nous vous êtes de la famille. Aussi, serais-je tenté de vous dire : revenez. si je ne savais combien votre pauvre père doit tenir à votre présence à Nimes.

Vingt ans plus tard, il lui écrivait encore :

Vous savez que vous êtes des nôtres et nous ne sommes réellement heureux que lorsque la famille est au complet. J'ai lu ce matin à ma pauvre malade votre lettre qui lui a fait grand plaisir et elle m'a chargé de vous dire : puisque chaque fois qu'on donne de mes nouvelles, on dit que ça va un peu mieux, je dois aller très bien aujourd'hui, et moi je trouve que c'est toujours la même chose.

A côté des souvenirs pénibles, il en est d'une autre nature. Il est question notamment, dans les lettres de Jalabert, d'un bal d'enfants qui eut grand succès et aussi d'un bal costumé où il figura en persan.

Le grand souci du moment, c'est celui du costume pour le bal Goupil qui a lieu dans quinze jours. J'ai dessiné sur mon mur une sorte de persan long d'ici à demain et qui pourrait bien être d'un effet assez drôle ; tout le monde, à ce sujet, ne vit que d'angoisses ; personne n'a encore décidé son costume et on ne voit que gens au désespoir de n'avoir pas trouvé une idée. J'ai des dames et des jolies tous les jours à mes genoux pour que je les sauve de ce cruel embarras : elles sont toutes à demi-insensées. En somme, c'est une affaire que ce bal, très certainement le plus important et le plus couru d'entre tous ; il y a bien déjà cinq cents invités et les bassesses sont nombreuses pour avoir le petit carton à son adresse.

Parmi les vivants, nous avons encore cité Bonnat.

La lettre suivante de Jalabert ne porte pas de date, mais elle est bien ancienne puisqu'elle est adressée à son père :

Le paquet de l'*Illustration* te sera remis par mon ami Bonnat qui veut bien s'en charger en passant par Nimes. Léon Bonnat est déjà un des plus illustres parmi nous, il est même entre tous le plus réellement peintre : je suis enchanté que tu aies l'occasion de le connaître.

Bonnat lui écrit un jour :

Je te renvoie ton admirable Rembrandt, en te remerciant d'avoir bien voulu me le prêter. J'apprécie d'autant plus la chose que je déteste de prêter la moindre étude.

Une autre fois :

On me propose une petite réduction du Guizot de M. Delaroche ; il paraît que tu la connais. Cette réduction est fort bien faite, mais n'est pas signée. Est-elle de M. Delaroche ? Est-elle de toi ? Il est probable qu'elle a dû être faite pour la gravure. Conserve-toi, mon bon Charles, pour tes vieux amis qui ont pour toi une bien sincère affection : je suis des premiers parmi ceux-là.

Enfin, signalons une pittoresque réponse de Bonnat en quatre mots répandus au travers d'une grande feuille, sur trois lignes bien distinctes, de son écriture droite et grosse :

J'y serai.   Merci.   BONNAT.

Mais combien plus longue la série des amis disparus.

Au premier rang des plus intimes, il faut citer Philippe Rousseau (1). Du peintre de nature morte qui habitait Acquigny, Jalabert a conservé une série de lettres qui feraient la joie des amateurs de pêche.

Il n'est aucune de ces lettres de Rousseau à Jalabert, un fervent lui aussi de la pêche à la ligne, qui ne parle du monde des poissons, voire même de la psychologie du pêcheur : il affirme n'avoir jamais entendu dire qu'un homme ayant le goût de la pêche fût devenu un criminel, ni même un homme méchant.

Pêche et pastel, ce pourrait être le titre des lignes qui suivent :

Il faut avouer que je n'ai pas de chance cette année; de tous les amis qui devaient venir me voir, pour une raison ou pour une autre, pas un n'est venu. Est-ce parce que je fais du pastel ? Ça m'embête déjà assez, je le lâcherai. J'ai quatre cent vingt-deux crayons et jamais celui que je cherche. Que Dieu vous préserve du mal de dent et du pastel !

J'avais inventé cette année, toujours pour achalander *l'Auberge de la Truite Couronnée*, de faire faire la cuisine à ma femme et à ma nièce : elles ont assez de goût pour cela, mais, mon cher, que d'œufs ! ! ! j'en suis à ma quarante-huitième douzaine et à ma soixantième livre de beurre sans compter le charbon qui va d'un train..... Elles ont inventé de faire des quenelles de poisson; alors je suis toujours sur la route de la rivière à la maison : elles ne veulent plus en faire qu'avec du brochet (du reste j'en

(1) Philippe Rousseau (1816-1887).

ai pris quinze, ils se montrent). Croyant en pêcher un il y a trois jours, j'ai pris une truite de trois livres et quelle truite !

Il fait un temps admirable, mais j'ai beau me tenir sur ma porte avec mon tablier à pastel, tout ça n'amène pas l'ami demandé.

L'ami demandé se rendait pourtant toutes les années à Acquigny : il y trouvait toujours hôtes charmants, pays délicieux ; aucune préoccupation ni souci. Aussi était-il enchanté de prolonger son séjour à l'*Auberge de la Truite Couronnée*.

Quant à Rousseau, il se plaignait souvent, aussi bien de la chaleur que du froid.

Temps très froid, mon tableau des chrysanthèmes me donne bien du mal.

Mon cher Carlo, il fait ici une chaleur qui m'empêche de travailler à mon tableau. Voilà six semaines qu'il n'est tombé une goutte d'eau. Aussi je garde ce travail pour Paris. En attendant, je fais des marguerites et du boudin, ce qui ne m'empêche pas de cultiver un peu la chasse et un peu la pêche.

Un autre jour :

Vous comprenez que si quelque chose doit être entraînant à peindre, ce sont bien des concombres de différentes couleurs.

Parfois il proteste contre des résistances injustifiées ;

Vous me surprenez singulièrement avec l'hésitation de C. B. à l'endroit de Lambert ; mais alors pourquoi m'a-t-on décoré ? et pourquoi lui-même m'a-t-il donné une médaille de première classe ? Je n'ai eu mes récompenses que pour les chats et les chiens, excepté ma croix d'officier.

Voici enfin une lettre, où Rousseau se félicite de rencontrer Gérome chez Paul Rattier :

J'espère que vous nous arriverez bientôt, ainsi que Gérome avec lequel je me fais une joie de me trouver, car ça doit être un homme qui aime vraiment la nature et qui a l'œil observateur.

Après la mort de Rousseau, on demanda à Jalabert des notes pour une notice sur ses œuvres, sa vie : il en griffonna, c'est son expression, une quinzaine de pages serrées pour une Société des Amis des arts d'Evreux.

Excellents aussi les rapports de Paul Baudry et de Jalabert.

L'auteur des belles peintures de l'Opéra et de tant de remarquables portraits d'hommes, plus jeune que Jalabert de près de 10 ans, entra de bonne heure à l'Institut et dès lors, à chaque vacance, il ne manqua jamais de voter pour Jalabert. C'est à une dernière élection, à l'espoir qu'il avait eu d'un bon rang pour Jalabert, que Baudry fait allusion dans la lettre suivante adressée à un ami commun :

Si je ne savais que rien ne peut altérer ta placidité, je me reprocherais d'être venu avec les meilleures intentions troubler ton onde pure ; mais je ne suis ni loup, ni agneau ; je m'aperçois, de temps à autre, qu'il me reste un bon stock d'illusions, et que j'ai quelque analogie avec cet être ailé et jaune de chrome qui vient des Canaries, je t'en fais l'humble aveu. Ainsi, dans cette dernière affaire, j'espérais (froidement pourtant), que nous aurions au moins le trio de Guillaume Tell. Point de réflexions, bonsoir. Tu m'excuseras et tu peux être certain que les caprices du sort ne changeront vis à vis de Jalabert ni l'estime du peintre, ni l'affection de l'ami.

Le grand œuvre de l'Opéra fini, Baudry écrit un jour à Jalabert :

Pour le quart d'heure, je suis errant et sans domicile. Je couche à l'hôtel du Louvre et je peins chez Albert Goupil. J'irai vous voir bientôt à l'issue de la séance de pose.

Un autre grand peintre, dont le talent vite consacré rivalisa longtemps avec Jalabert dans l'art du portrait, Alexandre Cabanel, fut très lié avec lui pendant la première période de sa vie artistique : issu, lui aussi, d'une famille médiocrement fortunée, il fut longtemps chargé de plus de gloire que d'écus : avec Jalabert il alla voir modestement le Pont-du-Gard pendant un court séjour à Nimes, et, en

1858, c'est Jalabert qui l'aida dans ses préparatifs de voyage, l'accompagna au chemin de fer, et le mit sur la route de Venise.

L'intimité était donc encore assez grande à cette époque ; avec le succès, elle se refroidit un peu et rien ne prouve que jusqu'à la mort de Cabanel les liens soient redevenus plus étroits et plus solides. D'ailleurs, les caractères eux-mêmes différaient trop, pour sympathiser d'une façon complète.

La lettre suivante de Jalabert est assez curieuse à ce point de vue :

J'apprends, par le *Courrier du Gard*, que j'ai eu *presque* la visite de S. M. de Hollande et, quoique ce soit dans le journal, je dois avouer que c'est vrai. T'ai-je dit qu'elle était propriétaire d'une des têtes dont tu as les gravures, celle intitulée *Opulence?* De plus, elle a acheté dernièrement l'esquisse du plafond Pereire qui, du reste, est pour moi une chose assez réussie. Elle est, dit-elle, fort amoureuse de ces deux peintures et elle en demande d'autres ; en attendant, elle désire que je lui fasse un pendant pour la *Nuit Pereire*.

Je vais te raconter une petite scène de date toute récente et qui m'a vraiment amusé. Tu sais que l'ami Cabanel a autant d'orgueil et de vanité que de talent, ce qui veut dire qu'il a beaucoup de talent. Nous le plaisantons même un peu sur ce travers qui lui fait du tort quelquefois. En définitive, il est très fier de sa belle position et des hautes relations qu'il s'est faites, ou qu'il croit s'être faites. Moi, plus modeste, par oubli ou par faute de circonstances, je ne lui avait rien dit de la visite de la reine de Hollande. Cela posé, je continue.

Nous étions, hier au soir, chez la princesse Mathilde, tous deux appuyés contre une cheminée dans le premier salon, tout près d'une porte donnant accès dans les autres salons. Nous avons vu la princesse se diriger vers la porte d'entrée de son hôtel, elle était accompagnée de ses dames d'honneur et Cabanel de dire alors qu'il supposait que la princesse allait recevoir quelque grand personnage. Je lui ai répondu : sans doute la reine de Hollande. — Elle est mon amie, m'a-t-il dit, je la connais.

Je n'ai pas eu le temps de lui répliquer : moi aussi, car la reine
a paru à l'instant et, en passant tout près de moi, m'a adressé un
très gracieux salut qui n'était point du tout pour maître Cabanel,
un peu stupéfait de cette réponse à ses prétentions mal fondées.

Après que les personnes invitées ont eu suffisamment offert
leurs hommages, je suis allé moi-même présenter mes humbles
salutations et remercier du bon accueil que j'avais reçu quelques jours auparavant. Le difficile, dans ces affaires-là, n'est
pas l'entrée en matière, mais bien la phrase qui permet de se
retirer ; il est très rare que l'on se tire sans gaucherie de ce pas
ardu.

Voilà ma petite anecdote pour faire suite à l'article du *Courrier du Gard* que je trouve bien inutile et qui m'est désagréable
même, puisque j'avais l'intention, en t'écrivant ceci, de te dire
de ne pas en parler. Je déteste ce genre de réclame qui a l'air
de vouloir prouver que l'on est excessivement flatté d'avoir
parlé à une reine, ce qui, somme toute, ne fait pas le bonheur.

Jalabert, malgré sa timidité, sait donc se défendre à l'occasion. Un jour, plusieurs peintres réunis dans son atelier
le complimentaient fort au sujet de plusieurs toiles exposées sur ses chevalets et lui de répondre : tout cela n'est
pas fameux. Alors un de ces messieurs : Eh ! Jalabert, si
c'était un autre qui dirait cela ? — Je le mettrais à la porte.

La réponse fut plus vive encore, plus laconique, le jour
où au cercle quelqu'un lui montrait l'œuvre d'un nouveau
venu en lui disant : « Tenez, voilà de la peinture ! » —
« Oui, sans doute, il y a des qualités. » L'autre insistait
donnant à entendre : c'est ainsi que Jalabert devrait en
faire. Un seul mot sut clore la discussion : Jalabert avait
perdu patience.

Une bonne scène l'autre jour : Arrive un gros personnage, je
me suis approché de lui et l'ai salué : il m'a à peine reconnu ;
mais lui ayant dit un mot à l'oreille, sa première froideur s'est
transformée en tendresse si excessives, qu'à moins de m'embrasser, il eut été difficile d'aller plus loin : les personnes présentes, étonnées de cette scène si touchante, m'en ont demandé la

cause. ce à quoi j'ai répondu qu'étant comme lui franc-maçon.
j'avais dit le secret de l'association et, par ce moyen bien simple, provoqué cette subite affection. Le fait est que je m'étais
contenté de lui dire le mot : Twickenham. où nous avions passé
trois semaines chez le comte de Paris.

Quelle bonne affaire pour un journal. s'il savait cette petite
histoire !

Voici une autre anecdote empruntée à la correspondance
du peintre et. dans laquelle. sa modestie fut mise à une
rude épreuve :

J'ai pour voisin. à Bougival. M. Lesueur. artiste dramatique
comique de grand talent. qui m'a obligé. bien malgré moi, à aller
voir une pièce où on représente des imitations. en tableaux vivants. de quelques œuvres des dernières expositions et entr'autres *Roméo et Juliette*. M. Lesueur joue le rôle du prince allemand devant lequel on fait cette exhibition comme divertisse-
ment après souper. *Roméo et Juliette ?* de qui est ce charmant
tableau ? de M. Jalabert. — Ah ! M. Jalabert, j'ai l'honneur de
le connaître. il a une délicieuse propriété à Bougival. Très joli.
joli. joli. Quoi ? La propriété ? Non. le tableau. etc.. et un tas de
bêtises auxquelles le public ne semblait pas comprendre grand
chose et qui me mettaient comme sur la braise. car j'étais dans
une loge très en vue et je me figurais que tout le monde devinait
que c'était moi qui étais le dit Jalabert en question.

Un autre jour. c'est à Nimes que Jalabert se trouve mêlé,
sans le savoir. à une vaste réclame dont l'absurdité aurait
dû ouvrir les yeux à ses compatriotes : voici le récit qu'il en
fait :

On montre ici en ce moment. avec déploiement de grandes
affiches un soi disant tableau du *Titien*. moyennant o fr. 5o d'entrée. que l'on dit être vendu à un russe 63o.ooo francs ; et,
comme preuve à l'appui de cette valeur. on a imprimé dans un
journal nimois, une lettre de *l'éminent artiste Ch. Jalabert* qui
dit son admiration très grande pour cette œuvre magistrale, la
plus belle du maître. Ces braves gens ne me croyaient pas si
près d'eux quand ils ont fait ce faux en écriture imprimée. Je ne

puis faire un pas dans la ville sans qu'on ne m'arrête pour savoir
le vrai dans cette affaire.

Le comte de Nieuwerkerke a joué un trop grand rôle
dans les arts, comme Directeur général des Musées Nationaux, comme Intendant, puis Surintendant des Beaux-
Arts au ministère de la Maison de l'Empereur, pour
que son nom ne se retrouve pas dans la correspondance
de Jalabert.

Nous détachons quelques lignes d'une lettre de décembre
1865 :

J'ai dîné, la semaine dernière, en tout petit comité avec
Sainte-Beuve, Augier, M. Nieuwerkerke et Gérome. Le dîner
naturellement devait être fort intéressant par la conversation
des deux premiers nommés, qui sont gens de première catégorie, en fait d'esprit, s'il en fut. Nieuwerkerke a été particulièrement gracieux pour moi, il m'a montré avec détails, tout
en fumant notre cigare, les richesses artistiques de la Princesse.
que je connaissais déjà, mais pour lesquelles j'ai réexprimé une
nouvelle admiration ; il portait lui-même la lampe et cela valait
bien ça.

Mais, si Jalabert est en bons termes avec Nieuwerkerke,
ne lui demandez de recommandation, car il ne sait pas plus
solliciter pour les autres que pour lui-même. Ainsi, il écrit
à son père :

J'ai reçu une longue lettre de R., qui me prie de vouloir bien
implorer auprès du Ministre et de l'Intendant des Beaux-Arts
la décoration pour M. B. Il y a, dans cette lettre, une longue
énumération des titres du recommandé, dans laquelle on a
cependant oublié d'ajouter que le susdit est dans une très jolie
position de fortune, qu'il est assez bien portant, qu'il va tous les
soirs faire sa partie à la *Cambrasso* (1), qu'il y boit de la bière
et, qu'en définitive, il ne manque à son bonheur qu'un petit fragment de ruban rouge. En somme, je me suis bourré l'esprit de

____

(1) Expression patoise : *La Chambrée.*

générosité à l'endroit du recommandé et je n'ai pas fait la moindre démarche car, si je m'étais présenté dans ce but chez M. Nieuwerkerke, je n'aurais pu m'empêcher de rire et la chose aurait manqué. Donc, en agissant ainsi, si M. B. est décoré, c'est à moi qu'il le devra, car je n'aurais eu qu'un mot à dire pour qu'il ne le fût pas.

Un ami de la première heure aussi, fut Edouard Imer (1), peintre distingué, dont le pinceau toujours sincère a reproduit nombre de paysages de la Provence, du Languedoc, de Venise et de l'Egypte. Il se trouvait en Egypte, en 1855, lorsque Jalabert fut fait chevalier de la Légion d'honneur.

Voici sa lettre :

Je viens vous serrer la main et vous féliciter ; votre décoration m'a rendu très joyeux et je compte sur Pec pour déboucher demain une forte bouteille de Bourgogne en votre honneur. Ecrivez-moi quelques mots, et dites-moi que vous êtes content et heureux.

Comment va *Raphaël* ? *Roméo et Juliette* sont-ils ensemble ? Oh ! mon cher ami, que l'Egypte est belle, mais que c'est difficile ! que c'est doux, que c'est fin, grand, distingué ; de la vapeur ou de la poussière à toute heure, c'est merveilleux ! Le soleil doit joliment s'amuser ici, il se fourre partout, jusque dans l'ombre, et tout chante sa louange ; il se couche mieux ici qu'ailleurs et se lève après nous pour nous permettre de le voir. Je suis complètement ahuri et prêt à donner ma démission. Veuillez me rappeler au souvenir de M. Delaroche ; dites-lui que je vais suivre son conseil et que je me suis établi au Caire pour tâcher de faire des tableaux plutôt que des études.

Les lettres d'Imer, quelque peu décousues peut-être, témoignent toujours d'un respect profond de l'art pur, de son grand amour de la nature, de sa vive affection pour Jalabert : les quelques extraits qui vont suivre sont bien dignes de l'artiste que fut Imer et qui valut plus que sa réputation.

(1) Imer Edouard, peintre paysagiste, né à Avignon en 1820, mort en 1881.

Bien après l'Exposition de 1855, Imer écrit à Jalabert, de Marseille, dont il a fait sa résidence habituelle :

J'ai beaucoup songé à vous pendant mon séjour à Aigues-Mortes. Il me semblait injuste que nous n'y fussions pas ensemble. J'y ai passé juste un mois ; je ne dirai pas que la vie que j'y menais fût des plus agréables, mais j'en rapporterai un bon souvenir à cause des grandes impressions qu'on reçoit dans ces vastes étendues où le ciel et l'eau jouent un si grand rôle. Puis j'ai rencontré partout bon accueil et quand vous voudrez que nous allions ensemble taquiner les canards, les lapins et les macreuses, nous trouverons des braves gens qui nous indiqueront les bons endroits. Je me réjouis de vous montrer mes études et de décider avec vous quelle est celle qui m'aidera le mieux à résumer Aigues-Mortes en un grand paysage. Avant de rentrer à Paris, je compte aller passer un jour ou deux près de Lunel pour faire l'étude peinte d'un beau motif sur le Vidourle avec un Pont romain dont j'ai déjà un bon dessin.

Puis, de Saint-Raphaël :

Votre bon père, tout en souffrant, doit avoir bien des satisfactions, celle de vous voir autour de lui, de vous entendre, celle de jouir des succès toujours croissants de son fils, dont il doit être bien fier.

Mon tableau des *Pins* avance lentement : l'ombre me gêne beaucoup ; je travaille sans voir ce que je fais, mais j'espère que de ces efforts désespérés devant la nature il restera toujours quelque chose. J'ai une autre toile de même dimension qui représente le port de Saint-Raphaël. C'est plus gai et plus facile, mais quand on cherche la profondeur dans un ciel, l'enveloppe, le ton rompu, toutes choses dont on vous sait si peu de gré aux expositions, il faut peindre et repeindre et c'est très long.

Maintenant c'est à Venise qu'il se trouve :

A l'occasion de l'arrivée du roi et de la reine, nous avons eu des sérénades, des régates, des illuminations de toute espèce et la population a dépensé beaucoup d'enthousiasme. Mes enfants sont dans une extase perpétuelle. Il est vrai que Venise, dans cette saison. est tout à fait féérique. Nos braves français, qui viennent toujours en automne. ne se doutent pas de la magie des nuits d'été en gondole avec le clair de lune. les chants. les feux de bengale et toute la mise en scène des fêtes sur le grand canal. C'est un charme de plus de ne pas voir un seul étranger.

Je me réjouis de revoir bientôt ici Passini et de l'entendre raconter le drame des récompenses. Si ces grandes expositions font voir les œuvres de nos grands artistes. elles montrent aussi les mesquineries, les faiblesses et les appétits, les vanités de plusieurs d'entre eux et l'on se prend à regretter que tant de talent ne soit pas toujours accompagné de noblesse et de désintéressement. Dans une heure le soleil sera plus bas, je prendrai mon sac sur mon dos et j'irai travailler au bout de la Giudecca. Si mon travail n'a pas le don d'intéresser les autres, je puis dire qu'il m'intéresse de plus en plus et que j'éprouve de bien grandes jouissances en m'y livrant corps et âme. Chaque matin, je pioche à l'Académie (1). Je viens de terminer une copie à l'aquarelle d'après *la Présentation de la Vierge* du Titien, dont j'admire toujours celle que vous avez dans votre atelier. Malgré des défauts de composition. je trouve que ce tableau est une merveille de coloration et je me suis appliqué à en reproduire la puissance. Ce n'est pas facile sur du papier blanc. mais avec de la patience et de l'amour. on y arrive tout de même.

C'est encore de Venise qu'écrit Imer :

Venise m'a fait beaucoup de bien, je m'y trouve chez moi ; tout m'y plaît. tout y est facile ; les motifs sont inépuisables. J'ai énormément travaillé . comme si mon travail devait m'être aussi utile qu'agréable. Il me semble que tout ce que je fais est charmant et mérite d'être admiré par les autres comme par moi-même. Je voudrais bien faire durer longtemps cette disposition d'esprit en prolongeant indéfiniment mon séjour à Venise, mais il y a la question d'argent qui me forcera à m'en aller bientôt faire des économies dans quelque trou de France à cinq francs par jour. Vous devriez bien venir me rejoindre ici ;

(1) M⁰⁰ Robert, née Imer. a donné depuis, à l'Ecole des Beaux-Arts, un certain nombre de copies à l'aquarelle de tableaux vénitiens.

M OSCAR FALATEUF

l'Italie, Venise surtout guérit bien des blessures, on n'y voit que de la bonne peinture et on peut détester la mauvaise sans être ridicule; on n'y connaît personne et on peut aimer tout le monde. Les cousins eux-mêmes ne me piquent pas. Il fait bien un peu chaud, mais nous autres méridionaux nous connaissons cette température et nous la supportons mieux que les Parisiens.

La dernière lettre que l'on va lire est datée de Marseille, peu après le retour de Venise :

Il y avait là-bas (à Venise) quelques aimables artistes autrichiens pleins de sympathie pour la France et l'art français. Ils ont beaucoup de talent, ils sont aussi forts comme exécution que nos peintres de genre et ils rendent leurs œuvres très intéressantes par une observation très fine de la nature et du côté humoristique de cette charmante population vénitienne. Mettre des personnages vivants dans le milieu qui leur appartient, sans poses d'atelier, sans modèles de métier, sans costumes de convention, c'est, il me semble, bien préférable aux habitudes des peintres de genre parisiens, qui remplacent la nature par un mannequin, quelques étoffes, des tapis et des photographies.

Un souvenir est dû à ce bon Lanoue, qui fut si affectueux pour Jalabert : à plusieurs reprises il avait fait de longs séjours à Nimes, dans les environs, au Pont-du-Gard. Chaque fois il avait été reçu par Jalabert-Portefais.
Voici deux phrases d'une lettre datée de 1849 :

Je suis le plus mauvais commissionnaire du monde, car j'ai sur la conscience des lettres que j'ai promenées des mois entiers avant de les mettre à la boîte..... Je suis toujours sous l'influence de l'agréable séjour que j'ai fait au milieu des vôtres; c'est pour moi du plaisir pour longtemps et c'est là ma plus belle moisson.

C'est la même note, vingt ans plus tard, en 1869 :

Mes souvenirs se reportent souvent au bon temps que j'ai passé dans ta famille et je crois que c'est au Gard que j'ai fait une de mes meilleures peintures.

En décembre 1871, Jalabert va le voir plusieurs fois à Versailles :

La paralysie le gagne de plus en plus et je ne pense pas qu'il puisse résister longtemps encore. Le pauvre garçon m'a demandé des nouvelles de vous tous sans oublier personne ; sa mémoire est excellente. mais il ne lui reste à peu près que cela.

Combien d'autres noms connus !

C'est Eugène Fromentin, qui écrit à Jalabert :

Me permettez-vous. mon cher maître. de vous recommander M. Brame comme un très galant homme en même temps que comme un très brillant acheteur. Je reste à Paris et vous reverrai un de ces jours.

Mille amitiés de votre obligé. votre admirateur et votre ami.

C'est Lambinet, « au talent un peu bourgeois , mais honnête et sérieux qui le fera le regretter » :

C'est Roux. le camarade de Rome, dont nous publions la lettre relative à la mort de Mme Delaroche :

C'est Eugène Lambert. qui appelle Jalabert : mon vieux chat. « Lambert qui à lui seul est plus que suffisant pour soutenir l'esprit et la gaieté pendant toute une soirée » ;

C'est Robert Fleury, qui demande à son ami de lui prêter la robe de sénateur qui a appartenu à Delaroche ;

C'est Duc, qui lui a confié le portrait de sa fille, et qui, en 1875, l'invite à fêter avec quelques-uns de ses amis le baptème du commandeur Baudry ;

C'est Cottier, dont Jalabert a fait la connaissance à Rome en 1844 :

Très beau garçon, très riche. qui chante à merveille. compose de la musique. fait de très jolis vers. de la peinture très agréable. plein d'esprit. très drôle quand il veut. mais malade ; il ne se console pas de la perte de son fils, dont il regrette bien de n'avoir quelque souvenir sérieux : il lui reste deux filles dont il m'a demandé d'essayer de faire une peinture importante : agréable travail, qui me conviendra, car ces jeunes filles sont jeunes et jolies.

C'est Auguste Caïn, qui répond à une invitation :

Mon cher ami, pardon, pardon, pardon. Vous pouvez compter sur moi. Hélas, j'ai déjà faim. Bien affectueusement à vous.

C'est encore Amaury Duval, aux peintures duquel (véritables fresques sur mortier ou plâtre frais et mou) Jalabert a travaillé dans l'église de Saint-Germain-en-Laye ;

C'est Ballu, qui lui demande s'il ne lui conviendrait pas de faire quelque chose pour le nouvel Hôtel-de-Ville :

Je prépare un grand travail que je dois remettre prochainement à l'administration et qui consiste dans des propositions de nomination d'artistes appelés à concourir à la décoration de l'Hôtel de Ville. Gérome a accepté de faire des figures isolées sur des piliers et au-dessus d'arcades qui se trouvent dans le même salon dont Boulanger fait le plafond. Accepterais-tu le même travail que celui de Gérome ?

C'est Gustave Nadaud, offrant à Jalabert telle ou telle de ses chansons comme sujet de décoration :

Avez-vous lu *le Coucher ?* Cela vous convient-il ? Sinon, j'ai pensé que la chanson de *Brune et Blonde*, que j'ai chantée au dîner Arago, pourrait donner lieu à un dessin de deux femmes nues représentant l'une le vin blanc, et l'autre le vin rouge. Si ces deux sujets ne vous conviennent pas, vous pourriez prendre dans mes premières chansons, *Une fée*.

Voyez, cher ami, quoi que vous fassiez, vous le ferez si bien, si aimablement que je vous remercie d'avance de tout mon cœur.

C'est Alfred Arago, dont il vient d'être question, le fils du grand François Arago, le frère d'Emmanuel, qui jette à travers ses innombrables lettres le trop plein de sa verve poétique, ses couplets toujours amusants et drôles. Voici, prises au hasard, deux de ses poésies écrites au courant de la plume :

> Accoudé sur ma table, en quête d'un refrain,
> Sur mon papier voilà que tombe une araignée ;
> Elle va piétinant un triste alexandrin
> Qui conduisait le deuil d'une strophe mort-née.
> Mais dis-moi d'où tu viens, animal vagabond ?
> De ton plafond.

La pêche, qu'il aime à l'égal de ses amis Rousseau et
Jalabert, est souvent célébrée dans ses vers :

> J'ai deux péchés mignons : je suis un grand buveur,
> Et, pourquoi le tairais-je ? un forcené pêcheur.
> Peu m'importe, après tout, que ce soit double faute.
> Oui, j'aime le bouchon, qu'il s'enfonce ou qu'il saute.

C'est, toujours dans le monde des arts, Frémiet, qui lui
écrit : « Votre petite lettre est bonne et gentille et charmante, comme vous-même » ;

C'est Charles Garnier, « un peu sauvage », qui lui permet
de visiter le nouvel Opéra, qui, un autre jour, retenu chez
la duchesse de Galliera, envoie à Jalabert « mille regrets
et encore plus d'amitiés » :

C'est Gounod qui, pendant que posait une dame dans
l'atelier de Jalabert, chanta la partition entière de *Roméo
et Juliette* :

C'est Ludovic Halévy : c'est Alexandre Dumas fils :

Ce sont les membres, tous célèbres, du dîner du 20
(Jalabert était membre honoraire) :

C'est encore (nous en passons et des meilleurs) Horace
Vernet, le beau-père de Delaroche, qui mourut sept ans
après ce dernier.

Jalabert, étant allé le voir à son lit de mort, Vernet, à
travers quelques paroles incohérentes, lui dit d'une voix
claire : « Vous m'excuserez, mon cher ami, mais vous comprenez pourquoi je ne vous reconduis pas ».

Quelques années auparavant, la femme d'Horace Vernet
se sentant près de mourir et quoiqu'elle eût souffert autant
qu'une femme peut souffrir, demande à voir son mari,
sorte de réconciliation in extremis qui ne devait guère
gêner Vernet. On se met en campagne et, après de longues
recherches, on apprend qu'il est en train de pêcher sous le
Pont Royal : un prêtre va le trouver qui lui fait part de sa
mission : il ne peut avoir raison de la résistance du peintre,
qui crie de plus en plus fort : « Jamais, jamais, il faudra
qu'elle vienne demander pardon à genoux, là, pardon à
genoux. »

Jalabert connaissait bien ces détails et autres, qui témoignent d'un caractère singulièrement difficile, pour avoir reçu de Vernet une invitation à dîner le jour même de la mort de sa femme. Il se dit malade et refusa. Mais, bientôt après, il reçut la visite d'Horace Delaroche, le suppliant de se rendre à l'invitation de son grand père. « Moi aussi, disait Horace, je suis obligé d'accepter et si je n'y vais pas ou si vous n'êtes pas là, ce sera terrible; il le faut ». Jalabert prit la plume : « je ne suis plus malade, je viendrai ». Et, toujours pour calmer l'humeur du peintre, on fit passer un excellent vin qu'il récoltait lui-même du côté d'Hyères : on fut d'une gaieté folle et après une scène d'une drôlerie irrésistible, Vernet, se précipitant aux pieds d'un père trappiste qui avait assisté au dîner avec le confesseur de Mme D., lui demanda sa bénédiction pour lui et toute l'assistance.

Enfin, plus près de Jalabert, citons Compte-Calix, Bohn. et ses élèves Jourdan, Saintpierre, Joy, Weisz.

Compte Calix, excellent homme, bon camarade, habile à composer des tableaux de genre, fut longtemps son voisin d'atelier dans la maison de Goupil. Il fut remplacé par Adolphe Jourdan, qui peignait admirablement les enfants, les jeunes filles : les ateliers des deux peintres communiquaient par la terrasse donnant sur la rue Chaptal, et, pendant de longues années, rien ne se fit chez l'un qui ne fût aussitôt connu de l'autre.

Aussi n'est-ce pas sans raison que Charles Blanc a pu dire :

Elève de M. Jalabert, M. Jourdan a beaucoup de la grâce et de la distinction de son maître. L'un et l'autre sont des esprits délicats, élevés, compréhensifs, du reste des esprits modernes : de tels esprits conviennent aux portraits.

Une année même, un critique formula son opinion en ces termes : la meilleure exposition de M. Jalabert, c'est M. Jourdan.

M. Saintpierre a travaillé pendant six ans et demi dans l'atelier de son maître et s'est fait une honorable carrière.

Quant à M. Weisz, il se glorifie d'être le seul peintre devant lequel Jalabert ait consenti à poser ; il a donné dernièrement les derniers coups de pinceau au portrait du maître, en pied, qui a pris place au Musée de Nîmes (1).

Un autre élève, beaucoup aimé de Jalabert, fut Georges Joy, un Anglais, qui, après plusieurs années d'absence, revint à Paris montrer à son maître des photographies d'après quelques-uns de ses tableaux ; et Jalabert, se tournant vers Weisz dont l'assentiment fut immédiat : « Hein, il est plus fort que nous ».

Il n'était pas toujours aussi encourageant.

Il y avait une phrase qui nous faisait bien des soucis, raconte M. Weisz ; il avait l'habitude de nous dire : « ce n'est pas ça ». Alors nous recommencions notre travail ; à la prochaine correction, même phrase et ainsi de suite : pour ma part, cherchant un jour un intérieur, j'ai dû entendre jusqu'à seize fois la désolante sentence : aussi j'allai sur le balcon et je me cognai la tête contre le mur de désespoir. Enfin, je finis par demander à Jalabert : Comment vous y prendriez-vous ? Lui : cherchez ! D'ailleurs, j'exerçais beaucoup la patience du maître ; il désirait m'entraîner du côté de l'art italien, moi je préférais la direction hollandaise ; alors Jalabert était comme une poule qui a pondu un canard : me voyant constamment sur l'eau, il m'appelait du bord comme si j'allais me noyer.

Il avait aussi des laconismes qui sont restés : tel de ses élèves l'imitait admirablement dans ses mines et ses manières ; en entrant, après un rapide bonjour, il examinait quelques instants le tableau à critiquer et ajoutait : ici, c'est trop noir et là c'est trop blanc, adieu.

Le grand avantage de ses élèves, c'était de travailler à côté de lui, dans son atelier, d'être témoins de ses procédés, de voir quel amour, quelle énergie, quelle patience il mettait au service de l'art ; en un mot, il prêchait d'exemple. Il nous prenait quelquefois par surprise, nous demandant, avant l'arrivée du modèle, de dessiner de mémoire telle ou telle figure, ou un

---

(1) C'est ce portrait qui est reproduit en tête de ce volume.

raccourci et c'est ainsi que nous nous apercevions qu'il nous restait encore beaucoup à apprendre. Aussi que de fois ne lui est-il pas arrivé de s'écrier, lorsque l'un de nous obtenait quelque médaille ou autre récompense : (1) on aurait bien pu attendre, vous ferez mieux plus tard. Il jugeait les autres d'après lui-même. N'est-il pas remarquable qu'il ait fait des progrès jusqu'à la fin de sa carrière, à un âge où tant d'autres artistes déclinent ?

Petite scène prise sur le vif par Jalabert :

Hier vendredi, le jour où je reste chez moi, j'avais à dîner Jules Bonnet qui va partir pour la Suisse, puis Weisz avec son ami Horowitz, et puis un vieux camarade d'atelier que je n'avais pas vu depuis trente-cinq ans, qui est le premier peintre de la Cour de Carcassonne et qui se nomme Jean Jalabert. Bonnet filandrait longuement ses mots, Jalabert carcassonnait, Horowitz parlait un peu hongrois et le pauvre Dick n'a jamais pu se mettre au courant de la conversation.

Un jour, Jalabert propose à l'un de ses élèves de se charger d'une étude qu'il a promise ; il lui en trace le programme séance tenante : le jeune peintre, flatté de cette preuve de confiance, couvre la toile sous l'œil bienveillant mais difficile du maître, et de correction en correction, lorsqu'il a donné tout ce qu'il peut donner, il n'est pas médiocrement étonné d'apprendre que Jalabert va lui payer ce petit travail. Mais ce fut bien autre chose le jour où, furetant dans quelque coin obscur, il souleva machinalement la toile qu'il reconnut vite pour être celle dont il avait touché le prix ; et la vieille bonne (un souvenir à Mme Rondot, qu'ont bien connue des générations de modèles), de lui dire : Eh ! bien oui ! vous avez vous même dévoilé le secret, mais ce n'est pas la première fois que Monsieur trouve un moyen délicat d'aider, à l'occasion, les jeunes artistes.

(1) Ajoutons que ces propos ne s'appliquaient pas à M. Weisz. Jalabert a toujours trouvé que, vis-à-vis de cet enfant adoptif, la France agissait en marâtre et, certainement, si la chose n'avait dépendu que de lui, la reconnaissance de l'administration des Beaux-Arts se serait accusée d'une façon plus rapide et plus intense.

Cette anecdote de la commande fictive, mais payée, nous
a été racontée par l'élève lui-même, M. Hierle, comme le
trait, qui, pendant ses trois ans de fréquentation de l'atelier de la rue Chaptal, a marqué le plus profondément sur
son esprit et sur son cœur.

En décembre 1858, Jalabert a fêté son quarantième anniversaire avec Hébert, Gérome, Cabanel, Imer, Jourdan
et quelques autres, en mangeant la dinde truffée de Noël.

Ne trouvez-vous pas, écrit-il à ce sujet à son père, que depuis
quelques années les premiers de l'an se renouvellent bien souvent ? Il me semble que jadis ils tardaient bien davantage, que
les douze mois étaient bien plus longs et que l'on avait, sans
prendre tant de hâte, tout le temps nécessaire pour exécuter le
travail de l'année. Quoique je n'en sois plus au compliment paraphé, je suis loin de trouver cette méthode ridicule. Je sais
bien que je ne vous aime pas moins le 31 juillet que le 1ᵉʳ janvier,
mais on n'en est pas moins heureux d'avoir à mesurer à jour fixe
tout le charme de nos réciproques affections. Il semble même
que c'est un tison ajouté à ce feu qui couve tout le long de l'année et que les étincelles qui en jaillissent à ce moment sont nécessaires à bien persuader qu'il n'est point près de s'éteindre.

Il serait injuste d'oublier dans cette énumération M. Paul
Rattier, qui sut attirer dans son château de la Sarthe tant
d'artistes distingués.

Là, dans une magnifique installation, Jalabert fit deux
portraits de Mᵐᵉ Rattier, celui de son mari, plusieurs
autres encore : il y fut aussi paysagiste : la vue d'un joli lac
tranquille situé au centre de la propriété lui inspira un
délicieux petit tableau, que tous les modèles ont vu et remarqué dans l'atelier de la rue Chaptal.

Rattier écrivait à Jalabert :

J'ai reçu une lettre de Gérome, qui s'annonce à Brestels pour
les premiers jours d'octobre, une autre d'Arago qui m'assure
qu'il viendra me voir. Je suis trop heureux de ces deux espérances pour ne pas croire en ces bonnes promesses, mais il est
quelqu'un sur qui je compte deux et trois fois : ce quelqu'un est

vous, cher ami. Puis, vous m'avez parlé de M. Rousseau : était-ce parole en l'air ?

Un autre jour :

Les oreilles doivent vous corner, les miennes sont fortement ennuyées de n'entendre parler que de vous et d'écouter le même refrain : mais Jalabert... Mange-t-on un bon poisson ? Ah ! si Jalabert était là ! Idem un bon dindon. On attend Arago : Ah ! quel malheur que Jalabert ne vienne pas aussi ! On fait le projet d'aller à Brestels : Jalabert y sera-t-il ? En ce moment je vous écris, ils veulent tous faire de même. Si le matin, en s'abordant, on se dit : comment allez-vous ? fort bien, répond-on assurément, et Jalabert, le savez-vous ? Or, nous sommes décidés, Gérome, sa femme, quelques enfants et moi, à mettre fin à cette scie, et venons de décider de quitter Saint-Martin le 26 pour aller passer quelques jours à Brestels.

Mais tout a une fin, et, en juillet 1888, Gérome écrit :

Je suis très affligé des nouvelles que tu me donnes de notre ami Rattier ; décidément, à une certaine époque du voyage, on devrait disparaître rapidement, car s'en aller ainsi par miettes, c'est désastreux pour l'individu et pour l'entourage.

Il ne s'en alla pas tout entier. Il avait notamment légué au Musée du Luxembourg, le portrait de sa femme et, à Jalabert, *La fuite en Égypte*, de Delaroche, dessin au fusain, fait à Nice en 1853, qu'il avait acquis lors de la vente de juin 1857, au prix de 2.950 francs.

Ce n'est pas seulement chez Rattier, chez Rousseau, que Jalabert transporta régulièrement ses fusils, ses lignes perfectionnées : à Tournedos, chez les frères Lavalard, bien souvent, il se livra du matin au soir, et toujours avec succès, au plaisir de la pêche.

Plus tard, c'est au Pavillon de Moisson, chez M. et Mme Martin Le Roy, qu'il alla donner libre cours à sa passion de la chasse, trouvant à peine le temps de toucher à ses pinceaux, mais rapportant chaque année une ample provision de santé, avec le souvenir d'une villégiature délicieuse.

faite d'indépendance véritable, de délicates prévenances, de chaude sympathie.

Une autre maison s'ouvrit largement à lui pendant ses séjours à Bougival : celle de la famille Tourgueneff, qui fut toujours si hospitalière aux artistes.

Il ne faut pas croire pourtant, d'après les extraits que nous avons donnés, que la correspondance de Jalabert soit toujours et uniformement optimiste :

Je suis allé samedi dernier (juin 1868), un peu sérieusement à l'Exposition. Je n'y avais encore mis les pieds qu'avec mes neveux, en courant. J'ai trouvé tout cela bien faible. Membres de l'Institut ou non, nous sommes tous des poules mouillées, craintifs de ne pas avoir du succès et le cherchant par tous les moyens excepté le bon, *le vrai talent* sans manière, franc et loyal. Toutes ces recherches de tableaux à effet, ces portraits de demoiselles (je veux dire faits comme par une demoiselle), fardés de gris, plats, sont bien faibles, mous, sans sûreté de talent et péniblement extirpés à une absence d'énergie et d'expérience.

Il lui arrive aussi de se fâcher contre ses amis :

J'ai parcouru l'Exposition et, depuis ce temps, je n'ai pas dormi une heure : je rage nuit et jour et suis bien décidé à ne plus jamais me refourrer dans ces affaires-là. Mon portrait P. est placé fort misérablement et tout à fait à contre-sens ; les autres sont moins mal, mais mériteraient mieux aussi. L'administration est une rosse et mes amis dans le jury bien peu *amis*. Gérome n'y était pas, je l'excepte de mes malédictions, car il m'aurait sûrement protégé. Est-ce X...., fort puissant dans la boutique, qui, jaloux de n'avoir pas fait ce portrait, m'a ainsi desservi ? C'est à le croire, mais il en restait d'autres. Décidément, les vrais mâlins sont ceux qui soignent leur réputation, en ne montrant leurs œuvres que chez eux et en bonnes conditions, à moins d'être puissant par amitiés ou autres moyens et de pouvoir se faire sa petite chapelle soi-même, comme on l'entend, au détriment des petits amis.

C'est bien autre chose encore pour l'Exposition des portraits dits historiques :

Les organisateurs de cette affaire m'ont fiché dedans et, pour moi, la chose est à peu près râtée. Du reste, jamais je n'ai su m'occuper de me faire un succès, ni de faire valoir ma marchandise. Je n'en dirai pas autant de tels et tels, qui ont le talent de n'en pas dormir, quand il s'agit pour eux de telles entreprises. Aussi, ont-ils fait des pieds et des mains pour soigner leur exposition et les organisateurs étaient-ils déjà encombrés dans un petit local, pendant que moi j'ignorais à peu près la chose. Je n'ai donc là, puisque je croyais l'exposition *historique*, que le portrait de la Reine, qui du reste y est très remarqué, un petit portrait du duc de Chartes et Mme de Pourtalès. J'aurais pu ajouter trois ou quatre toiles ou davantage *non historiques*, comme ont fait mes confrères, mais j'ignorais cette possibilité dont on s'est gardé de m'avertir.

D'autre part, la période des séances du jury de peinture, pénible pour tous, a le don d'exaspérer Jalabert :

Je viens de passer une semaine absent de chez moi (1866) à discuter le mérite des autres et à penser à toutes les injustices que je commettais à chaque séance. Je comptais aussi les nombreux ennemis que je me mettais au dos et je regrettais le repos et le travail de mon atelier. En janvier, nous aurons tout à recommencer et ce sera plus long et plus difficile surtout ; la place manque et sur dix mille tableaux, il faut en supprimer plus des trois quarts.

Quelques années plus tard, il en arrive au point qu'on ne reconnaît plus son caractère :

Il ne nous reste plus que soixante-seize récompenses à donner, mais ce chiffre, qui paraît considérable, sera atteint très probablement en deux longs jours de travail. Nous sommes tous extra rassasiés et fatigués autant que désireux de rentrer chacun chez nous. Les Belges ont fait force bêtises qui ont retardé ces difficiles opérations au moins de huit jours. Ces gaillards-là m'ont agacé à un tel point qu'un jour, malgré mes habitudes silencieuses, j'ai pris la parole et leur ai dit leur fait à la satisfaction générale. Après quoi je me suis tâté, pour savoir si j'étais bien moi-même, assez hardi pour parler ainsi publiquement et surtout pour avoir fait entendre poliment à des gens qu'ils agissaient comme de vrais s.

On croirait Jalabert devenu tout à fait misanthrope à voir l'humeur avec laquelle il parle d'un autre Salon :

Deux semaines très abrutissantes de jury! une forte corvée vraiment bien faite pour dégoûter de la peinture à tout jamais. Nous avons vu près de quatre mille objets plus ou moins d'art, un tas de choses sans nom qu'on aurait bien pu sans regret renvoyer à leurs auteurs. On a fait de la charité tant qu'on a pu, mais selon moi, charité bien mal entendue qui n'a pour but que d'encourager des malheureux qui feraient bien mieux de rester à leur atelier de bottier, menuisier, etc.

Une autre affaire, qui agita et énerva beaucoup Jalabert, fut celle de l'Institut. Pendant de nombreuses années, ce seront, à chaque vacance, des préoccupations nouvelles, des visites nombreuses, des espoirs, des déceptions.

Déjà, en 1861, il est question de l'Institut dans ses lettres :

Le bruit court, bien malgré moi, que je suis au nombre des concurrents et, de fait, parmi les dix-sept qui posent leur candidature je n'en vois pas plus de cinq ou six qui, pour telle ou telle raison, aient plus de droits que moi à cette place ; mais pour le moment j'ai pensé qu'il valait mieux rester neutre et montrer quelque bon sens que de courir la chance de n'être pas même sur la liste de la section de peinture, ce qui arrivera à quinze de ces jeunes présomptueux, qui se présentent on ne sait pourquoi. Meissonnier, Hesse, Lehman, Hébert, Gérome et Cabanel sont cette fois candidats sérieux, par leur talent, leur fortune ou le grand avantage d'avoir leur professeur parmi les votants.

Jalabert se lance en 1864, quoiqu'il n'ait aucun ami ou protecteur dans la place : aussi s'attend-il à une petite humiliation, mais sans s'offenser de la chose. Il se sacriliera donc jusqu'au moment où son tour sera venu et il pense qu'il ne sera pas loin quand Muller, Gérome et Hébert, qui sont ses aînés par l'âge ou par le talent, seront entrés à l'Institut.

Lors de l'élection de 1865, on ne put arriver à des majorités suffisantes que pour trois candidats sur chaque liste ; la section de peinture porta Pils, Gérome, Hesse : Jalabert n'était pas sur la seconde liste, quoiqu'il y eut figuré à la précédente vacance. Hébert, non plus.

Hébert était pourtant chaudement appuyé par le Ministère des Beaux-Arts, et de plus il avait les voix de nos amis communs, tels que Robert Fleury, Cabanel, Muller, etc., qui, comme il est convenu entre nous, votent pour lui avant de voter pour moi, d'abord parce qu'Hébert est mon aîné et que peut-être aussi sa réputation est plus fondée que la mienne ; mais Hébert a dans l'Institut des inimitiés particulières et son talent, parfois un peu bizarre, n'est pas toujours compris des classiques.

Deux ans plus tard, Jalabert arrive cinquième sur la liste de la section de peinture : Hesse, Roger, Pils, Bouguereau, Jalabert. Hébert était le premier de la seconde liste, suivi de Yvon et de Fromentin.

Cette fois encore, la division des amis d'Hébert et de Jalabert les avait mis en retard l'un et l'autre.

Dans sa lettre de candidature Jalabert disait :

Je joins ici la liste de mes principaux ouvrages, elle est fort peu longue, puisque mes dernières œuvres ne sont généralement que des portraits. Mais ne pourrait-ce pas être aussi à vos yeux un titre de quelque importance que d'avoir contribué, avec la plupart d'entre vous, à la représentation de la société française de notre temps ?

Après Hesse, Cabat et Pils, l'Académie des Beaux-Arts ouvrit ses portes à Lenepveu et à Baudry.

Tenant ce que nous savons des précédentes élections, il semble invraisemblable d'affirmer que, lors des deux dernières vacances, Jalabert ait oublié de se présenter : rien n'est plus vrai cependant. Une première fois, la chose

s'explique aisément par l'absence du peintre, retenu auprès
de son père mourant. Mais en 1870 ? Il n'y a pas d'excuse ;
aussi Jalabert, dans plusieurs lettres, fulmine-t-il contre
lui-même :

En somme, dit-il, si cette dernière fois je n'avais pas commis
cet oubli, nous aurions été cinq candidats (un nombre suffisant)
et on n'aurait pas songé à augmenter cette liste par des présen-
tations d'office. Un vieux s'est levé et a dit : je propose, Messieurs, puisque les candidats sont en si petit nombre, d'inscrire
MM. un tel et un tel, deux inconnus. Alors, a dit un jeune,
puisqu'il en est ainsi, je propose, moi, de mon côté, d'ajouter
deux noms aussi dignes que les autres : MM. Hébert et Baudry, tous deux à Rome ; et naturellement, les deux vieux ayant
été admis, on n'a pu moins faire que d'accepter les jeunes. Il en
est résulté que Bouguereau, qui aurait probablement passé s'il
n'avait eu que moi pour compétiteur, a été mis de côté cette fois
encore. J'ai fait une bêtise, car, à défaut d'Hébert et de Baudry,
j'étais seul à être mis en balance avec Bouguereau et cela eut été
une bonne note pour l'avenir.

En 1874 (il n'y eut pas de vacance de 1870 à 1874) Hébert
se trouva le premier désigné.

La section de peinture a proposé hier à l'Académie les candidats suivants : 1° Hébert, 2° Bouguereau, 3° Jalabert, 4° Boulanger, parmi lesquels on choisira samedi prochain; mais habituellement, sauf réussite d'intrigue, c'est le premier nommé qui
passe.

En 1876 vint le tour de Bouguereau, qui, le lendemain de
sa nomination, écrivait à Jalabert :

Votre lettre et vos félicitations me sont fort agréables et je
n'ai qu'un désir, ce serait, dans un temps rapproché, de vous
envoyer les miennes pour le même motif. Vous avez dans la
place de nombreux amis. Je me joindrai à eux. Mais, en faisant
un tableau important, mettez-vous à même de réussir. Suis-je
assez brutal? Mon cher ami, ne voyez dans ce que je dis que le
désir de vous voir au milieu de nous : votre talent est aussi

incontesté qu'incontestable, mais il y a bien longtemps que vous n'avez exposé de tableau. Le temps passe et le souvenir ne reste pas toujours, pour beaucoup de gens du moins. Je ne suis pas de ceux-là, mais à l'Académie il y en a beaucoup.

A vous de cœur, excusez-moi et ne m'en veuillez pas.

Jalabert connaissait bien l'objection ; avant la lettre de Bouguereau, il avait écrit :

J'ai eu la faiblesse de laisser poser encore ma candidature à l'Institut, où je sais qu'on ne veut pas de moi parce que je fais des portraits, quoique pourtant on m'y désire très généralement ; mais voilà : l'Institut est la place des peintres d'histoire ! J'aurai donc à faire, à partir de lundi, les cinquante-trois visites obligées. Ce sera cette fois Bouguereau qui passera sans conteste ; plusieurs fois il a manqué le coche d'une ou deux voix.

J'ai montré à tout ce monde quelques portraits dernièrement, et entr'autres la *Grande Russe*, qui était presque un tableau ; ces Messieurs n'ont pu s'empêcher de me dire que tout cela, quoique portraits, marquait bien quelque talent, et ils m'ont prié de ne point les lâcher, comme j'en avais l'intention bien arrêtée.

A une nouvelle élection :

J'ai encore neuf visites à faire. Ces butors là veulent bien de moi, de ma personne et de mon talent, mais ils disent que l'Institut est de préférence pour les chapeliers (ceux qui peignent des chapelles d'Eglise) ; c'est idiot. Ils peignent tous, aussi bien les uns que les autres, des chapelles, et pas un n'est capable de peindre un portrait et surtout un portrait ressemblant.

En 1881, lors de l'élection de Bonnat, Jalabert fut classé deuxième ; venaient ensuite Boulanger et Maillot. Mais, au scrutin définitif, tous les amis de Bonnat et de Jalabert reportèrent leurs voix sur Bonnat, qui eut 19 voix et l'emporta au premier tour de scrutin, Jalabert restant seul avec la voix de l'entêté Baudry.

Dès lors, il abandonna définitivement la partie :

Ce serait drôle, lui avait écrit Hébert, si tous les bons se retiraient et si la compagnie grincheuse ne pouvait plus se recruter que parmi les X. et les Y.

S'il ne fut pas de l'Institut, Jalabert, qui avait obtenu une 3ᵉ médaille en 1847, une 2ᵉ en 1851, et deux 1ʳᵉˢ médailles en 1853 et 1855, fut promu officier de la Légion d'honneur le 29 juin 1867, en même temps que Pils et Gérome (il était chevalier depuis le 14 novembre 1855).

Le 5 octobre 1866, il fut fait chevalier de l'ordre de Léopold, et le 20 juillet 1872 chevalier de l'ordre de la Rose, du Brésil. Ajoutons qu'il fut du jury de l'Exposition Universelle de 1867 et qu'il fit partie de la Commission chargée, en 1869, de décerner tous les cinq ans le prix de 100.000 francs à l'auteur d'une grande œuvre de peinture, de sculpture ou d'architecture : ce prix fut attribué à l'architecte Duc.

Puisque nous parlons des amis de Jalabert, pourquoi ne le montrerions-nous pas peint par ces derniers, quoique la peinture soit parfois poussée à la charge ?

Voici comment s'exprimait sur son compte Philippe Rousseau, s'adressant, d'Acquigny, à Gérome :

MON CHER GÉROME,

La chambre nᵒ 4, donnant sur la place de l'Eglise, à l'auberge de la Truite couronnée, est prête (vin et cidre).

Il vous est loisible d'amener avec vous un échassier, cinquième famille, à jambe droite, les quatre doigts palmés. Il se tient, contre les habitudes de ce palmipède, sur les hauteurs de Bougival. Pour l'approcher, il faut attendre qu'il soit sur une patte. Vous lui donnerez l'heure des trains pour Acquigny ; alors vous le verrez soulever doucement ses ailes, descendre sa patte et se mettre à empiler un hameçon. Tout cela sans jeter le moindre petit cri : mais l'espoir de retrouver les endroits poissonneux, qu'il connaît depuis longtemps, lui causera un petit tressaillement dans le bec qui veut dire : je suis content. C'est la plus grande joie que cet habitant des marais puisse manifester. Il

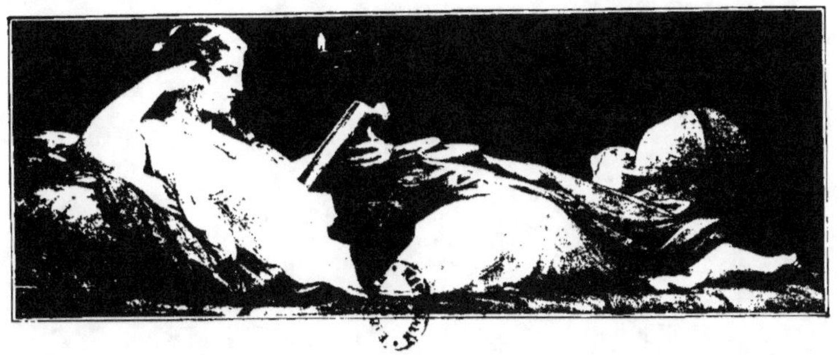

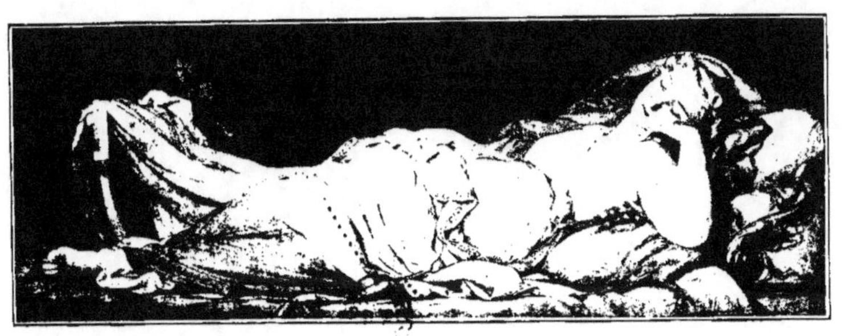

LA MÉDITATION.   L'ÉTUDE.   LE SOMMEIL

apparaît sur nos rivages environ deux fois l'an, au printemps
et à l'automne, par les temps de brouillard. De haut vol, marche
lente, pattes horizontales, sert aussi de baromètre.

Une aquarelle qui tourne à la caricature est demeurée
longtemps à Bougival, à la porte de son atelier : Jalabert
est sur le bord d'une rivière, invraisemblablement long et
mince, tout absorbé par la pêche à la ligne. Au bas, ces
quatre vers :

> De Jalabert c'est le portrait,
> Pêchant ou la truite ou la brème.
> Pardonnez-lui s'il est mal fait,
> Mais il ne s'est pas peint lui-même.

Le comte de Noé (Cham) a fait aussi de lui une charge
assez pittoresque.

Dans une note plus calme, mais essentiellement prise
sur le vif, Cottier l'a représenté en veston d'intérieur sur
un tabouret élevé, en train de peindre ses deux filles.
Jalabert n'est guère vu que de dos, mais sa silhouette est
si naturelle, cette pose est si bien la sienne, que personne
ne s'y est jamais trompé.

Jalabert avait encadré, en même temps que l'aquarelle,
la lettre d'envoi de son ami :

> En traversant Paris, je vous laisse ma carte.
> Alfred m'a dit grand bien des petites Cottier.
> Nous nous verrons bientôt, j'espère, dans la Sarthe.
> Vous voyez qu'au besoin je rime comme Angier.

Un autre de ses amis fit, dans un journal qui semble bien
n'avoir jamais eu qu'un seul numéro et qui prit le nom de
l'*Echo des Ternes*, une série de croquis de Gérome,
Rattier, Vidal, Moulignon, etc.

Jalabert a l'élégance et l'embonpoint d'un roseau. Il explique
par le fait suivant cette absence d'embonpoint: dans sa jeunesse,
attaqué et dépouillé par des brigands calabrais, il est resté
pendant trois jours et trois nuits sans boire ni manger. Il n'a
pas encore pu se rattraper.

Il est myope et ne peut peindre sans lorgnon. D'un autre côté,
la forme grecque de son nez l'oblige, pour tenir son lorgnon en

équilibre, à renverser la tête en arrière. Il doit tous ses succès à sa mauvaise vue et à son nez grec, car, lorsqu'on étudie ses tableaux, on voit qu'il les a travaillés de près et conçus de haut.

Le trait distinctif de son caractère, c'est la distraction. Invité comme partie prenante à la distribution des récompenses nationales, il s'est mis à rêver de Mme X... et il est sorti pour aller lui rendre visite, au moment même où l'on proclamait son nom et où le ministre lui tendait les bras. Ce n'est que six mois après et tout à fait par hasard qu'il a appris qu'il était officier de la Légion d'honneur.

La vérité sur ce dernier point, c'est qu'après avoir été membre du jury, après avoir fourni un travail énorme, Jalabert ne reçut point de carte pour la distribution des récompenses : il y fut cependant pour accompagner une dame : mais, mal placé, il n'entendit rien et n'eut connaissance de sa promotion qu'en recevant, à la sortie, des félicitations auxquelles il eut d'abord bien de la peine à croire.

Ce qui est vrai aussi, c'est la scène à laquelle nous avons assisté un soir, après dîner, chez Goupil. Jalabert avait entamé une histoire qui paraissait devoir être assez longue ; on faisait cercle autour de lui et, à chaque phrase du conteur, on entendait toujours le même refrain, c'était Me Cléry qui affirmait que Jalabert n'irait pas à la fin de son récit : « il n'ira pas au bout, je vous dis qu'il n'ira pas au bout. »

Et l'on dit parfois que les apartés si fréquents au théâtre ne sont pas vraisemblables ! Jalabert, tout préoccupé de suivre le fil de son idée, n'entendait rien, mais bien avant de finir son histoire, il s'arrêta brusquement : « c'est bizarre, j'ai oublié la suite ». Me Cléry avait raison.

Si doux, a dit un mois après sa mort M. Frédéric Masson, (1) si facile, si bon, très tendre, d'une âme limpide comme un cristal, où il n'a enfermé jamais ni une vilaine, ni une mauvaise pensée, Jalabert a traversé la vie à pas menus, sans faire de bruit, sans émouvoir une colère, sans tenter une rivalité, faisant une œuvre

(1) *Figaro illustré*, avril 1901.

qui, si elle ne prend pas un éclat magistral, méritera toujours l'attention et honorera sa mémoire.

Le plus souvent taciturne, il fallait qu'il se sentît en pleine confiance pour que, à la rencontre de quelque figure amie, il laissât, avec un accent méridional auquel on ne s'attendait pas, s'égrener des souvenirs. Une invincible terreur le paralysait et tant de travaux accomplis, tant de succès réels, tant de distinctions méritées et obtenues ne l'avaient, après 80 ans, pas encore rassuré. Retiré en un coin, il roulait des cigarettes si minces, qu'elles ressemblaient à son physique décharné.

Et, après avoir souhaité de retrouver dans une Exposition posthume cette suite immense de portraits que Jalabert a exécutés pendant un demi-siècle, de 1850 à 1900, et dont quelques-uns seulement ont paru dans les salons annuels, M. Masson terminait ainsi :

On verrait là toute une société dont le spectale serait d'un intérêt d'autant plus vif, que si parfois Jalabert en a peint les grandes mondaines, il a représenté presque de préférence les souffrantes, les retirées et les exilées. On prendait ainsi de son talent consciencieux et sobre une idée qui ne démentirait point son caractère merveilleusement droit, et l'on s'étonnerait peut-être de recherches de travail, d'habiletés de métier, d'harmonies de coloration qui, à côté des vigueurs des têtes et des douceurs des physionomies, montreraient chez le vrai peintre qu'il a été, l'artiste qu'il fut souvent, et l'homme ingénieux, sensible et observateur, dont la timidité a trop voilé le mérite au vulgaire.

A Nîmes, où eurent lieu les obsèques de Jalabert (1), deux discours furent prononcés, l'un par le poète Alexandre Ducros, président de l'Académie, l'autre par M. Victor Robert, avocat, au nom de la Société des Amis des Arts, tous deux empreints d'une éloquente et sincère émotion.

Nous détachons du discours de M. Robert ce qui a trait à l'homme :

(1) Il était mórt à Paris, le 8 mars 1901.

Parfois Jalabert faisait coïncider avec nos Expositions l'un des séjours qu'il faisait à Nimes tous les ans, au milieu des siens. Et c'est ainsi que nous avons appris à connaître plus complètement l'homme et l'artiste. L'homme était charmant, cordial, plein d'une bonhomie familière et spirituelle, d'esprit cultivé, très instruit de l'histoire de son art, curieux et intelligent des tendances de l'École contemporaine, indulgent aux jeunes, ouvert à toutes leurs tentatives même les plus audacieuses. Au contraire de ces vieillards qui croient tout perdu quand ils voient des générations nouvelles abandonner les sentiers qu'ils ont fréquentés et la tradition qui les a nourris, il avait conservé le don bien rare d'une souplesse et d'une réceptivité de l'esprit qui lui permettait de suivre, de comprendre et de goûter ce qu'il y avait vraiment d'original dans les efforts des protagonistes du plein air ou de l'impressionisme.

Et par là, jusqu'à la fin, il a su rester jeune. Sans cesser d'être fidèle aux sages enseignements de ses maîtres d'autrefois, qui faisaient du dessin le fondement même et la probité de l'œuvre d'art, il élargissait chaque jour sa manière, et donnait aux recherches d'une harmonie colorée, plus vibrante et plus fraiche, une place toujours plus grande.

Il y a quelques années, il me demandait, un jour, mon sentiment sur un portrait auquel il mettait la dernière main, car ce maître sollicitait et écoutait tous les avis, même les moins autorisés, et, comme je prenais un temps pour lui répondre : « Que voulez-vous, dit-il avec un demi-sourire, je sens bien que je fais de la peinture de vieux ! » Et tout en moi protestait, au contraire, car jamais sa touche n'avait eu un accent plus ferme, sa palette plus d'éclat, sa main plus de liberté. Mais il était de la race des vrais artistes, qui se croient toujours arrêtés à mi-chemin de leur rêve.

Circonstance singulièrement attendrissante : la sœur tant aimée de Jalabert, celle à laquelle il avait si largement ouvert son cœur, la destinataire des lettres qui emplissent ce livre, ne lui survécut que de quelques heures : les deux cercueils gagnèrent en même temps le champ du repos, furent l'objet d'une cérémonie unique : la mort elle-même n'avait pas voulu les séparer.

Jalabert a gardé jusqu'à la dernière heure intactes toutes ses facultés intellectuelles et morales.

Il aimait, comme tous les vieillards sains d'esprit et de corps, à rappeler les anecdotes qui tendaient à prouver qu'il n'était pas aussi vieux qu'on pouvait le croire ou que l'outrage des ans ne l'avait pas tellement éprouvé.

Pendant les fiançailles de la future duchesse de Bragance, aujourd'hui reine du Portugal, Jalabert va faire sa visite ; mais, après avoir salué les maîtres de la maison, il se trouve un peu perdu dans les salons où il ne rencontre personne de sa connaissance ; la princesse vient à lui : «M. Jalabert, vous ne me reconnaissez pas, il y a longtemps que vous ne m'avez vue et j'ai beaucoup changé, mais moi, je vous reconnais très bien, parce que vous n'avez pas changé, vous ! »

Quelques années auparavant, Gambetta, à qui on présentait le peintre, à nous ne savons plus quelle exposition, lui tourna, avec son esprit accoutumé, un fort joli compliment : « Jalabert ? mais c'est son fils. »

Tel fut Jalabert.

Tous ceux qui l'ont rencontré sur leur route n'auront pas de peine à le reconnaître à travers sa correspondance.

Quant à son œuvre, il n'entrait pas dans nos vues d'en faire la critique.

Ce qui peut être affirmé sans conteste, c'est que Jalabert a connu les plus grands succès, toutes les fois qu'il s'est confiné dans les tableaux gracieux, de dimensions restreintes, qui devaient être reproduits et multipliés à l'infini par la gravure : c'est surtout qu'il fut recherché, autant que les plus illustres, comme peintre de portraits : il était certainement dans sa nature de savourer le charme intime d'un culte familial, tout comme il était dans sa destinée d'éprouver la pure jouissance d'une gloire plutôt individuelle, écrite en menue monnaie sur les murs d'un grand nombre de galeries particulières et de salons.

TABLE

DES PLANCHES HORS TEXTE

TABLE DES MATIÈRES

Nîmes. — Imprimerie Coopérative LA LABORIEUSE, rue J.-B.-A. Godin, 5.

NIMES

IMPRIMERIE COOPÉRATIVE « LA LABORIEUSE »

9, rue J.-B.-A. Godin, 9